理想国

[古希腊]柏拉图 著

董智慧 译

民主与建设出版社
·北京·

© 民主与建设出版社，2017

图书在版编目（CIP）数据

理想国 /（古希腊）柏拉图著；董智慧编译 .-- 北京：民主与建设出版社，2017.11（2022.11 重印）
ISBN 978-7-5139-1782-7

Ⅰ . ①理… Ⅱ . ①柏…②董… Ⅲ . ①古希腊罗马哲学 Ⅳ . ① B502.232

中国版本图书馆 CIP 数据核字（2017）第 268163 号

理想国
LI XIANG GUO

作　　者	［古希腊］柏拉图
译　　者	董智慧
责任编辑	刘树民
封面设计	黄　辉
出版发行	民主与建设出版社有限责任公司
电　　话	（010）59417747　59419778
社　　址	北京市海淀区西三环中路 10 号望海楼 E 座 7 层
邮　　编	100142
印　　刷	三河市天润建兴印务有限公司
版　　次	2018 年 5 月第 1 版
印　　次	2022 年 11 月第 3 次印刷
开　　本	640mm×920mm　1/16
印　　张	20 印张
字　　数	380 千字
书　　号	ISBN 978-7-5139-1782-7
定　　价	68.00 元

注：如有印、装质量问题，请与出版社联系。

柏拉图的"山洞"——《理想国》

何 周

一、读希腊哲学的必要性

我们这里所指的"希腊",严格说应该是"古典希腊",因为今天所说的"希腊哲学"实际上是在公元前几个世纪里,一般认为是公元前6—5世纪这段时间发展起来的。最初是以自然哲学为主,到了苏格拉底的出现,则进入人本主义时代,也就是以人为中心,主要注意力放到了人的存在、思维和人的社会这些对象上去。

在讨论柏拉图前,我们这里首先提到这样一个问题:为什么我们要读希腊哲学?这个问题实际上一直都存在,只是人们容易忽视罢了。在人类历史上有一个很独特的时期,这个时期后来被德国存在主义哲学家、神学家、精神病学家雅斯贝尔斯取了一个名字,那就是"轴心时代"。他认为,如果确实存在这样一个时期的话,那么,"这个轴心要位于对于人性的形成最卓有成效的历史之点。自它以来,历史产生了人类所能达到的一切。它的特征即使是在经验上不必是无可辩驳和明显确凿的,也必须是能使人领悟与信服的,以便引出一个为所有民族——不计宗教信条的特殊性,包括西方人、亚洲人,乃至地球上一切人——进行历史自我理解的共同框架"(引自雅斯贝尔斯《历史的起源与目标》,魏楚雄、俞新天译,第一章《轴心期》)雅斯贝尔斯认为这个时期大致是在公元前500年前后,他认为:"看来要在公元前500年左右的时期内和公元前800年至200年的精神过程中,找到这个历史的轴心。正是在那里,我们同最深刻的历史分界线相遇,我们今天所了解的人开始出现。"(同上)

正是在这一个时期里，在世界各地几乎是同时诞生了一批伟大的人物，也同时诞生了几种伟大的思想哲学和宗教。在东亚，主要是中国，诞生了老子、孔子，他们之后出现了一系列的哲学流派，也就是所谓的"诸子百家"。在南亚次大陆出现了《奥义书》和佛陀。伊朗是琐罗亚斯德。在今天的中东一代则是纷纷涌现的先知，他们确立了犹太教的核心。在希腊，则是一大批贤哲，从荷马到巴门德尼、赫拉克利特、柏拉图，当然还有其他一些在各个领域里杰出的人物。雅斯贝尔斯认为，这些人物几乎同时"在中国、印度和西方这些互不知晓的地区发展起来"。我们在这没必要去讨论雅斯贝尔斯的这种历史哲学的正确与否，也不是想要证明这个所谓的"轴心期"是否确实存在过；我们的目的仅仅是想要证明文化的传承性，以及这种传承性对人类社会的影响，因此，至少雅斯贝尔斯的这种说法是毋庸置疑的："人类至今靠轴心期所产生、思考和创造的一切而生存。每一次的飞跃都会回顾这一时期，并被它重燃火焰。"（雅斯贝尔斯《历史的起源与目标》第一章第二节）

这也就是说，历史、文化是传承性的，想要了解今天，我们就必须从昨天开始。就西方文化而言，至少从文艺复兴之后开始，希腊文化、希腊哲学就成了西方文化的基础，这不仅仅指西方世俗文化，也一样包括了基督教文化，无不深受古典希腊哲学的影响。因此，作为非西方文化范畴的我们，要想了解西方文化，那就不得不首先需要了解一点古典希腊哲学。也就是说这个问题其实是有关西方文化的，是一个我们为什么需要了解西方文化的问题。回答这个问题其实并不难，至少被动地看，无论承认与否，也无论你是属于哪种文化范畴下的，都无法回避西方文化在今天是作为人类世界的主导性文化存在的。这样一来，了解这种文化或者文明就是必需的。这也就回答了我们提出的"为什么要读希腊哲学"这样一个问题。与此同时，也就回答了我们为什么在今天还有阅读柏拉图的必要这个问题——就因为柏拉图确立了西方哲学的对象与思维模式，不了解他，我们就不可能了解西方文化。

二、柏拉图的哲学

关于柏拉图，他在西方文化中就像我们的孔子一样，被无数个世代、无数的人进行过无数次的解读，至今看起来已经没有可能再出现新的见解

柏拉图的"山洞"——《理想国》

了。因此，对于柏拉图以及他的哲学思想的介绍，我们认为最好的办法就是从那些已有的解读中，去寻找某个比较全面并具有一定综合性、容易被一般非哲学专业的人所理解的解读。就这点，我们觉得英国哲学家罗素具备这样的资格。

罗素认为，柏拉图和亚里士多德两位是古代、中世纪和近代所有哲学家中最具影响力的人。在这两位中，柏拉图对后世的影响要更大一些。罗素的理由是："第一，亚里士多德本人是柏拉图的产儿；第二，基督教的神学和哲学，至少直到十三世纪为止，始终更应该是柏拉图式而非亚里士多德式的。因此，在一部哲学思想史里，就必须对柏拉图以及在较少程度上对亚里士多德，处理得要比他们的任何一个先行者或后继者都要详尽。"（罗素《西方哲学史》（上）第十三章《柏拉图见解的来源》）罗素认为，柏拉图的哲学中最关键的东西就是他的"乌托邦"、理念论和他的主张灵魂不朽的论证，最后还有他的宇宙起源论和他的知识观，至于知识观，柏拉图认为知识是回忆而不是知觉。

关于柏拉图思想的来源，罗素认为："柏拉图所受的那些纯哲学的影响，也注定了使得他会偏爱斯巴达。这些影响大致说来，就是毕达哥拉斯、巴门德尼、赫拉克利特以及苏格拉底。"（同上）关于柏拉图从这些前辈那里各自获得了哪些方面的影响，罗素加以了分门别类。他认为，

从毕达哥拉斯那里（无论是不是通过苏格拉底），柏拉图得到了他哲学中的奥尔弗斯主义的成分，也就是宗教的倾向、灵魂不朽的信仰、出世的精神、僧侣的情调，以及他那洞穴的比喻中所包含的一切思想，还有他对数学的尊重以及他那理智与神秘主义的密切交织。

从巴门德尼那里，他得到了下列信仰：实在是永恒的、没有时间性的，并且根据逻辑的理由来讲，一切变化都必然是虚妄的。

从赫拉克利特那里，他得到了那种消极的学说，也就是感觉世界中没有任何东西是永久的。这跟巴门德尼的学说结合起来，就得出了知识并不是由感官得来的，而且不仅只是由理智获得的这一结论。这一点反过来又和毕达哥拉斯主义密切吻合。

从苏格拉底那里，他或许学会了对于伦理问题的首要关怀，以及他要为世界寻找出目的论的解释而不是机械论的解释的那种企图。"善"对他思

想的主导,要远大于"善"对苏格拉底前人思想的主导,而这一事实很难不归之于苏格拉底的影响。(同上)

对于上述几点,罗素在他这部《西方哲学史》(上)的第二篇"苏格拉底、柏拉图、亚里士多德"中有较为详尽的分析,我们如果想要更进一步了解柏拉图的思想和哲学,最好的办法是阅读一下罗素这本书。

如果想用简短的语言把柏拉图的哲学思想归纳起来的话,那么,柏拉图的哲学思想的核心就是——"理念",他的哲学亦因此而被称为"理念论"。也就是说,柏拉图认为存在着一个独立的、最高级的东西,那就是"理念",一切事物无不都是由此派生的。在柏拉图看来,世界是二重化的,应该划分为理念世界和事物世界,或可知世界和可感世界,这是柏拉图整个哲学的出发点和基本原则。他从存在论和知识论的角度进行论证,阐明了区分两个世界的理由。"绝大多数的近代人都认为经验的知识之必须要依靠于,或者得自于知觉,这是理所当然的。但在柏拉图以及其他某些哲学学派的哲学家那里,却有着迥然不同的学说,大意是说没有一种配得上成为'知识'的东西是来自感官的,唯一真实的知识必须是有关概念的。按照这种观点,'2+2=4'是真正的知识;但像'雪是白的'这样的陈述则是充满了含混与不确切,以至于不能在哲学家的真理体系中占有一席之地。"(罗素《西方哲学史》(上)第十八章《柏拉图哲学的知识与知觉》)

柏拉图有很著名的三个论题:

1. 知识就是知觉;

2. 人是万物的尺度;

3. 一切事物都处在流变状态。

柏拉图哲学不单单是一种纯哲学的东西,他的哲学受到苏格拉底的影响,更多涉及伦理与人的政治理念。这种观点大多体现在他的乌托邦理念中。"正义"与"善"的概念占据了他的哲学思想很重要的位置。

在柏拉图看来,"哲学乃是一种洞见,是'对真理的洞见'。它不是纯粹理智的;它不仅仅是智慧,而且还爱智慧"。

在此,我们只能对柏拉图哲学做一个简单的介绍,限于篇幅与能力,不可能给出完整、详细的诠释。我们希望我们这本书能起到抛砖引玉的效果,使读者进一步去深入了解柏拉图哲学这一对西方文化有着深刻久远影响的甚至构成了西方思想一部分基础的哲学思想。

三、柏拉图的《理想国》

《理想国》是柏拉图的一篇重要对话录，对话录里，柏拉图借苏格拉底之口，采取与其他人对话的方式，设计了一个真、善、美相统一的政体，即可以达到正义的理想城邦。

柏拉图的理想国是人类历史上最早的乌托邦。在他的理想国里，统治者必须是哲学家，或者让政治家去学习哲学。他认为现存的政治都是坏的，人类的真正出路在于哲学家掌握政权，也只有真正的哲学家才能拯救当时城邦所处的危机。这种信念构成了柏拉图成熟的政治哲学体系的核心。他认为哲学家是最高尚、最有学识的人，而这种贤人统治下的贤人政体就是最好的政体。所以，只有建立以哲学家为国王的城邦才是最理想的城邦。这个城邦就是存在于天上的模范城邦。

关于柏拉图这部著名的著作，这里我们不想做更多的解读，因为从古至今，对这部书的解读可谓是汗牛充栋。我们只要记住：柏拉图所设想的国家或者说城邦，来自他对正义与非正义的定义，而他对正义的定义则是这样的：

我认为我们以什么为依据承认城邦是正义的，我们也将会以同样的依据承认个人是正义的。

但我们别忘了，城邦的正义在于三种人在城邦里各司其职。

因此我们必须记住：如果每个人都使得自身的各个部分各司其职的话，这个人就是正义的，也就是做分内事。

不得不说，就政治而言，柏拉图是保守的。即使是我们考虑到他所处的时代，以及他所处的社会和环境，他的保守也是有些极端的。比如他把人分为几个等级，而在这几个等级里却没有女性，更没有奴隶的地位。在他眼里，这类人根本算不上完整意义的人，与理性毫无关系。另外，柏拉图认为个人必须屈从于整体，在整体之下才存在着个人。即使是认为一个城邦的属性来自其公民，也是基于倒推，并且立足点是基于城邦整体的。

在此，我们想谈谈柏拉图乌托邦设想的矛盾之处。

理想国

在《理想国》中,柏拉图借格劳孔之口讲述了一个吕底亚人弑君篡位的寓言故事。这个故事跟古希腊伟大的历史学家希罗多德在自己的《历史》一书中讲的那个同样是关于吕底亚的故事,除了细节上有所不同外,在核心意义上几乎是相同的,都是关于人类社会权力的可见与不可见。

先说说希罗多德所讲的那个故事。吕底亚国王坎道列斯的王后被自己的侍卫古格斯看见了裸体,而按照吕底亚和绝大多数城邦的习俗与法律,作为女人的王后深居内宫,真实容颜是不能被人看见的。于是,王后给了古格斯两个选择:一个是被杀,另一个是杀死国王并娶王后。古格斯选择了后者,杀死国王,娶了王后并成为吕底亚新的国王。这个故事的真实性如何,历史上一直都存在着争议。但希罗多德讲这个故事的目的并非是想要证明它的真实性,而是想要借此证明一种东方的价值观,那就是政治权力跟女人的身体一样,本质上是隐秘的,是被隐藏起来,不能公开与可见的。这一点恰恰与希腊人的权力观相反,希腊人的权力观念通过波斯与希腊人之间的战争得到了充分展现。在波斯国王薛西斯询问流亡的希腊人戴玛拉托斯,希腊人是否愿意并能够抵抗波斯大军这一问题时,戴玛拉托斯回答说:"希腊人,尤其是斯巴达人服从的是法律的统治,而不是君主的意志。"法律是公开可见的,君主的意志则是难以捉摸和不可见的,因此,当斯巴达人的法律要求斯巴达人抵抗时,他们就会以死抵抗,绝不会屈服。这也就是权力的可见与不可见的区别,希罗多德认为这也是希腊人之所以能战胜波斯帝国的主要原因。

在柏拉图的《理想国》里,王后的肉体被一枚神奇的戒指代替。这枚戒指的神奇之处在于,当得到这枚戒指的人把戒指对准自己时,真实的自己就会变得不可见;当拿开戒指时,他就会变得重新可见。这位得到戒指的吕底亚人因此借助戒指的神力,潜入王宫杀死国王,娶了王后,从此成为新的国王。"撇开这两个版本故事的各自细节的差异不谈,无论是在希罗多德,还是在柏拉图(或格劳孔)那里,真正的主题都是政治权力的可见性与公开性——希罗多德笔下的坎道列斯因为试图使不可见的政治权力(或女人的身体)变得可见从而丧失了政治权力,而柏拉图(或格劳孔)所说的古格斯的祖先则通过使可见的政治权力变得不可见而篡取了政治权力。"(引用自吴增定的《可见的与不可见的》一文,《读书》2017年第3期)

柏拉图的"山洞"——《理想国》

柏拉图讲述这个故事的目的是什么呢？一般来说应该是有关正义与非正义的。正义是否一定好于不正义？格劳孔（或柏拉图）认为，涉及政治权力的可见性与公开性，简言之，也就是正义意味着政治权力是公开与可见的，而非正义则意味着政治权力的隐秘与不可见。格劳孔进一步补充道："极端的不正义不仅让不正义本身变得不可见，而且还伪装成正义。"（同上）那么，在这里柏拉图通过格劳孔之口，是否是在强调正义与不正义之间存在本质的区别呢？看来并不是，相反，很可能是在否定两者存在着本质区别。我们想，柏拉图在这里想要说的实际上是："任何人，哪怕是正义的人，只要戴上那个神秘的戒指，也就是说，使得自己行不正义而不可见，那么他就会选择不正义。在现实生活中，正义仅仅是一种妥协，一种临时的约定，甚至是假象，而不是符合人的自然本性的真实存在和选择。"（同上，第二节）

在《理想国》一书中，柏拉图通过苏格拉底之口，用比喻来探讨与正义有关的问题。这也就是说，苏格拉底哲学的前提是可见与不可见之间区分的问题。柏拉图在《理想国》里所做的那个著名的比喻"洞穴"，也正是对可见与不可见的论述。洞穴内的世界是不可见的，黑暗甚至是虚假的；而洞外的世界是光明与可见的，是唯有哲学家可以驱逐黑暗，使之变得可见的。但正是在此，柏拉图的乌托邦出现了一个悖论，那就是："尽管城邦本身以及城邦中的每一个人对于作为统治者的哲学家来说是可见或可知的，但对于哲学家之外的其他人却并非如此。由于灵魂能力的局限，绝大多数人不可能看见真正的光、真理或'善的理念'。也就是说，他们只能看到事物之理念或光的影子，不能看见理念或光本身。""不仅如此，绝大多数人甚至无法真正地看见作为统治者的哲学家。尽管哲学家和僭主分别构成了正义和不正义这两个极端，但这两极恰恰在一点上是相通的：无论是僭主，还是哲学家，对于绝大多数人来说都是不可见的。僭主之所以不可见，是因为他隐藏在黑暗中；而哲学家王之所以不可见，却是反过来因为他置身于光亮之中。"（同上）

关于《理想国》，其实柏拉图的学生亚里士多德的批评很深刻，他认为柏拉图取消了城邦中一切的私有物，包括财产、婚姻和家庭，其结果恰恰是取消了城邦所具有的多样性本质，让城邦退回到了家庭式的存在形式里去。因此，柏拉图的正义城邦本质上还是一种东方专制性质的政治城邦。

在这个城邦里，哲学家就像是一位高高在上的家长，光明使得他只能被他人看到影子。这一点其实非常类似于我们的孔子理想中的国家，不过是更多了一些细节的设计——"君君、臣臣、父父、子子"。光明使得一切成为可见，但同时也使得光明的来源不可见。

柏拉图的乌托邦对后世的各种乌托邦有着深远的影响，甚至奥威尔的《1984》正是对这种乌托邦的非正义性的一种反讽式的剖析。在柏拉图的《理想国》里，艺术家尤其是诗人失去了地位，就是最好的证明。

但是，纵使我们假设有"智慧"这样一种东西，那么是不是就有一种宪法形式可以把政府交到有智慧的人的手里去呢？很明显，多数人（例如全体会议之类）是可以犯错误的，而且事实上也确实犯过错误。贵族政体并不常常是有智慧的，而君主则总是愚蠢的；教皇尽管有着不可错误性，却曾铸成过许多严重的错误。有没有人主张把政府交给大学毕业生，或者甚至于交给神学博士呢？或者交给那些出身穷困，但发了大财的人们呢？十分显然，实际上是并不会有任何一种法定选择的公民能够比全体人民更有智慧的。（引自罗素《西方哲学史》第二篇《苏格拉底、柏拉图、亚里士多德》）

但柏拉图通过他的《理想国》一书影响了后人，开创了政治学的先河。无论是启蒙时期的那些大家，还是后来很多的理想主义者，无不是从他这里获得启发，幻想着可以设计一种人类社会的政治制度，从而获得他们心中的"正义"与"正义的实现"。尽管一次次遭到了失败，而且这样的失败从柏拉图本人就已经开始，不过人类的本性，甚至可以说是"善"的本性决定了，人类中的一些人，是永远也不会放弃这种努力的。

不能因为今天的汽车、高铁、飞机，就鄙夷那个最初被发明出来的轮子，认为它简陋、低效。要知道正是轮子的发明，才使得人类社会能有今天的发展。对于今天的我们来说，柏拉图的意义正是在这里。这也正是我们今天还需要读他的《理想国》的原因。

目录 CONTENTS

第一卷 1

第二卷 33

第三卷 62

第四卷 99

第五卷 130

第六卷 166

第七卷 197

第八卷 225

第九卷 255

第十卷 280

第一卷

> 关于正义的讨论:既然我还不知道正义是什么,那么我就很难知道正义是不是一种德性,当然也很难知道拥有正义是不是一种幸福了。

〔昨天,我①与阿里斯通的儿子格劳孔一起到比雷埃夫斯港②参加向女神的献祭,同时我们也想观看一下人们是如何庆祝节日的,因为这是第一次举办这样的庆典。我认为当地公民们的游行很不错,但比塞雷斯人的代表团要稍微逊色点。

我们参加完献祭,看完表演,正准备回城时,克法洛斯的儿子玻勒马霍斯大老远看见了我们,他打发自己的家奴过来,从后面拉住我的披风说:"玻勒马霍斯请你们稍微等一下。"

我转过身来问他:"主人现在在哪儿?"家奴说:"主人在后面,马上就到。请你们稍等一下。"格劳孔说:"行,那我们就等等吧!"

一会工夫,玻勒马霍斯就到了,跟他一起的还有格劳孔的弟弟阿狄曼图斯,尼喀阿斯的儿子尼喀拉托斯,和另外几个人,显然都是刚看过表演的。〕

玻勒马霍斯:苏格拉底,看来你们是准备扔下我们离开这儿,回城里去了。

---

① 该篇中的对话发起人是苏格拉底,因此以第一人称叙述。
② 雅典最重要的港口,在雅典西南约七公里的地方。

苏格拉底：你猜得没错。

玻：喂！你看见我们有多少人了吗？

苏：看到了。

玻：那好！要么留在这里，要么就打一架证明你们比我们强。

苏：为什么不能有另一种办法，我说服你们了，然后你们让我们回去？

玻：那要是我们不听你的，你怎么能说服我们？

格劳孔说：肯定做不到的。

玻：那就别再费心思了，我们绝对不会被说服的！

阿狄曼图斯插嘴道：难道你们不知道为了迎接荣耀女神，今晚还有骑马接力传递火炬比赛吗？

苏：骑马接力比赛？这倒很新鲜。是不是骑在马背上，手拿着火把进行接力比赛？要不就是别的什么玩意？

玻：没错，就是这个！除此之外他们还有一个特殊的庆祝会——这个值得去看一看啊！就留在这儿吧，别固执了。等到吃完晚饭，我们就一块儿去瞧瞧，除此之外还可以见见这里的年轻人。

格：看来我们必须得留下来了。

苏：既然你都说到这个地步了，那我们就留下来吧！

〔接下来，我们就跟着玻勒马霍斯到他家里去，见到了吕西阿斯和玻勒马霍斯的兄弟欧塞得摩。除了他们，还有卡尔凯顿的塞拉西马克、帕尼亚①的切曼提得斯、阿里斯托纽摩斯的儿子克勒托丰，玻勒马霍斯的父亲克法洛斯也在家。到现在为止，我已经很久没见到他了。看起来他老了不少，他坐在一把带有靠垫的椅子上，头上还戴着个花环，看起来也是刚从神庙拜祭回来。

这房间里四周都有椅子，我们就坐在他的旁边。克法洛斯一下就认出了我，立马和我打招呼。〕

克法洛斯：亲爱的苏格拉底，你可是稀客，难得来比雷埃夫斯港看我

---

① 帕尼亚：希腊阿卡提半岛的一个地方。公元前509年，雅典政治家克利斯提尼改革时，把阿卡提半岛划分成一百个自治区，称"德莫"，帕尼亚就是其中之一。

们。要是我身体好点，能常常去城里，我会经常去看你的。可现在你该多到我这里来才是！我要告诉你，随着不再沉溺于肉体的享受，我开始迷恋上机智的清谈了，并且越来越喜欢。我的确渴望你能经常来，把这当成自己的家，经常与这些年轻人交流，成为好朋友。

苏：克法洛斯，我怎么会拒绝呢？我最喜欢跟年长者谈话了。在我看来，你们是先行者，你们走过的路，在不久的将来我们多半也要走。我想请教你：这条路是崎岖小径，还是康庄大道？克法洛斯，我很想知道你的想法，你的年纪已到了诗人所谓的"老年之门"，这一阶段是人生难以忍受的，还是别的呢？

克：我很乐意与你分享我的感受，亲爱的苏格拉底。我们几个岁数相当的人常聚一下，正如古话说的"物以类聚，人以群分"。大家在一起就会抱怨。想起年轻时的吃喝玩乐，好像丢了宝贝似的，总觉得以前的生活才有滋味，现在的日子根本不值一提。有的人抱怨，上了年纪甚至得不到亲朋好友的尊重，他们因此把年老看成不幸的原因。不过我认为，如果年老是不幸的原因，那我也会有同感才是，因为我已经很老了，而别的老年人也会有一样的体验。但我遇到的一些人并不这样想，尤其是我听说有人问索福克勒斯："你把爱神阿佛洛狄忒侍奉得怎样？索福克勒斯，你还有能力对女人献殷勤不？"他说："别提了，我已经金盆洗手了！谢天谢地，我就像是从一帮又疯又狠的奴隶主手中挣脱出来似的。"我当时觉得他说得在理，现在更是这样认为。上了年纪的确要清心寡欲。如果能做到欲望的弦不再绷那么紧，就会像索福克勒斯所说的，是摆脱了一帮穷凶极恶的奴隶主的羁绊。至于一些人抱怨对亲朋好友的种种不满，其原因只有一个：不在于人的年龄，而在于品性。一个乐观的、心境淡泊的人是不会因年老而痛苦的；反之，即使年纪再轻，也照样少不了难受。

〔克法洛斯的话让我肃然起敬，但为了得到更多教益，我决定来激起他的更多话题。〕

苏：亲爱的克法洛斯，我想大多数人在听到你这番话后，不会信服。他们会说，你之所以能忍受年老的痛苦，不是因为你的品性，而是因为你的富有，他们会说，有钱了自然就能得到更多的宽慰。

克：说得好。他们不认同我的观点也有他们的道理，不过他们的反对还是站不住脚。当那个来自塞利福斯小岛的人诽谤塞米斯托克勒，说他成名不是因为自己的功绩，而是因为他是雅典人时，他反驳道："如果我是一个塞利福斯人，我当然不会成名，但你如果是雅典人，你也成不了名。"我想塞米斯托克勒的话对那些害怕贫穷跟变老的人很适用。一个理智的人同时忍受贫穷和衰老不容易，但一个缺乏理智的人即使是富有，到了老年其内心也不会有满足跟快乐。

苏：克法洛斯，冒昧问一句，你偌大的家业，都是自己挣来的吗？

克：你在说什么？就拿我来说，我挣钱的本领介于我祖父和父亲之间。我的祖父继承的财产跟我现在拥有的一样多，但经他的手又翻了好几番。而我的父亲吕萨略斯，却把家产减少到比现在我拥有的还少。我现在的心愿就是，只要留给孩子们的家产不比我继承来的少就行，当然要是还能多一点，我就心满意足了。

苏：我这样问是因为我觉得你不像是个守财奴。大多数不是自己亲手挣来财富的有钱人一般都这样。只有那些凭着自己的力量去挣钱的人，才会去在意自己富有的程度。就好比诗人忠爱自己写的诗，父母疼爱自己的儿女一样，赚钱者喜爱自己的钱财，不单单是因为钱有用，而是因为钱就像是他们自己生的儿子。所以这样的人除了钱，很少有其他兴趣。

克：你说得很对。

苏：我知道这是正确的。但请告诉我，你从万贯家财中所得到的最大的好处是什么？

克：说起来未必会有人信。但是，苏格拉底，当一个人想到自己在不久的将来就要死了时，他就会想起一些过去不愿意去想的事。以前听到了关于地狱的各种传说，以及在阳世作恶，死了到阴间遭报应的故事，会笑着当成是无稽之谈，可现在想起来就会不安，怀疑这些故事很可能是真的。也许是因年迈体弱，也许是看得不如以前清楚了，总之就会满腹恐惧和疑惑，开始扪心自问有没有在什么地方伤害过什么人。如果发现自己这辈子造孽很多，夜里就会像小孩一样经常做噩梦，担心报应。但一个问心无愧的人就不同，他会心安理得地、甜蜜地安度晚年，就像有一个好保姆在照料自己似的。诚如品达①所说："晚年的伴侣心贴着心，永存的希望指向

---

① 品达（约公元前518—前438年）：古希腊抒情诗人。他被后世学者推为九大抒情诗人之首。

明。"他说得真是好！因为这个原因，我断定拥有财富是有价值的，但并不都是如此，而是只针对好人。不要欺骗他人，哪怕不是故意的也不要；更不要存心造假；别亏欠神的祭品；不要借债不还。要是能做到这些，那么去另一个世界就不用害怕。由此可见，拥有财富也是不错的。不过，苏格拉底，有一说一，对一个理智的人来说，这就是拥有钱财的最主要好处。

苏：克法洛斯，你说得太好了。不过我想向你请教一下，你认为我们可以不加限制地断定讲实话、欠债还钱就是正义吗？这些行为有时是正义的，但有时不一定是正义的。打个比方，假如你的朋友在神志清醒时把他的武器交给你来保管，但后来他疯了，并且要拿回武器。在这种情况下，每个人都会同意不能把武器还给他，还给了他才是不正义的，还有就是对一个疯子讲实话也不能说是正义的。

克：你说得非常对。

苏：那么，讲实话、欠债还钱就不能算是"正义"的定义了。

玻勒马霍斯在一旁插话道：不对，假如我们还相信西蒙尼德的话，那这就是正义的定义了。

克：好！我把这个话题交给你们，因为我现在要去祭祀了。

苏：玻勒马霍斯是你的接班人，可以继承你的一切，是吗？

克：当然！

克法洛斯边说边笑着往祭祀场去了。

苏：那好，让我们接着刚才的话题。作为这一场辩论的接班人，你肯定西蒙尼德关于正义的观点是正确的，那么请告诉我他说的是哪句话。

玻：他说"欠债还钱是正义"。我认同他的观点。

苏：不错，像西蒙尼德这样一个智慧的人，又有神灵附体，我们不该随便怀疑。不过玻勒马霍斯，你一定是理解他这句话的意思的，可我不太明白。他这样说显然不是我们刚才说的意思，当东西原来的主人头脑不清醒时，还要归还从他那里借来的东西——尽管借来的东西在一定意义上是债务，是这样吗？

玻：是。

苏：那么，你认为不把武器交还给一个精神失常的物主这种行为是对还是错呢？

玻：当然是对的。

苏：这样说，当西蒙尼德说"欠债还钱是正义"时，他就没有把我所说的这种状况包含在内了。

玻：我想是这样的。他认为朋友之间应该与人为善，而不应该与人为恶。

苏：明白了，那么还有一个问题。朋友之间，当你明明知道还钱会伤害对方时，这就不能算是还债了。依你看，这是西蒙尼德的意思吗？

玻：的确是。

苏：那么，如果我们欠了敌人的债也应该偿还吗？

玻：当然要还！不过我想相互为敌的人所欠的无非是恶，就此来说，我想把亏欠敌人的东西还给敌人是合适的。

苏：西蒙尼德跟其他诗人一样，对"正义"的解释是含糊不清的。他实际的意思是说，正义是给每个人恰如其分的报答，这就是他所说的"还债"。

玻：你觉得他的观点有哪些不妥吗？

苏：天哪！如果我们这样问他：医术能给予不同的对象恰如其分的报答是什么？你认为他会怎么回答？

玻：他当然会这样说：医术为人的身体提供药品、食物和饮料。

苏：那么，烹调术能给予不同的对象恰如其分的东西是什么呢？

玻：赋予食物以美味。

苏：很好，请以同样的方式回答我，被称之为正义的这门技艺能给予的恰如其分的回报是什么呢？给予什么人？

玻：苏格拉底，假如按照你的例子以此类推的话，那么"正义"真正的内涵就是"把善给予朋友，把恶给予敌人"。

苏：这是西蒙尼德的观点吗？

玻：我想是的。

苏：当有人生病的时候，谁最能把善给予朋友，把恶给予敌人？

玻：当然是医生。

苏：当航海遇到了风浪时呢？

玻：是舵手。

苏：那么，正义的人在什么行动中，在什么目的之下，最能伤害到他的敌人却给他的朋友带来好处呢？

玻：我想该是在战争中作为援军吧。

苏：你说得非常好！但玻勒马霍斯老兄，当人们不生病的时候，医生是没有用处的。

玻：当然。

苏：当人们不去航海时，舵手也一样是没用的。

玻：当然。

苏：那么，对那些不打仗的人，正义的人就是无用的了？

玻：可以这样说。

苏：但即使是在和平时期，正义也一样是有用的，是吗？

玻：是这样。

苏：就像是为了收获粮食必须去耕作一样？

玻：对的。

苏：就像是为了有鞋子穿就必须去做鞋子？

玻：对的。

苏：那么，在和平的时候，"正义"在获得哪方面的满足和哪方面的需要上是有用的呢？

玻：在人们订立契约与相互交往时。

苏：你指的所谓交往是合伙关系还是其他事？

玻：当然是合伙关系。

苏：那么下棋时，一个正义的人是好的并且有用的合作伙伴吗？

玻：下棋能手才是。

苏：在砌砖盖瓦的时候，正义的人是不是相对于瓦匠来说更有实际用处呢？

玻：当然不是。

苏：那么这样说来，在乐队奏乐时，琴师是比正义者更好的合作伙伴了。那么，在怎样的事务中，正义的人是更好的合作者呢？

玻：我想应该是在处理与金钱相关的事上。

苏：玻勒马霍斯，恐怕在涉及金钱时，正义者不算是最好的伙伴。例如在马市交易上，人们肯定会和马贩子成为最好的伙伴，你说是吧？

玻：事实是这样的。

苏：在船舶的买卖中，造船人或者舵手才是最好的伙伴。

玻：理论上是这样。

苏：那么，你认为在怎样的情况下，涉及金钱时，正义者才能成为好伙伴呢？

玻：在你想妥善保管一笔钱时。

苏：你的意思是说，想把钱储存起来时？

玻：是这样。

苏：你这等于是说，当钱没有用时，正义才会起作用？

玻：大概就是这样。

苏：当剪枝刀收起来时，正义于公于私都有用，但当它被使用时，修剪葡萄的技艺才是有用的，对吧？

玻：显然是的。

苏：当你把盾牌跟竖琴收藏起来不去使用时，正义是有用的，但当你使用它们时，士兵和乐师才是有用的。

玻：是这样的。

苏：这么说，任何事物都是这样吗——它们有用，正义就无用；它们无用，正义就有用了？

玻：差不多是这样吧。

苏：那么，我的朋友，如果正义只是在别的东西不被使用或者无用时才有用，那它就不可能具有什么价值。但现在让我们来看看下面这个要点。打斗时，不管是拳击还是其他场合，最善于攻击的人，不也同时是最善于防守的人吗？

玻：感觉是这样的。

苏：那是不是善于预防或避免疾病的人，也善于制造疾病而不被发现？

玻：我想是的。

苏：最善于防守阵地的军人也是最善于偷袭敌营的军人，是这样吗？

玻：当然。

苏：那么最称职的仓库保管员也是最厉害的盗贼了？

玻：好像是这样……

苏：这样说来，一个正义的人既是管理钱财的行家，也是最好的窃贼了。

玻：按照我们刚才的推理，应该会得出这样的结论。

苏：这叫什么逻辑啊？正义的人到头来竟是一个小偷！这样的道理你恐怕是从荷马那学来的。因为荷马很欣赏奥德修斯的外公奥托吕科斯，他说："他在偷盗和发假誓上的才能超群。"① 所以，按照你、荷马以及西蒙尼德的意思，正义似乎是偷窃，只不过这种偷窃行为却是以善报友，以恶报敌的，你是这个意思？

玻：我以宙斯的名义发誓，我根本不是这个意思。我已经不清楚自己刚才说了什么了。但我还是坚信正义就是对朋友有好处，对敌人有害。

苏：那你所谓的朋友和敌人，是指那些本质上的好人或坏人，还是指感觉上的好人或坏人呢？

玻：那还用说？人们总是喜爱他认为好的人，而憎恨那些他认为坏的人。

苏：但人们会不会善恶不分，把坏人看成好人，又把好人看成是坏人呢？

玻：当然会发生这样的事。

苏：那也就是说会有把好人当敌人，把坏人当朋友的人了？

玻：是的，有。

苏：那么这样对这些人来说，正义就可能是对坏人有益，对好人有害的了是吗？

玻：是这样的。

苏：还有，好人是正义的，他们不可能做不正义的事。

玻：是这样。

苏：那好，按你的推理，伤害那些不可能不正义的人就是正义了。

玻：不！苏格拉底，我绝不会这么想的。

苏：那么，正义就是伤害不正义的人和有益于正义的人。

玻：这个说法好像比刚才的好点。

苏：玻勒马霍斯，由此看来，很多人就是看错了人，结果他们的正义就伤害了他们的朋友，却帮助了他们的敌人，因为在他们的朋友中一样有坏人，在他们的敌人中也有好人。这样的结论恰好与被我们刚刚确认了的

---

① 见荷马《奥德修斯》第19卷，第395行。

西蒙尼德的意思相反。

玻：对呀！看来我们需要重新认识"朋友"和"敌人"的真正含义。

苏：玻勒马霍斯，你说说其真实含义是什么。

玻：错在把看起来是好人的人当作朋友。

苏：那我们怎样才能改变这一看法呢？

玻：不仅是看起来像好人，而且还是真正可信赖的人。看起来好，但并不是真正好的人不是朋友。敌人也同样如此。

苏：那按照你这么说，好人就应该是朋友，坏人就应该是敌人？

玻：对。

苏：我们刚刚说的以善报友、以恶报敌就是正义。说到这，我们是不是该加上一条，即，如果朋友真是好人，当以善待之；如果敌人真是坏人，当以恶待之，这样才算是正义。对吗？

玻：是的，我觉得这样应该算是一个很好的定义。

苏：不要急。正义者会伤害别人吗？

玻：这是当然！如果对方是坏人，正义者就可以去伤害他们。

苏：举个马的例子。当一匹马受到伤害了，这种伤害是让马变坏还是变好？

玻：当然是变坏了。

苏：这种变化是体现在狗的优点上，还是马的优点上？

玻：当然是马的优点。

苏：那么当狗受到伤害后，是狗变坏了，而不是马变坏了，是这样吧？

玻：当然是这样了。

苏：那好，我的朋友，那我们不得不说，当人受到伤害时，是他们作为人的具体的优点或者德性受到了伤害，因此他们才变坏，是吗？

玻：的确是这样。

苏：那正义是不是就是人的德性呢？

玻：当然是了。

苏：那么人受了伤之后就会变得不正义了？

玻：可以这样说吧。

苏：那么，一个音乐家会用他的音乐技能让他人不懂音乐吗？

玻：不可能。

苏：那一个骑手能用他的骑术让其他人不会骑马呢?

玻：这是不可能的。

苏：那么，正义的人能用他的正义使人不正义吗？换句话说，好人可以利用他的美德使人变坏吗？

玻：这个更不可能。

苏：我想热的功能不是使其他东西变冷，而是相反。

玻：对的。

苏：发潮不是干燥的功能，也就是说相反。

玻：当然。

苏：善的功能不是去造成伤害，而是相反。

玻：好像是这样。

苏：正义的人是好人吗？

玻：当然是。

苏：玻勒马霍斯啊！伤害朋友或敌人，伤害任何人都不是正义者的功能，而是不正义者的功能。

玻：苏格拉底，我想你说的是正确的。

苏：假如有人断定正义就是还债，那么这样说的意思就是正义的人所伤害的是他的敌人，所有益的是他的朋友，但我不认为这样说是聪明的。这样说是不对的。因为我们已经证明了：伤害在任何情况下都不会是正义的。

玻：我同意。

苏：假如有人认为这种说法是西蒙尼德、毕阿斯①或者皮达科斯②，或者其他圣贤之类的人说过的，那么我们就只能举起手来加以反对了。

玻：我会参加。

苏：你知道是谁最先说"正义就是助友害敌"这句话的吗？

玻：谁？

苏：我想应该是佩里安得鲁、佩狄卡斯、泽尔泽斯，或者底比斯的伊

---

① 毕阿斯：公元前6世纪中叶人，希腊"七贤"之一。
② 皮达科斯：生年不详，公元前569年卒，希腊"七贤"之一。

斯梅尼亚，或者是某些权贵。

玻：应该是的。

苏：很好。那么这个正义的定义不能成立，谁能另外再给下一个定义呢？

〔这时，塞拉西马克插话了。就在我们刚才谈话时，他三番五次想要插话，但都被坐在他边上的人阻止了，因为他们都急于想要听个明白。而这时，塞拉西马克再也没法保持沉默了，于是他站起身，一步就冲到了我们面前，像一头野兽要把我们撕成碎片似的。我们被吓了一跳。塞拉西马克这时候大声叫喊起来。〕

塞：苏格拉底，真是看见鬼了，你们在这互相吹捧。如果你真知道正义是什么，就不应该只问而不答。因为你知道提问总是比回答容易。你应该自己来回答你认为什么是正义。别胡扯什么正义是一种责任、一种权宜之计，或者利益好处、报酬利润之类的话。你直截了当说好了，你到底指的是什么。那些废话我不想听。

〔听了他这番话，我非常震惊，两眼瞪着他直觉着害怕。要不是我原先就看见他在那儿，猛一下真要让他给吓傻了。幸亏他在冲我们发火时，我先注意到了他，这才能勉强回答。我战战兢兢地说："亲爱的塞拉西马克啊，你可别让我们下不了台呀。如果我跟玻勒马霍斯在讨论中出了差错，那可绝不是我们故意的。要是我们的目的是寻找金子，我们绝不会只顾相互吹捧错过找金子的机会。我们要寻找的正义比金子更有价值。我们怎么会只管彼此讨好而不努力搜寻？朋友啊！我们是实心实意的，但是力不从心。你这样聪明的人应该同情我们才是！"

他听了我的话，不由一阵大笑，接着往下说……〕

塞：赫拉克勒斯①可以为我作证，你刚才所说的话就是苏格拉底式的反诘法②，这套方法我早就领教过了。我知道你会拒绝回答，而不惜承认自己是无知的。

苏：塞拉西马克，这都是因为你太聪明了，因此你很明白，当你问别人十二是怎么得出的时，又在提出问题时却不许他人说十二是六的两倍、

---

① 赫拉克勒斯：希腊古代神话里的英雄。
② 苏格拉底反诘法（Socratic irony）是一种哲学辩论方法。

三乘以四等于十二、四乘以三等于十二这样一些废话，因为你认定这些废话不是答案。于是我想，显然没人能回答你以这种方式提出的问题。要是有人对你说："我不清楚你的真正想法，如果你不想听到的这些废话中刚好有一个是正确答案，那我是不是想要迎合你，而说出一个错误的答案来呢？"要是这样问你，那你该怎么回答？

塞：这两件事根本没有相似之处，怎么能相提并论呢？

苏：没有理由说它们不相似。就算不相似，但被问的人认为其中有个答案是对的，我们还能堵住人家的嘴不让人家说吗？

塞：难道你要在被我所禁止的数字中挑出一个答案？

苏：假如我在深思熟虑后认为该这么做的话，也没什么好奇怪的。

塞：那我们就接着正义这个话题继续往下说吧。假如我对正义的解答比你的正确，那你会怎么样呢？

苏：假如你的解答比我的正确，我就立即承认自己知识浅薄，知识浅薄的人除了向智者学习，再没别的了。

塞：你还真虚心，不过钱还是照罚。

苏：如果我有钱的话，我肯定接受罚款。

格劳孔这时说：苏格拉底，罚款的事你不用发愁。塞拉西马克，你继续说，我们愿意替苏格拉底分担。

苏：我的朋友，在这种情况下一个人怎么能做出回答呢？首先这个人是无知的，却不承认自己无知；其次，即使是他对这件事有自己的看法，也被一位权威人士堵住了嘴。因此，还是由你来说更合理。你已经得到了答案，那就请你不要保守，请多多指教，我将感激不尽。

〔我说到这，格劳孔和其他人也纷纷要塞拉西马克给大家讲述。他本来就跃跃欲试，想露一手，自认为得到了正确的答案。但他装模作样，故意不讲，目的是让我来要求他。最后，才在大家的盛情要求下答应讲出来。〕

塞：苏格拉底的聪明之处就在这里——他自己什么东西也不肯教给别人，而是到处跟人学，学了后连声谢谢都不说。

苏：我承认自己非常喜欢向他人讨教，但说我从不知道感谢，这也太冤枉我了。只是我比较贫穷，拿不出能表示谢意的礼物来，所以只能在口头上感谢他们。我能够做的也就是这些了。噢，对了，我还在等着你的高见呢。

塞：我认为正义无非就是强者的利益。你们怎么都不鼓掌？看来你们是不赞成了。

苏：我先要理解你说的才能表明态度。你刚刚说正义就是强者的利益。塞拉西马克，这个"强者"到底指的是哪类人呢？你应该不会指的是像普里达马斯这类比我们强壮得多的大力士吧？因为他吃牛肉对自己的身体有益，所以吃牛肉对他就是有益和正义的；而我们这些身体比他弱的人吃牛肉比他的益处小，因此就不如他正义了？

塞：苏格拉底，你就是个小丑，喜欢断章取义，混淆视听，然后依据你的意图去进行辩论。

苏：噢，我的朋友，我怎么会是这个意思呢？我只是希望你能更清楚地解释一下你的意思。

塞：你不知道有些城邦是由僭主统治，有些是由平民统治，有些是由贵族统治的吗？

苏：我当然知道。

塞：政府是每个城邦的统治者，是吧？

苏：当然。

塞：这难道不证明了强者拥有统治权吗？每一种形式的政府根据统治者的利益制定法律，民主的政府制定民主的法律，独裁的政府制定独裁的法律，以此类推。他们正是通过立法来表明：正义就是对统治者有利。违反了这些法律，就是犯罪，就要受到惩罚。因此，这才是我理解的正义的原则，它对所有城邦都是适用的，正义就是当时的政府的利益。政府掌管着权力，是强大的，由此可以得出结论来：不管在哪，正义就是强者的利益。

苏：现在我已经明白你的意思了，但我还必须研究你得出的结论是否正确。塞拉西马克，看来你也把有益看作是对正义的定义了——尽管刚才你禁止我这样回答。你不过是在"有益"前面添加了一个"强者的"前提。

塞：也许你认为我的这个前提条件是微不足道的。

苏：好吧，是不是微不足道现在还不清楚。但我们应该考虑你所说的是否正确。"正义是某种有益的东西"这方面我是同意的，但是你加上了"强者"这个前提，也就确定了正义就是强者的利益。对此我不认为自己已经理解了，所以我们还需要来考察一下。

塞：你尽管想吧！

苏：我会的。但是，我需要确认一下你的观点，你是否确信服从统治者是正义的？

塞：是的。

苏：那么，你认为各个城邦的统治者是不会犯错误，还是有时会犯错误呢？

塞：没错，他们会犯错。

苏：那么，他们在立法时，会不会所立的法有些是对的，有些是错的呢？

塞：我认为会。

苏：对他们有利的立法是正确立法，错误的立法是对他们不利的。你说是不是这样？

塞：对。

苏：无论他们立什么法律，人们都一定要遵守，这在你看来就是正义，对吧？

塞：肯定没错。

苏：那么，根据你的逻辑，遵守对强者有利的法是正义的，而遵守不利于强者的法也是正义的了。

塞：你说的是什么意思啊？

苏：我只不过是在把你说过的话重复一遍。让我们来认真思考一下。我们都同意了，统治者在向被统治者颁布命令时，有时会违背他们自己的利益，但只要统治者愿意，无论颁布的是怎样的命令，被统治者都得要执行，这就是正义的。我们都同意是这样，是吗？

塞：没错。

苏：那么就请你再想想：你一方面承认统治者无意中会做出对自己有害的决定，另一方面你说对强者或者统治者有益的事是正义的，但你同时还认定，正义就是统治者要做的事。这样一来，我最智慧的塞拉西马克啊，这样的结论就难以避免了，这种正义跟你说的正义的原则刚好相反，是吗？因为在这种情况下，弱者受命去做的事的确对强者不利。

玻勒马霍斯：以宙斯的名义，苏格拉底，你这个结论是决定性的。

克勒托丰这时插嘴说：当然了——如果你愿意为他作证的话。

玻：没必要要证人，塞拉西马克自己也承认，统治者有时也会做出有害于自己的决定，但要被统治者遵守是正义。

克勒：玻勒马霍斯呀，塞拉西马克不过是在说，遵守统治者的命令是正义的。

苏：对的，克勒托丰！但同时他还说了，正义是强者的利益。承认这两条后，他又接着承认，强者有时候会命令弱者——就是他们的人民——去做对强者自己不利的事情。照这么看来，正义既可能是强者的利益，也可能是对强者自己的损害。

克勒：所谓强者的利益，是指强者自己认为对自己有利，而且是弱者必须要去做的事情，这才是塞拉西马克对正义下的定义。

玻：他似乎并没这么说过。

苏：这无所谓。假如塞拉西马克现在想要这样说，我们就把它看作是他的意思好了。塞拉西马克，请告诉我们，这是你现在想要说的吗？正义就是强者认为对自己有益的事，而不管实际上是不是真的有益。这是你的意思，是吧？

塞：当然不是了。为什么你会认为我把一个犯错的强者仍然叫作强者呢？

苏：因为你承认统治者并不是一贯正确，有时也会犯错误，就包含了犯错的强者也是强者这个意思。

塞：苏格拉底，你的确是个诡辩家啊。举例说吧，你会因为某人看错了病，犯了错，才把他当作医生吗？因为某人算错账了，你才把他称作会计吗？你当然不会。没错，这些医生、数学家、修辞学家都会出现错误。但假如他们实至名归的话，就都不应该犯错。严格说——你喜欢严格——工匠、贤哲都是不该犯错的，只有知识不够才会犯错。出现了错误，错误严重到什么程度，他跟自己的称号就不相称到什么程度。统治者也依旧如此。在统治者真的是统治者时，他不会出现错误，他一般都会定出对自己最有利的各种办法，叫老百姓按照他的办法去做。所以就像我刚开始就说过的，现在再说还是这句话——正义乃是强者的利益。

苏：塞拉西马克先生，你觉得我真像一个诡辩者吗？

塞：的确如此。

苏：那你的意思是，刚才我是在故意为难你了？

塞：你这人真的很擅长诡辩，但你总是会被人揭穿的，你想要偷偷施展你的诡计，却被我拆穿了。在辩论中，你是没有本领战胜我的。

苏：愿神保佑你的灵魂，我甚至连这样的念头都没有过。但为了避免我们之间再度产生误会，还是要把你使用统治者和强者的意思说清。当你说弱者为了强者的利益做事是正义的行为时，你是在一般意义上使用"统治者"这个概念，还是在你刚才告诉我的严格意义上的使用？

塞：肯定是最严格意义上的，现在你可以随意使出你那套诡辩花招来反驳我，不要心慈手软。但你也不要试图让我放过你。

苏：你觉得我是疯了吗？我怎么敢在你这么优秀的辩论高手面前玩什么诡辩？

塞：刚刚你就试过了，但很可惜，你失败了。

苏：算了，我们不要吵了。还是请你告诉我，就你刚才说的严格意义来看，一个医生究竟应该是治病的人还是赚钱的人？我现在说的医生，当然指的是名副其实的医生。

塞：名副其实的医生是治病救人的。

苏：那么名副其实的舵手是掌舵的，还是一个普通水手呢？

塞：是掌舵的。

苏：但当他不在航海时，人们为什么也叫他舵手而不是水手呢？因为和这个真正有关系的是，他有高超的技艺，能施行对水手们的领导责任。

塞：我同意你的话。

苏：每种技艺都有自己的对应的利益，难道不是吗？

塞：这话我仍然同意。

苏：技艺的天然目的就是寻求和提供这种利益。

塞：是的。

苏：技艺除了它自身的尽善尽美外，还有其他需求吗？

塞：你的话是什么意思？

苏：这就好比你问我：对身体来说，是不是只要是身体就行了，或者身体还有其他需要？我会回答你说，身体一定还有别的需求。这就是医术被发明出来的原因，因为身体终究是有欠缺的，有缺陷的身体是不能让人满意的。为了身体的利益，医疗技术才得以出现。你说我的回答对吗？

塞：对。

苏：我们再来看看这些。因为身体存在着缺陷，医疗技术才得以发明。但医疗技术是不是也一样存在缺陷，也会犯错呢？或者这样说吧，任何一种技艺都需要某种品性、品质和特长，就像眼睛需要能看见，耳朵需要能听到一样。但正是因此，每一种技艺都需要别的技艺为自己要达成的目的提供帮助，带来利益，你说我这样说对吗？任何技艺都会存在某些不足或者缺陷，都需要其他技艺来帮助它，考虑到它的利益，因此也就需要考虑到其他技艺，以此类推，可以说是无穷无尽的。或者说每种技艺只需要考虑自己的利益。这两种说法哪一种对呢？要不就是技艺并不存在着自身利益，当然也不需要其他技艺来帮助弥补它自身的不足？是不是任何一门技艺都不存在缺陷和错误，技艺除了为它的对象寻求利益外，并不为其他事物寻求利益？因此技艺本身不会受到伤害，也不会变坏，这就是严格与完整意义上的技艺。这是不是就你所谓的严格意义而言？

塞：好像没错。

苏：那么，医术所寻求的不是它自己的利益，而是它的对象人体的利益，是不是？

塞：对的。

苏：骑术也不是为了骑术自己的利益，而是为了它的对象——马的利益了。技艺不需要其他的东西，任何技艺都不是为它本身的，而只是为它的对象服务。

塞：似乎没错。

苏：然而，塞拉西马克，技艺是支配它的对象，统治它的对象的。

〔塞拉西马克表示同意，但是极为勉强。〕

苏：没有任何一门科学或技艺是只顾寻求强者的利益，却完全不顾及它所支配的弱者的利益的。

〔塞拉西马克起初想辩驳一下，最后还是同意了。〕

苏：当一个医生是医生时，他所谋求的是医生的利益，还是病人的利益？——我们都已经同意了：一个真正的医生是支配人体的，而不是赚钱的。

塞：没错。

苏：舵手是水手的统治者，而不只是一个水手。

塞：是的。

苏：这样的舵手或支配者，他要照顾的不是自己的利益，而是他部下水手们的利益。

〔塞拉西马克勉强同意。〕

苏：塞拉西马克啊！那么处在任何职位上的统治者，就其是一名真正的统治者而言，在严格意义上，他就不会考虑和确定他自己的利益，而是要考虑与确定受他统治、作为他的统治技艺施展对象的人的利益，他的言行都是为了他的统治对象的利益的，需要关心如何做才会对他们有益。

〔当我们讨论到这儿，大家都已经清楚，正义的定义已被颠倒过来了。塞拉西马克不回答，反而问我。〕

塞：苏格拉底，告诉我，你有奶妈没有？

苏：真奇怪！该你回答的你不答，为什么反而问这种不相干的问题呢？

塞：我认为你在流鼻涕的时候，没人为你擦鼻涕；我想你如果有奶妈的话，她不应该没有教你区别羊和牧人有什不同。

苏：你为什么要这么说呢？

塞：因为你认为牧羊人和牧牛人是考虑到了牛羊的利益，才去照料牛羊，把它们养得肥壮，而不需要考虑牛羊的主人和牧人自己的利益。照你这种逻辑，你会认为城邦的统治者，我是说那些真正的统治者，对受到自己统治的人民的态度也会跟牧人对牛羊的态度一样，日夜为受到自己统治的人的利益操心，而不考虑自己的利益。这样一来，你就离明白正义者和正义、不正义者和不正义差得很远了，你竟突然不清楚正义者和正义只是在表面上为他者服务的，实际上是为了强者和统治者的利益服务的，是对服从和伺候统治者的所有被统治者的伤害。而不正义恰恰相反，就是统治那些头脑简单和正义的人的。这些人受到统治，做对强者有益的事，伺候强者，让他们快乐享受，而自己却一无所得。苏格拉底，你真是头脑简单呀！你好好想想，以这样的方式，正义的人在跟不正义的人打交道时，正义者总是会吃亏。我们就拿做生意来说吧，正义者跟不正义者合伙经营，到了最后正义的人什么都得不到。再拿办公事来说吧，纳税和捐款时，两个财产一样多的人，就会总是正义的那个交得多，不正义的那个交得少。而在分钱时，恰恰相反，不正义的那个人分得多，正义的那个可能什么也得不到。如果他们担任公职，正义的人就算没有别的损失，他也会因为忙别人的事而无暇顾及自己的私事，从而遭受损失，并且他也因为正义的原则，不愿意损公肥私，结果一点好处也没有，他还会因此得罪自己的亲朋好友，因为正义的原则使得他不愿意徇私情。可那些不正义的人正好相反。当然，我讲的不是那种有本事捞油水的人。但你要是判断一个人是正义好还是不正义好的话，就应该想想这类人。最容易说清这个道理的办法就是告诉你不正义的最极端形式是怎样的：那些做坏事做得最多的人，恰恰是最快乐的人；而那些最不愿意做坏事的人，也是最倒霉的人。这个干坏事最多的人就是僭主，他把别人的东西，无论是圣物还是俗物，无论是公产还是私产，都巧取豪夺，不是偷一点，而是全部抢走。普通人要是犯了罪，就会受到惩罚，而且还会声誉扫地，被称作盗贼、强盗、骗子、扒手，说他们犯下了不正义的罪；而那些不仅掠夺人民的钱财，而且剥夺人民的身体和自由的人，不但没有恶名，反而被认为有福。不仅他们的同胞会祝福他们，并且人们只要听到这些完全彻底不正义的人的行为时，都会祝福他们。人们之所以谴责不正义，并不是怕做不正义的事，而是怕吃不正义的亏。所以，苏格拉底，不正义的事只要干得大，是比正义更有力、更如意、更气派的。所以像我一开始说的：正义是强者的利益，而不正义是对个人有好处、对自己有利。

〔塞拉西马克就像是澡堂里的伙计，把大桶的高谈阔论一股脑全部浇到了我们身上，然后就想要扬长而去。但在座的都不答应，要他留下来为他的主张辩护。我自己也请求他。〕

苏：亲爱的塞拉西马克，你说的这些话内容太丰富了，我们一下子还消化不了。可究竟对不对，也没得到证明，也还没有人对你说的提出任何质疑，你可不能就这样离开。别以为你说的这些是很小的事，它可是涉及人的一生走什么路的问题，是有关我们究竟要过怎样的生活的问题。

塞：我说过这件事不重要了吗？

苏：我认为你对我们都太漠不关心了。上面说的那些你一定都清楚，可我们对此一无所知。你这样的态度就是因为你觉得没必要在意我们，我们今后的生活怎样也跟你没关系。我的朋友，请你不要吝啬，好好开导一下我们，这样对你也没什么损失。我想告诉你的是，我还没被你说服，我也一样不认为不正义一定比正义更加有益，即使是可以随心所欲干不正义的事。先生，我想，要是某位不正义的人能随心所欲干不正义的事，要么是他干的坏事没被发现，要么就是他能靠自己的暴力不断干坏事。但无论如何，我也不相信不正义比正义更有益。这大概不会是我一个人这样想，在座的各位可能还有不少人也这样想。亲爱的朋友，请你发发善心，好好开导一下我们吧，好让我们完全明白对错，即要正义还是要不正义。

塞：那你想要我说什么？我没法说服你。难道要我在你的脑门凿个窟窿，然后把证据塞进去吗？

苏：哎哟，千万别这样说。不过呢，你已经说出来的话请不要更改。要是你想改动，那也请光明正大说出来，可不要玩偷换的手段骗我们。你看，塞拉西马克，我们来回顾一下前面所举的例子：你提到医生时，就强调要在医生这个概念的严格意义上使用。可后来到了牧人，你却没有同样严格使用。你说的话的意思显然是只要喂肥了牛羊，就算是好牧人，也不需要为那些牛羊着想，反而是应该跟一个前去赴宴的人，满心里只想着美味的羊肉带来的口福之乐；要不就跟一个牲口经纪人一样，交易时只在意如何从它们身上赚到钱。但事实上放牧的技艺就在于怎样更好地使得羊群得到最好的照顾，因为这项技艺的完美正是在于能为它针对的对象提供最好的收益，同时这项技艺自身的利益和状况，也会使之不至于偏离放牧这项活动。同样的道理，我想我们也无法不承认，各种形式的统治，就其仍然还是真正的统治而言，所在意的无非是被统治的对象，这一点无论是在政治事务还是私人事务中都没什么不同。你认为那些真正治理城邦的人，还有那些担任公职的人都很愿意做这些吗？

塞：我不认为他们愿意，这点我很清楚。

苏：那么，别的形式的统治呢？你难道看不出没有人是自愿承担这种统治的工作的吗？人们做了事就会要求得到报酬，这就意味着他们是在为被统治者的利益服务，而不是为他们自己的利益服务。现在请允许我问你一个问题：但凡可称得上技艺的，彼此间都有不同特点，因为它们的力量和功能不同。我这样说对吗？请告诉我们你的真实想法，这样才有利于我们通过讨论得出一些结果。

塞：你说的这些我赞成。

苏：每一种技艺都给我们带来了不一样的利益，而不是提供一般意义上的利益。比如医术给我们带来健康，舵手的技艺则使我们能够在海上得以安全航行，是这样吗？

塞：没错。

苏：是不是挣钱技术给我们钱？因为这是挣钱技术的功能。能不能说医术和航海术是同样的技术？如果照你提议的，严格地讲，一个舵手由于航海而身体健康了，是不是可以把他的航海术叫作医术呢？

塞：肯定不能这样说。

苏：要是一个人在挣钱的过程中身体变得健康了，我想你也不会说挣钱的技艺就是医术。

塞：当然。

苏：如果医生在给人治病时收取医疗费，你会说他的医术是挣钱技艺吗？

塞：当然不会。

苏：很好，这样一来我们就达成以下共识：每种技艺的利益都是特殊的。你同意吗？

塞：同意。

苏：那么，如果有一种益处是所有匠人都能得到的，那这显然是他们都在使用某种相同的技艺了？

塞：应该是这样。

苏：因此我们要说，一个匠人得到了报酬，是因为他同时使用了挣钱的技艺。

〔对这点，塞拉西马克勉强表示同意。〕

苏：这么说，拥有技艺的人得到的报酬并不是来自他们拥有的技艺本身，而应该是：医术给人带来健康，建筑术带来房屋，但他们同时拥有着挣钱的技艺，其他行业莫不如此。各类技艺尽其本职，使得它所服务的对象获得利益。但要是那些匠人无法得到报酬，那么他们能从自己拥有的技艺里得到什么利益呢？

塞：在我看来这是不会的。

苏：如果一个人工作但是不求报酬，那他自己确实就没有利益，是吗？

塞：确实是没有。

苏：塞拉西马克先生，到此我们已经证明：任何一种技艺或者统治术都不会为这项技艺自身获得利益，而是如我们早先说的那样，各种技艺提供和规定了它所服务的对象的利益,它谋求弱者的利益,而不是谋求强者的利益。塞拉西马克,我的朋友,这就是刚刚我要说没有人心甘情愿担任公职的原因,因为这样做是在给自己找麻烦。当一个人帮助他人解决困难时,他的目的就是为了获取报酬。因此,一个统治者实行统治,发布法律和命令时,绝不是为了自己,而是为了他治理的对象。这样看来,想要人们愿意担任工作,就该给予报酬,要不就是名誉和地位,或者是施加强制;不干就要受到惩罚。

格劳孔:苏格拉底先生,刚才你提到的金钱和荣誉我们明白,然而你把惩罚也当作一种报酬,这我就不明白了。

苏:你难道不知这种报酬能让最优秀的人同意出面进行治理吗?你不知道追求名利被看作是可耻的,事实上的确是可耻的吗?

格:这点我知道。

苏:人如果不贪图名利,就不会为了这些来担任治理工作。那些好人不希望自己因为担任管理工作而公开领取薪俸,就像不愿意接受雇佣一样,他们也不愿意假公济私,私下里因营私舞弊而被当作是窃贼,因为他们没有任何野心。因此,想要这样的人出来担任公职,只能依靠惩罚的手段强制他们。这就难怪那些不是受到逼迫,而是主动要担任公职的人会被看作是耻辱。要是一个人不愿担任公职,对他最好也是最大的惩罚就是让他接受比他差的人管辖。我想,好人怕这个惩罚,所以勉强出来。他们不是为了自己的荣华富贵,而是迫不得已,实在找不到比他们更好的或同样好的人来担当这个责任。假如有一个城邦都是好人,大家会争着不当官,会像现在大家争着要当官一样热烈。那时候才会看出,一个真正的治国者追求的不是他自己的利益,而是老百姓的利益。所以有识之士宁可受人之惠,也不愿多管闲事加惠于人,因此,我绝对不能同意塞拉西马克的"正义是强者的利益"的说法。关于这个问题,我们以后再谈。不过他所说的,不正义的人生活总要比正义的人过得好,在我看来,这倒是一个比较严重的问题。格劳孔,你究竟站在哪一边,你觉得谁的话更有道理?

格:在我看来,正义的人的生活比较有益。

苏:你刚才有没有听到塞拉西马克列举的关于不正义者的种种好处?

格:听到了,可我不会相信。

苏:那么我们要不要另外想个办法来说服他,让他相信他的说法是错的？

格：这是应该的。

苏：如果我们也像刚才他那样，先由我们来正面提出主张，叙述正义的好处，让他回答，然后我们来驳辩，那么我们就得列举出正义生活的各种好处，但这样就需要有一位裁判来对双方列举的事实和表述的观点做出裁决。不过如果像我们刚才那样讨论，在共同的探讨中逐步达成一致，那么我们自己就既是辩护人又是公证人了。

格：完全正确。

苏：你喜欢哪一种方法？

格：第二种。

苏：那么，塞拉西马克，现在要求你从头回答我。你是否肯定极端的不正义比极端的正义有更多的好处？

塞：我肯定，而且我还表明了理由。

苏：那么请告诉我，你对正义与不正义究竟怎么看？我认为你会把其中一个看作是善，另一个看作是恶，对吧？

塞：这很明显。

苏：你是不是说善是正义，邪恶是不正义？

塞：你可真能找茬。如果说不正义要掏钱，正义不用掏钱，那我可能会这样说。

苏：那么，你究竟会怎样说？能告诉我们吗？

塞：刚好是反过来的。

苏：什么！你说正义是邪恶？

塞：不，我认为正义是天性忠厚，天真单纯。

苏：那么你说不正义是天性邪恶了？

塞：也不是，我宁愿称它为来自判断的善。

苏：塞拉西马克，你真的认为不正义是理智和善吗？

塞：至少，对于那些有能力征服许多个城邦的统治者来说，我想不正义就是明智且是正确的。你或许以为我所说的不正义指的是一些偷鸡摸狗，但即使这些，只要不被逮住，他们也会得到好处。但跟我前面说的窃国大盗不可同日而语。

苏：我终于搞清楚你的意思是什么了。可是你把不正义归类于美德与智慧，把正义归类于相反的那一类，我对此感到很惊讶。

塞：我确实是这么分类的。

苏：我的朋友，你这样断定，完全不留余地，让我们怎么跟你说呢？如果你在断言不正义有利的同时，能承认它是邪恶和可耻的，那么按照常理，我们还有继续加以证明的可能。但现在已经很清楚了，你显然是想要把荣耀、强大和其他一系列我们原本归之于正义的属性，全都归纳到不正义的名下，因为你毫不犹豫就把不正义算作是美德与智慧了。

塞：你简直就是一位名副其实的预言家。

苏：随你怎样说好了。塞拉西马克，我看你现在的确不是在开玩笑，而是在亮出自己的真思想。

塞：我说真话也好，说假话也罢，有什么区别吗？辩论本身就是游戏，无所谓真假，你就只管驳我的论点就是了。

苏：的确没有区别。但我们还想请你回答一个问题：在你看来，一个正义者有没有可能想要超过其他的正义者？

塞：不可能，如果他有这种欲望，他就不再是原来那个简单而有趣的他了。

苏：他会有超过，胜过，或者超越其他正义行为的愿望吗？

塞：不会。

苏：如果他试图战胜非正义，他到底是出于什么样的动机呢？会不会因为他认为这是正义的行为呢？

塞：当然会这样认为，而且还会想方设法去做。但他肯定不会成功。

苏：他能不能成功我不关心，我想知道的是，一个正义者不会想要战胜其他正义的人，但他想要战胜不正义的人，是这样吗？

塞：没错。

苏：那么非正义者呢？他会想要胜过正义的人和正义的行为吗？

塞：毫无疑问，要知道他想要胜过任何事。

苏：那么不正义者会不会也想战胜其他不正义者，从而获取更多的利益呢？

塞：会。要知道不正义者想要战胜任何人和事。

苏：依你之见，我们可以这样说：正义者不要求胜过同类，而要求胜过异类；至于不正义者，则对同类异类都要求胜过。

塞：你讲得不错。

苏：而不正义的人是聪明和善意的，而正义的人既不聪明也不和善，是吧？

塞：这样说也没错。

苏：不正义的人跟聪明和善的人是一类，正义的人刚好相反，是这样吗？

塞：那当然。相同的人属于同一类，不同的人属于不同类。

苏：很好！你这样说就是说同类人性质相同？

塞：没错。

苏：非常好！塞拉西马克先生，你会说有的人是"音乐的"，可有的人是"不音乐的"吗？

塞：会。

苏：那么哪个是"聪明的"，哪个是"不聪明的"呢？

塞：肯定是"音乐的"聪明，"不音乐的"是笨蛋。

苏：你能说一个人的聪明之处就是好处，不聪明之处就是坏处吗？

塞：这样说也没错。

苏：那么，你觉得医生也是如此吗？

塞：对。

苏：那好，当一个音乐家在调节琴弦松紧的时候，他会想着要胜过别的音乐家吗？

塞：通常不会发生这样的情况。

苏：那他会想着胜过不懂音乐的人？

塞：当然。

苏：那么医生会怎么样呢？在他给病人规定饮食这方面，他会不会想着要超过他的同行呢？

塞：肯定不会。

苏：然而他会想着去超过那些不懂医术的人吗？

塞：没错。

苏：现在让我们综合考虑一下知识和愚昧吧，你认为一个有知识的人，想要在言行方面超过别的有知识的人，而有知识的人的言行，在相同的情形下彼此相似呢？

塞：势必这样。

苏：那么，愚昧的人呢？他想不想胜过那些有知识或者比他更愚昧的人呢？

塞：可能是想这样做的。

苏：有知识就聪明吗？

塞：没错。

苏：聪明的人是好人吗？

塞：是。

苏：那些聪明又好的人，不愿意去超过和自己同类的人，却想要去超过和自己不同类而且是处于对立面的人，是不是？

塞：我觉得没错。

苏：但一个又笨又坏的人反倒对同类和不同类的人都想超过，对不对呢？

塞：没错。

苏：塞拉西马克先生，刚才你亲自说过，不正义者想要超过他的同类和不同类的人，你是不是说过这样的话？

塞：没错，我说过。

苏：可是你同时又表明，正义者不会有超过同类的欲望，然而有超过他的异类的欲望。是不是呢？

塞：没错。

苏：那么，正义者和既聪明德行又好的人相类似，而非正义者则和既愚昧德行又坏的人相类似。

塞：这么说也没错。

苏：但我记得我们还说过，每个人都属于跟自己性质相同的那一类。

塞：我同意。

苏：现在清楚了——正义的人又聪明又善良，不正义的人又愚蠢又坏。

〔塞拉西马克认可上面的内容可并不像我现在所写的如此简单，他极其不乐意，好几次尝试抵抗却没有成功。炎热的夏天，急得他满身是汗，我从来没见过他像今天这样满脸通红。在我们双方都同意了正义是善良和智慧，非正义是邪恶和愚昧后，我们的辩论就继续下去。〕

苏：虽然这个问题已经得到解决，但是，塞拉西马克先生，你还记得我们还说过非正义是强有力的吗？

塞：我当然记得。但我并不赞成你的说法。我有我自己的看法，但是我说出来，你肯定要说我大放厥词。你要么耐着性子听我把话说完，要么就由你来提问。只要你愿意，你就尽管问，我会像敷衍说故事的老太婆似的，一个劲说好，不管同意还是不同意，都点头就是。

苏：不对，这不是你的真心话。

塞：这没错呀，你高兴就好，因为你根本不给我说话的自由。你还要我怎样呢？

苏：我不要什么，你既然建议让我提问，那我就问你了。

塞：随便问！

苏：那好，我想要问你的是：跟正义相比，非正义有什么性质？这是跟前面我们讨论的一样的问题，这样我们的探讨就能够有一个连续性。刚刚我们说过，非正义比正义更强有力。但是我们现在又证明了正义是智慧与善良，而非正义是邪恶与愚昧，那么，大家差不多都能承认的就是：正义比非正义更强有力，因为非正义是无知的。不过我想要说的不止这一点。塞拉西马克，我希望以这样一种方式考虑正义的问题，比如你会说有些非正义的城邦，极力用不正义的手段去奴役别的城邦，并把别的城邦置于自己的控制之下。

塞：我承认。特别是那些实力最为雄厚的，可是又是最不正义的城邦有很大的可能会这样做。

苏：我理解，这是你的看法。但我现在主要要考虑的是这点：某个城邦以某种方式向别的城邦展示自己的强大，那么这个城邦所需要的是非正义的力量，还是需要与正义相结合的力量？

塞：如果你所说的"正义就是智慧"没错的话，那么这个城邦就需要把自己的力量和正义相结合。如果我说得对，那么就要把力量与非正义相结合。

苏：塞拉西马克，我很高兴，你的回答非常不错。

塞：我这都是出于礼貌。

苏：你的这份情我领了。你能不能再次表现出你的热情来回答一下这个问题：在你看来，一个城邦、一支军队、一帮强盗小偷，或者任何团体，当他们想要采取集体行动时，要是成员之间彼此抵触，你觉得他们能成功吗？

塞：不能。

苏：如果他们都克制自己，不相互拆对方的台，他们有可能合作吗？

塞：会的。

苏：其原因是不是不正义使得他们分裂、仇恨、争斗，而正义使他们友好、和谐呢？

塞：对此我没有不同的看法。

苏：谢谢你，我的朋友。不过请你告诉我，如果非正义者是制造仇恨的根源的话，那么它所到之处，无论是自由人还是奴隶，都会彼此仇恨猜忌，使得他们无法采取一致行动？

塞：没错。

苏：如果两个人之间存在不正义，他们岂不要吵架，反目成仇，并且成为正义者的公敌吗？

塞：会的。

苏：如果不正义是在一个人身上出现，在你看来，这种不正义的能力是会丧失不见，还是会存留下来呢？

塞：会保存下来吧。

苏：要是这样的话，非正义不管在哪里发生，毫无疑问都是祸根。在一个城邦、一支军队、一个家庭，或在其他任何地方，非正义首先会造成内部分裂，彼此间互相为敌，然后彼此再与正义为敌。你说会是这样的吗？

塞：的确如此。

苏：我想，不正义存在于个人同样会发挥它的全部本能：首先，使他本人自我矛盾，自相冲突，拿不出主见，不能行动；其次，使他和自己为敌，并和正义者为敌，是不是？

塞：是的。

苏：我的朋友啊，诸神是正义的吗？

塞：凑合算吧。

苏：塞拉西马克，那么不正义者为诸神之敌，正义者是各位神的朋友。

塞：我不再反对你了，你就放开继续说吧，避免大家闹得不愉快。

苏：你就好事做到底，请你像刚才一样继续回答我吧！我们已经有足够的证据表明正义比非正义更明智，更近人情，而非正义者连基本的合作精神都没有。因此，我们刚才所说非正义的人强有力显然是不妥当的。但我们说不正义的人可以联合起来采取坚决的行动，这样的说法并非完全不对，因为他们要是彻底地不正义，内讧就不可避免。因此，在不正义的人中间，也存在着一些正义，用来防止在对待敌人时相互残杀。正是靠着这点正义，他们所要做的事才能够完成，而他们要做的不正义的事也只是部分被不正义毁坏。因为一个彻底的无赖，一个完全不正义的人，是不可能采取任何有效行动的。我们现在把这些看法当作是真的，跟你先前的看法不一样。但正义者比不正义者的生活更加美好和幸福，这种说法是真的吗？这个问题由我们提出来，现在必须要加以考察。我想，根据我们讲过的话，答案是显而易见的，那就是正义者的生活的确更加美好。不过我们仍然要更加谨慎，认真仔细再加以考虑，因为这并不是一件小事，而是一件有关正确生活的大事。

塞：那你就来考察好了。

苏：请教一个问题，在你看来，马是否有马的具体功能和工作？

塞：肯定有。

苏：所谓马的功能，或者任何事物的功能，就是非它不能做，非它做不好的一种特有的能力。可不可以这样说？

塞：我不是很明白。

苏：那我就解释一下，要是不用眼睛的话，你还能看东西吗？

塞：肯定不能。

苏：不用耳朵能听得见声音吗？

塞：也不能。

苏：也就是说，看和听是眼睛和耳朵所特有的功能，是不是啊？

塞：这样说也没错。

苏：你不会用凿刀或匕首去修剪葡萄藤吧？

塞：不好说。

苏：不过想来肯定没有专门剪葡萄藤的剪刀来得顺手吧？

塞：的确是这样的。

苏：这难道不就是剪刀的特殊功用吗？

塞：我赞同这一点。

苏：这样的话，可能你就能明白我的意思了。某种东西的功用，只能由其本身去完成，别的东西即使可以替代，效果也不会好。

塞：我赞成这种说法。

苏：那么是不是各种东西都有其特有的功能呢？

塞：没错。

苏：眼睛的功能也有其特别之处，对不对呢？

塞：对。

苏：耳朵的功能也有其特别之处，对不对呢？

塞：对。

苏：它们都有一种品性吗？

塞：有。

苏：任何事物都是这样，还是存在不同？

塞：全都一样。

苏：如果人的眼睛失去了它特有的品性，只存在缺陷，眼睛还能发挥出它应有的功用吗？

塞：如果人的眼睛都瞎了，当然就不能发挥它的功用。

苏：你的意思是，如果眼睛失去了视力的特殊功能，也就失去了看物体的功用，对吗？不过我相信，这样下结论还太早。我想问一下，事物是靠其特长来发挥其功用，而不是靠它的缺陷是吧？

塞：你说的肯定是对的。

苏：耳朵也是这样的，耳朵一旦失去了它的品性，也就无法很好地起作用了吧？

塞：没错。

苏：这一点对所有的事物都适用？

塞：我想是的。

苏：现在我们来看看人的灵魂。灵魂所做的工作是无法用任何别的东西来代替的，比如管理、统治、计划等，是这样吗？除了灵魂，还能把这些工作交给别的什么吗？

塞：没有可以替代的。

苏：还有人的生命，我们也可以说生命是灵魂的功能吗？

塞：这点毋庸置疑。

苏：人的灵魂有没有它的特长和品性？

塞：肯定有。

苏：假如人被剥夺了灵魂的品性与特殊性，它还能继续发挥其功能吗？

塞：肯定不能。

苏：那么也就是说由坏的灵魂来进行统治是糟糕的，由好的灵魂来进行治理就一定是好的。

塞：对的。

苏：我们是不是已经可以肯定正义是灵魂的特别之处，与之对应，非正义则是灵魂的缺陷？

塞：没错。

苏：一个正义的灵魂加上一个正义的人就会过上好的生活，而一个不正义的人的生活是坏的，是吧？

塞：如果按照你的推论，应该是这样。

苏：生活好的人一定是幸福快乐的，而生活得不好的人正好相反。

塞：一点没错。

苏：我们可以这样认为，正义者是快乐的，不正义者却很悲惨。

塞：就算是这样吧！

苏：痛苦的人肯定无法得到报酬，只有幸福的人才能得到报酬。

塞：的确是。

苏：那么亲爱的塞拉西马克，非正义也就不可能比正义更为有利于人了。

塞：苏格拉底先生，我服你了。让这次辩论的胜利作为你在猎神本迪亚的节日中的一次盛宴吧！

苏：如果真能把它当作盛宴的话，我想首先应该感谢你，因为你已经不再发火不再使我难堪了。可惜的是我没能好好享受这顿盛宴，这不是你的错，而是我自己的原因。我就像一个饕餮之徒，把每道菜都一扫而光，却没有细细品味。我们一开始考察的那个目标还没有达成，在对什么是正义还没能得出结论前，就开始讨论正义的某些属性，并不清楚它是邪恶与无知的，还是智慧与德性的。而且紧接着又开始讨论正义跟不正义比谁更有益这个问题，让我也忍不住加入进来。这样一来，最终我还是一无所知，在这场讨论中也一无所获。因为既然我还不知道正义是什么，那么我就很难知道正义是不是一种德性，当然也很难知道拥有正义是不是一种幸福了。

第二卷

> 你难道不懂：真的谎言——如果这话能成立——是所有的神和人都憎恶的吗？

〔苏：我讲了那么些话，我想该说的都说了。然而不曾想到这只是个开场白呢！格劳孔历来都勇猛顽强，而且还非常执着，所以对塞拉西马克的轻易认输很不以为然。〕

格：苏格拉底先生，你认为在任何情况下，正义都要比不正义好，没有例外，你是在真心诚意地说服我们，还是仅仅说说而已？

苏：我是真诚地希望能使大家信服的。

格：好吧，不过你只是在这样想，却没有这样做。我想问你，你是否同意有这样一种善，我们很愿意拥有，但只想拥有它本身，而不想要它的后果？比如那些有趣而无害的娱乐，就不会带来什么不好的后果，你可以放心地拥有它们，也就拥有了快乐。

苏：对啊，好像有这么一种善。

格：另外还有一些，之所以我们会爱它不只为了它本身，还为了它的后果。比如智慧、视力、健康。我想是两方面的原因一起使我们热爱它们的。

苏：我赞同你的说法。

格：你是否察觉到了善还有第三种形式？体育锻炼、求医治病，还有挣钱的技术,我想都应该属于这一类。做这些可以说是艰辛甚至痛苦的,却是有益的,如果单单是这些事情本身,我们不会接受,我们接受它们是为了获得报酬和别的随之而来的利益。

苏:或许第三种情况真的存在,可是那又怎么样呢?

格:你会把正义归入这三者中的哪一种?

苏:在我看来,正义属于最好的一种善,一个人想要快乐,他就必须要热爱正义,既要爱它的本身,也要爱它带来的后果。

格:大部分人不会这么想。他们拼着命去努力,想要得到的是它的名和利。至于正义本身,由于敬畏它,只会尽量去回避。

苏:我也知道一般人是这样想。塞拉西马克正是因为把所有这些都看透了,才会干脆贬低正义而颂扬不正义。但我太笨,学不了他。

格:我有几句话不得不说出来,看看你是否同意我的意见。我觉得塞拉西马克太快就屈服于你了,简直像一条被你的咒语迷昏了的蛇。我对你提出的有关正义与不正义的论证还是不太满意。我很想知道它们究竟是什么,它们各自在灵魂中有着怎样的潜在的作用跟影响,至于报酬以及后果之类的,暂时不提。这就是我的提议,要是你同意,我们就这样开始。我现在想要补充一下塞拉西马克的论证:第一,说一说人们对正义的本质和起源的看法;第二,要指出,所有那些实施正义的人在具体实施过程中都会犹豫不决,他们并不将其视为必要的,也并不当作是善;第三,他们这样做看起来似乎有些道理,因为不正义的人的日子的确过得要好很多。这都是他们说的——尽管我不相信这种说法,但我到处都能听到塞拉西马克这类的论证,这让我很难受。而我希望能有人为正义辩护,证明正义比不正义好,但我至今还没听到过这样的论述。我想听到一篇颂扬正义的行为和正义本身的颂词,看来从你这里最有希望听到。因此,我现在就要开始来赞美不正义的生活,为你树立一个目标,好让你来驳斥并赞扬正义。这样我就能听到自己希望听到的东西了。你喜欢我这样的建议吗?

苏:再没有任何事能更让我喜欢的了。还有什么能比这样一个主题更让人乐于反复讨论与聆听的呢?

格:那就太好了,听我来谈刚才所要讲的第一点:关于正义的本质和起源吧。

好多人会说,去做不正义的事是好的,遭受不正义却是坏的,遭受不正义所得的坏远远超出干不正义的事所得的好处。因此，世人在不正义的获得中既尝到了甜头也尝到了坏处。人无法逃脱其利益的引诱，又痛恨因此带来的不幸。那些没有能力逃避被伤害的人就觉得应该为了大家的利益订立一个契约：既不要行不正义之事，也不要受不正义的伤害，他们把守法践约称之为合法、正义。这就是人们立法与订立契约的开端——一种在最坏与最好之间的折中。所谓最好，就是干了坏事而不受惩罚；所谓最坏，就是受了伤害而不能报复。人们说，既然正义是两者之折中，它之所以为大家所接受和赞成，就不是因为它本身真正善，而是因为这些人没有力量去干不正义的事，任何一个真正有力量作恶的人绝不会愿意和别人订什么契约，答应既不害人也不受害——除非他疯了。因此，苏格拉底啊，他们说，正义的本质和起源就是这样。

现在我谈第二点，做正义的事的那些人并不是出于自愿，只是因为没有能力作恶，这点已经非常透彻了。为了便于理解，我们可以在心里这样假设一下：眼前有两个人，一个正义，一个不正义，我们给他们各自随心所欲做事的权力，然后冷眼旁观，看看各人的欲望把他们引到哪里去。我们当场就能发现，正义的人也在那儿干不正义的事。人不为己，天诛地灭嘛！人都是在法律的强迫之下，才走到正义这条路上来的。我这里谈论的随心所欲，实质上是指像吕底亚人古格斯的祖先拥有的那样一种权力与能力。据说他是一个牧羊人，当时在吕底亚的统治者手下当差。有一天暴风雨之后，接着又地震，在他放羊的地方，地壳裂开了，下面有一道深渊。他虽然惊住了，但还是走了下去。故事是这样说的：他在那里面看到许多新奇的玩意儿，最特别的是一匹空心的铜马，马身上还有小窗户。他偷眼一瞧，只见里面有一具尸首，个头比一般人大，除了手上戴着一只金戒指，身上啥也没有。他把金戒指取下来就出来了。这些牧羊人有个规矩：每个月要开一次会，然后把羊群的情况向国王报告。他就戴着金戒指去开会了。他跟大伙儿坐在一起。谁知他碰巧把戒指上的宝石朝自己的手心一转。这一下，别人都看不见他了，都当他已经走了。他自己也莫名其妙，无意之间把宝石朝外一转，别人又看见他了。这以后他一再试验，看自己到底有没有这个隐身的本领。果然百试百灵，只要宝石朝里一转，别人就看不见他，宝石朝外一转，别人就看得见他。他有了这个把握，就想方设法谋到一个职位，当上了国王的使臣。到了国王身边，他就勾引了王后，跟她同谋，杀掉了国王，夺取了王位。

照这样看，世上如果真的有两只同样具有魔法的戒指，第一只给正义者，第二只给非正义者，谁敢保证正义者能有钢铁般的坚定意志，继续为正义之事，不去做伤天害理的事？如果他能在市场上随意拿东西，不用害怕被人抓住。他还能随意来去，进出他人的家，甚至奸淫抢劫、杀人越狱都不用受到惩罚，他的行为就像是神一样可以在人世间为所欲为，谁又能保证他不这样去做？而一旦他这样行事了，他就跟那个不正义的人没有任何区别。这是一个有力的证据，可以说没有人会自觉地实行正义，人们实施正义通常都是因为受到了约束。每个人都相信正义不是自己的私事，因此一个人只要有权干坏事，他一定会去干的。每个人都相信，并且真心相信，做不正义的事对个人来说比做正义的事能获得更大的好处，这种看法的支持者都会坚持这一观点。如果有人拥有行不正义的权力而拒绝干坏事，拒绝为非作歹，拒绝夺取他人财产的话，人们就会为他感到遗憾，认为他是一个大傻瓜——尽管他们会当着这个人的面称赞他。这样的相互欺骗的原因就是害怕承受正义。这点先说到这里吧。

如果把最正义的生活跟最不正义的生活做一番对照，我们就能对这两种生活做出正确的评价。怎样才能清楚地对照呢？这么办吧：我们不从不正义者身上减少不正义，也不从正义者身上减少正义，而让他们随意地各行其是，各尽其能。

首先，我们让不正义之人跟一个拥有专门技术的人那样行为，例如最好的舵手或最好的医生。在他的技术范围内，他能辨别什么是可能的，什么是不可能的，取其可能而弃其不可能。即使偶尔出了差错，他也能补救。那就等着瞧吧！他会把坏事干得滴水不漏，谁也发现不了。如果他被人抓住，人们就会把他看作一个蹩脚货色。不正义的最高境界就是满嘴仁义道德，满肚子男盗女娼。所以我们对一个完全不正义的人应该给他完全的不正义，一点折扣也不能打，我们还要给把坏事做绝的人以最正义的好名声，假使他出了破绽，也要给他补救的机会。如果他干的坏事遭到谴责，就让他能鼓起如簧之舌说服人家。如果需要动武，他有的是勇气和实力，也有的是财势和朋党。

在这个不正义者的旁边，让我们按照理论树立一个正义者的形象：朴素正直，就像诗人埃斯库罗斯所说的："他不希望自己只是看上去像个好人，而是希望自己真的是个好人。"不过我们要把他的这个"看上去"去掉。因为，如果大家把他看作正义的人，他就因此有名有利。在这种情况下，我们就搞不清楚他究竟是为正义而正义，还是为名利而正义了。所以我们在他身上必须排除掉一切表象，只留下正义本身，来跟前面说过的那个不正义的人作对照。让这个正义的人不做坏事而背负大逆不道之名，还要承受其后果，他的正义必须受到考验。我们要让他终生坚持正义，尽管他本来就是正义的，但一辈子都要受到他人的质疑，把他看作是不正义的。这样一来，当正义者和不正义者都达到极端后，对比也就鲜明了，我们就好判别两者之中哪一种更幸福了。

苏：愿神保佑你！亲爱的格劳孔先生，你费了这么大劲制造出这样两个人来，让他们竞争，简直把他们雕琢成了两座雕像了！

格：我费了九牛二虎之力总算得出了结论。我想，如果这是两者的本性，接下来要展示等着他们各自的是怎样的生活就容易了。因此我必须得接着往下讲。要是我说话令你感到刺耳，苏格拉底，你可千万别以为是我在讲这件事，你得当是那些推崇不正义、贬抑正义的人在讲。他们或许会这样说：正义的人在这种情形下，将遭受严刑拷打，戴着枷锁，灼伤眼睛，受尽各种痛苦磨难，直至最后他将被钉在十字架上，临死才体会到一个人不要做正义的人，而是应该去做一个看上去是正义的人。埃斯库罗斯的诗句也许更适合不正义的人。不正义的人追求的东西更加实在，也就更加真实，他不想按照人们的意见规范自己的生活，也不想被看作是不正义的人，他要做的是做一个真正不正义的人，

　　他的心田肥沃深厚，

　　老谋深算这里长出，

　　精明主意由此而来。①

因为有正义之名，他首先要做官，要治理城邦；其次他要同他所爱慕的世家之女结婚，又要让子女与他所认同的任何世家联姻；他可以跟自己喜欢的人交往、合伙做生意，并从一切事情中抽取种种好处，只因他不会在乎人家说他不正义。所以人们才会说，若是发起诉讼，先不说公事私事，不正义者总能胜利。他就这样无所顾忌，越来越富。他能使朋友捞取种种

---

① 见埃斯库罗斯《七雄攻底比斯》。

好处，而使敌人受害。他献祭诸神时排场体面，祭品应有尽有。不论敬神待人，只要他乐意去做，总比正义的人做得更好。这样神明自然而然对他要比对正义者多加照顾。所以人们常说，苏格拉底呀，诸神也好，众人也好，他们给不正义者提供的生活要比给正义者提供的好得多。

〔苏：格劳孔说完这些话，我心里正准备说几句话，但他的兄弟阿狄曼图斯插了进来。〕

阿：苏格拉底，你肯定不会认为他刚刚这番话就已经把这个问题说明白了吧？

苏：貌似你还有什么需要说的？

阿：那是当然。毕竟我认为最能证明问题的论据，格劳孔还没提到。

苏：呵呵，常言说："兄弟兵，一条心。"倘若你认为格劳孔的话不具有说服力的话，那么，你就更该替他补充一下。但我依然要说，他所讲的这番话已经把我打翻在地，我想要抢救正义也力所不及了。

阿：你又在胡搅蛮缠了。不过还是先听我来说说吧。我是这样想的，格劳孔适才所赞颂和斥责正义与非正义的言论，他的用意是想让问题变得更清晰些。但我觉得还有一些他没能提出来，所以应该放大角度来说明，以便充分彰显我所理解的格劳孔的真实意图。做父亲的对儿子说——并且所有负有教育责任的人们都会耐心告诫——做人必须正义。然而他们的谆谆告诫也并不是为了颂扬正义本身，而只颂扬来自正义的好名声。当然，只要能在人们眼里看上去像是正义的，就能有个好名声，就可以身居高位，通婚世族，获得各种好处。这些刚才格劳孔都已经说到了。然而我现在说的这种人还说过很多关于名声的话。他们甚至把好名声和诸神联系在一起，肯定诸神会赐福虔诚的人，甚至连高明的赫西俄德跟荷马都说过这样的话。有一位诗人说诸神让橡树为正义的人开花结果：

    树梢结橡子，树间蜜蜂鸣，

还有

    树下有绵羊，羊群如白云。①

他直言正义者还有其他诸如此类的快乐。荷马所说的也不分伯仲：

    正直的国王，声名于诸神之下圣，

---

① 见赫西俄德《工作与时日》。

举正义之旗，土地贡奉五谷杂粮。

大地均肥沃，果木林里硕果累累，

牛兴羊又旺，大海带来鱼虾满筐。①

　　墨赛俄斯跟他的儿子也有一首颂歌，比上述歌颂诸神赐福正义者的更妙。在他们的诗歌里，诸神引导正义者来到冥间，并设宴款待他们，请他们斜靠在长榻上，头戴花冠，畅饮着美酒打发时光，弄得好像对美德最好的报酬就是永远沉醉在美酒中一样。还有别的一些人在谈论诸神对美德的奖赏时说得更离谱。因为他们说虔信诸神并信守承诺的人会多子多孙，血脉延续百代不绝。这些诗歌，以及那些类似的，都是在颂扬正义。但他们也提到了不虔诚和不正义的人死后要被埋在冥府的烂泥中，还要被强迫用篮子打水，这些人活着的时候都被看作是不正义的坏蛋，受到了格劳孔所列举的那些正义者被看作不正义者时受到的那些虐待。有关不正义的人，诗人们只提到了这些，再也没有别的了。对正义与不正义的赞扬与谴责我就说这些。

　　尊敬的苏格拉底！我想请你再仔细考虑诗人和其他的人关于正义和不正义的另外一种说法。人们一致赞美正义和道德的名誉，却同时承认正义是不快乐和辛苦的，而纵欲和不正义却是快乐的，是容易得到胜利的，只不过是在人们的意见和习俗中被看作是可耻的罢了。人们说，不正义在大多数情形下，都能获取比正义多得多的回报，人们也并不在意说有钱有势的坏人更有福气，无论是在公开场合还是私底下，人们都更加尊敬这些坏人，而总是羞辱和看不起弱者跟穷人，甚至在承认弱者跟穷人比那些坏蛋要好的时候也这样。所有这些言论里最让人吃惊的是他们对诸神与美德的看法——诸神自己如何把不幸降落给很多的好人，使得他们一生都多灾多难；反倒是对那些坏人不同。那些祭司还有巫师游走于富豪之家，让他们相信通过献祭跟巫术，就可以得到诸神的赐福，多举办娱神的赛会就能祛难免灾，不管是个人的罪行还是他祖先的罪行都一样能免除。要是一个人想要伤害自己的仇敌，那么只需要花点小钱就能做到，根本不需要在乎他的仇敌是正义还是不正义的人，因为这些巫师最擅长用符咒来驱使神灵为自己效劳。人们还引用诗人的话来为此作证，认为作恶是容易的，恶人是

---

① 见荷马《奥德赛》第19卷。

富有的。他们引用诗人说的：

> 一个人要追求邪恶很容易，邪恶比比皆是，通向它的路平坦又不远。可诸神在追求美德的路上一开始就放置了汗水，这条道路既遥远又崎岖。①

还有一些人引用荷马的话来证明凡人总是在欺骗诸神，因为荷马这样说：

> 诸神自己也会被祈祷感动，人们用献祭、许愿、沁香、奠酒来让他们改变心意，如果人们犯罪了，就祈祷好了。②

人们还伪造出一大堆的墨赛俄斯和俄狄甫斯的书，声称这两位分别是月亮女神和缪斯的后代，把这些书用于祭祀仪式中，他们让平民，也让城邦相信，可以用献祭和赛会来洗涤罪孽。还有一种为死者举行的祭祀，他们把它称之为超度，说是可以让死者在冥府里得到赦免；而对那些不献祭的人来说，有着很多可怕的遭遇在等着他们。

亲爱的苏格拉底呀！听了这些人诸如此类的言论，人们的灵魂会受到怎样的影响呢？对于听者，特别是对那些比较聪明，能从道听途说中进行推理的年轻人，他们会从这些高论中得出怎样的结论？会知道走什么样的路做什么样的人，才能使自己一生过得最有意义吗？这种年轻人多半会用品达的问题来问自己："想要步步高升，安身立命，平安度过一生，我应该靠着正义还是阴谋诡计呢？"要做一个正义的人，除非我只是徒有正义之名，否则就是自找苦吃。反之，如果我并不正义，却只因挣得了正义者之名，就能有天大的福气！既然智者们告诉我，"貌似正义"要远胜"真实的正义"，这是幸福的关键，那么我何不全力以赴追求假象？我最好躲在灿烂庄严的门墙后面，带着最有智慧的阿基洛库斯所描述的狐狸一般的狡猾贪婪。有人说，干坏事而不被发觉很不容易。面对这样的诘难，我们会回答他说，普天之下又有哪一件伟大的事情是容易的？无论如何，想要幸福，只此一途。因为所有论证的结果都是指向这条道路。为了保密，我们拉宗派、搞集团，有辩论大师教我们讲话的艺术，向议会法庭作演说，软硬兼施，这样，我们可以尽得好处而不受惩罚。有人说，对于诸神，不能欺骗，也不能强迫。为什么不能？如果不存在神，或者神根本不关心人间的事情，

---

① 见赫西俄德《工作日与时日》。
② 见荷马《伊利亚特》第9卷。

那做了坏事就算是被神发现了也无所谓。要是神真的存在,并且也关心人间的事情,但我们所知道的所有与神有关的,全都来自故事和诗人的描述。有人会反对说:不错,但是到来世,还是恶有恶报,报应在自己身上,或者在子孙身上。但精明会算的先生们会说:没关系,我们这里有为死者赎罪的灵验的祭祀仪式,也有愿意赦免我们的罪行的诸神,就像那威名远扬的城邦宣布的,我们还有诸神之子,就是诗人和神的代言人预言家,他们给我们的启示早已把事情的真相揭露了。

那么,还有什么理由让我们选择正义而舍弃极端的不正义呢?如果我们把正义只拿来装装门面,做出道貌岸然的样子,我们生前死后,对人对神就会左右逢源,无往而不利。这个道理,普通人和第一流的权威都是这么说的。根据上面说的这些,苏格拉底呀,怎么可能说服一个有聪明才智、有财富、有体力、有门第的人,叫他尊重正义,而不是对赞扬正义发出嘲笑呢?照这么看,假如有人指出我们这样的论证是错的,心悦诚服相信正义是最好的,那么他对于不正义者也会认为情有可原,不会憎恨他们。因为他知道,没有一个人真心情愿实践正义,除非是那种生性刚正、疾恶如仇,或者那些得到了有关正义的知识的人。不然就是因为怯懦、老迈或者其他缺点使他反对作恶——因为他实在没有力量作恶。这点再明白不过:这种人谁头一个掌权,谁就头一个尽量行不正义。

苏格拉底呀!我们列举各种理由,不过是想向你说明,在我们的朋友和你进行的这场讨论里,从一开始我们就指出了,你们都称自己是正义的拥护者,这太奇怪了!可从古代载入史册的英雄起,一直到近代的普通人,没有一个人真正歌颂正义,谴责不正义,就是肯歌颂正义或谴责不正义,也不外乎是为了名声、荣誉、利禄这些方面。至于正义或不正义本身是什么;它们的力量何在;它们在人的心灵上,当神所不知、人所不见的时候,起什么作用?在诗歌里,或者私下谈话里,都没有人好好描述过,没人曾指出过;不正义是灵魂本身最大的丑恶,正义是最大的美德。要是一上来大家就这么说,从我们年轻时候起,就这样来说服我们,我们就用不着彼此间提防,每个人就都是自己最好的守护者了。因为每个人都怕干坏事,怕在自己身上出现最大的丑恶。

苏格拉底呀!关于正义和不正义,这些话是塞拉西马克和其他的人毫无疑问会存讨论时说的,甚至还要过头一点呢!我相信,他们这样说的时候，其实是把正义和不正义的真实价值颠倒过来了。至于我个人，坦白说，为了想听听你的反驳，我已尽我所能把问题说得清楚了。你可别仅仅论证一下正义高于不正义就算了事，你一定得讲清楚正义和不正义本身对它的所有者有什么好处，有什么坏处。正如格劳孔所提出的，把两者的名声丢掉。因为只有撇开了名声问题，我们才不会说你所赞扬的不是正义，而是正义的外表，说你所谴责的不是不正义，而是不正义的外表，说你实际上只是在规劝不正义者不要让人发现自己的不正义行为，那样我们就会认为你和塞拉西马克的观点是一样的：正义是别人的好处，是强者的利益；而不正义是对自己的利益，对弱者的祸害。你认为正义是至善之一，是世上最好的东西之一。那些所谓最好的东西，就是指不仅它们的结果好，尤其指它们本身好。比如视力、听力、智力、健康，以及其他德性，靠的是自己的本质而不是靠虚名，我要你赞扬的正义就是指这个——正义本身赐福于其所有者，不正义本身则贻祸于其所有者。这才是我想从你这得到的对正义的赞扬。而报酬和荣誉取决于人们的看法，所以尽管让别人去赞扬浮名实利吧。我可以从别人那里，但不能从你这里接受这种颂扬正义，谴责不正义的说法，接受这种赞美或嘲笑名誉、报酬的说法，除非你命令我这样做，因为你已经耗尽了毕生精力在思考这个问题。我再说一遍，请你不要只是向我们证明正义优于不正义，而是要告诉我们两者对其拥有者来说，会起到怎样内在的作用，使得前者成其为善，后者成其为恶——不论神与人察觉与否。

〔我对格劳孔和阿狄曼图斯的天赋一向钦佩。不过我从来没有像今天这样听他们讲这么多话后还这样高兴。〕

苏：贤昆仲不愧为名门之子啊！格劳孔的一位朋友曾经用一首抒情诗来歌颂你们在马拉加战役中非凡的表现。我还记得那首诗开头几句：

　　名门之子，父名"至善"①，
　　难兄难弟，名不虚传。

这种形容真再恰当不过了。在原本不相信非正义比正义好的前提下，却能为非正义头头是道地进行辩护，这其中必有神助。我敢相信，你们自

---

① 阿里斯通是格劳孔和阿狄曼图斯的父亲。在希腊文里"阿里斯通"是"最好"的意思。

己并没有被自己刚才的话说服。我是根据你们兄弟俩的品格判断出来的。因为如果我没见到你们，仅仅从你们的言语判断的话，我会对你们产生怀疑。但是我越相信你们，就越不知道该怎么办好。我不晓得怎么来帮你们。老实说，我确实没有这个能力。因为你们不接受我刚才用来反对塞拉西马克的那些证明了正义比不正义好的论证。但我又真不知道怎样拒绝你们。因为我担心，当正义受到诽谤了，而我在一息尚存还能开口说话时袖手旁观，不为正义做辩护的话，那对我来说简直就是罪过。因此我会尽我所能为正义立言。

〔这时候格劳孔和其余的人都央求我不能撒手，无论如何要帮个忙，不要放弃这个辩论。他们请求我穷根究底搞清楚二者的本质到底是什么，二者的真正利益又是什么。于是，我就所想到的说了一番。〕

苏：我们现在讨论的话题是非常严肃的。在我看来，想要展开这个探讨其难度非比寻常，需要敏锐的眼光。因为我们都不是很能干，所以我们还是以这样一种方式展开讨论为好，这就好比我们的视力欠佳，而人们要我们读远处写得很小的字，而这时有人发现另一处有很大的字体写着同样的字，如果是这样，那么我们可以把这看作是神的馈赠，先来读大字，然后再读小字好了。

阿：你说得没错，可是这个例子好像与我们讨论的话题相关性不大啊。

苏：我会告诉你这个例子和我们讨论的话题有什么关系的。你知道我们探讨的这个关于正义的问题，有时被说成是个人的正义，有时又被说成是整个城邦的正义。

阿：的确如此。

苏：难道一个城邦不是比一个人大吗？

阿：这毫无疑问。

苏：于是，我们这么认为，在较大的东西里也许存在着更多正义，而且这种正义也较为容易理解。所以我认为，我们在探讨正义与非正义的本质时，首先来探讨一下正义在城邦里的性质，然后再回到个人身上来考察，这就叫作以大见小。

阿：这个主意不错！

苏：如果我们的论证能注意到一个城邦的起源，那么我们同样也就会看到在这个城邦中正义与非正义是如何成长的。对吗？

阿：没错。

苏：要是能做到这点，我们就可以期待比较容易发现我们在寻求的东西，是吧？

阿：应该是。

苏：那么，请仔细想想我们是否应该朝着目标着手去努力呢？我认为这对于我们来说可是个很重大的任务。

阿：你说得没错！那就开始干吧！

苏：那好吧。在我看来，之所以要建立一个城邦，一个事实就是我们谁也没法做到自给自足，相对于每个人的需求来说，任何个体都会缺少很多的东西。你认为建立城邦还有别的原因吗？

阿：想不出别的了。

苏：但同时也因此产生了一个后果，那就是人们相互间需要服务，我们需要很多东西，所以，为了满足我们每个人的欲求，我们就需要从别人身上获得这种满足，因此我们就需要跟别人进行交换，寻求他人的帮助。因而，这就促使人们聚居在一地而形成一个整体。我们就把这种整体称之为城邦或者国家。

阿：对。

苏：这样一来，人们之间就会发生交换，一个人为他人提供一些东西，也从他人那里获得一些东西。每个人都认为这样的有舍有得对自己而言是好的。

阿：一点没错。

苏：那么，我们从头开始，按照我们这种理论创立一个城邦，我们所需要的是城邦的创建人了。

阿：显然是这样。

苏：首先，最为重要的是维持生命的食物。

阿：对。

苏：其次是房屋。

阿：对。

苏：第三是衣物和其他东西。

阿：没错。

苏：那么，请你们告诉我，我们的城邦要怎样做才能充分提供这些东西来满足人们的需求呢？比如那里是否需要有一个农夫、一个建筑工、一个织布工，是否再加上一个鞋匠，或是其他一些能够照料身体需要的专职人员？

阿：这是城邦应该想到的。

苏：我觉得，再弱小的城邦也至少有四五个人吧。

阿：确实如此。

苏：那么，接下来呢？是不是每个成员都要把自己的工作贡献给公众？我的意思是说，一个农夫为四个人准备粮食，花四倍的时间和劳动来准备粮食来跟别人分享呢，还是不管别人，只为自己生产粮食——花四分之一的时间生产自救需要的粮食，把剩下的四分之三的时间一份花在建造房子上，一份花在缝制衣物上，一份用来为自己制作鞋子，这样避免和他人交换，人人都自给自足，只需要在乎自救的需要就行？

阿：我看恐怕第一种方式更好。

苏：凭着宙斯的名义发誓，这样做一点都不奇怪。我现在想起来了，先前我们说过每个人的品性生来就不一样，有的人适合干这个，而有的人适合干那个。是这样吗？

阿：是的。

苏：那么，你认为对一个人来讲，从事几种职业更好？

阿：一种。

苏：是的。人只有从事他所感兴趣的行业时才是幸福的，否则会很悲哀。

阿：没错。

苏：人应该自觉地、全心全意地去做好每一件事。

阿：这是必需的。

苏：还有一点很明显，那就是不论做什么，一个人要是把握不住适当的时机，就会把事情处理坏。

阿：对极了。

苏：我想这是因为这些工作不会等着一个匠人来做，匠人必须要把这些工作当作是自己的主业，而不是当成副业。

阿：的确如此。

苏：这样看来，阿狄曼图斯，我们需要的就不止四个公民了。因为农夫似乎没法造出他所需要的犁铧，即使是能得到一张犁，他也造不出锄头和其他农具，织工和鞋匠也都是一样。

阿：没错。

苏：那么，现在加上木匠和铁匠，还有其他别的匠人到我们这个小城邦来，使之扩大。

阿：当然。

苏：但就算是再加上牧人和饲养别的牲畜的人，这个城邦也不算大。但有了这些人，农夫就有了牛来耕田，泥瓦匠也有了牲口来帮他运送砖瓦，纺织工和鞋匠也就有了皮革和羊毛。要是这些人都有了，那么城邦就不算小了。我说，还有一点需要注意，那就是要把城邦建在不需要进口货物的地方实际上是不可能的。

阿：没错。

苏：那就会需要一些人来从事进口货物的工作。

阿：没错。

苏：但是如果我们的商人们空手而去，不带去别的城邦需要的东西，他们就会空手而回。

阿：一点不假。

苏：那么商人们就需要仔细考量一番本国生产的东西：不仅要能满足本国人的需求，还要能够和别国的人去交换。于是，他就会对生产的东西的数量和质量有所要求。

阿：有道理。

苏：那他的城邦就需要有更多从事各种职业的人？

阿：是的。

苏：还要强化从事进出口买卖的商人队伍的技术？

阿：是的。

苏：如果商人的贸易对象是跨海而来的人的话，那么，如此一来，我们还需要大量的远洋人才——水手。

阿：对。

苏：那么，在国内是怎样的呢？在国内，商人是如何彼此交换产品的呢？

阿：他们通过买进、卖出，以此作为交换。

苏：对，而且他们的交换还需要有一个集贸市场以及能够流通的有价值的货币。

阿：当然。

苏：如果一个农夫或者随便哪个匠人拿着他的产品去到市场上，可需要他的产品的人还没到，那么他就只能在市场里闲坐着发愣吗？

阿：我觉得不会。有人看到存在这种需要，就会来提供这种服务，在管理有方的城邦，这种人一般来说身体比较虚弱，不善于从事别的工作。他们等候在市场里，用钱跟那些拿来货品的人交换，然后把交换来的货品卖给需要这种货品的人。

苏：确实是这样。那么在我们的城邦，就需要有一个店主阶层。只是方式不同，店主这个名称指的是那些常驻市场，提供买卖服务的人。而那些来往于城邦之间做买卖的人，我们则称之为商人。是这样吗？

阿：是的。

苏：除此之外，还会有一种人：知识和智力上虽然没有很突出的地方可以成为我们的伙伴，但是体力充沛，可以干力气活，他们可以靠按一定价格出卖自己的劳力为生，这个价格就是工资，因此就有了一个"拿工资"的阶层，你觉得怎样？

阿：就是这么回事。

苏：那么，我们的城邦又多了一个工薪阶层，是不是？

阿：是的。

苏：那么，阿狄曼图斯，你看看我们的城邦是不是已经成长起来了，发育也很完备了呢？

阿：其实我们可以这么说。

苏：那么在城邦中哪里可以找到正义和不正义呢？我们已经考察过城邦的一些组成成分，正义与不正义究竟会随着哪些成分产生呢？

阿：对于这个问题，我实在无法分辨，除非它们产生于构成城邦的各种人相互间都具有的某些需要上。

苏：也许你的提议是对的。那么，接下来我们就需要对这个说法加以考察。

第一，我觉得应该好好考虑一下，在得到上述所说的各种供应后，人们的生活方式会发生怎样的变化？他们不再需要自己做面包、酿酒、缝制衣服、制鞋了吗？他们自己需要建造房屋，在夏天时，干活可以赤膊光脚，但冬天得穿很多衣服，还需要很厚的鞋。他们会用大麦、小麦粉作为粮食，用来煮粥、做糕点、烙薄饼，把这些烙出来的饼放在芦苇秆或者干净的树叶上晾晒。他们坐在简陋的小床上，床上会铺上苔藓和桃金娘的叶子，跟儿女们一起欢宴畅饮，头戴着花冠，高唱颂神的赞美诗，而儿女的人数并不多，以免供养不起，陷入贫困或争斗中。

〔这时候格劳孔插嘴了。〕

格：除此之外，我们好像还应该给他们的饭里添加一些可使食物更加美味的调味品。

苏：看，这个我忘了。他们当然需要诸如盐、橄榄油、乳酪，还要备些洋葱、无花果、豌豆、刀嘴豆、杨梅、橡子、酒。还会让他们在火上烤爱神木果、橡子，适当喝点酒，就这样他们能健康平安地度过一生，然后无疾而终，并把这样的生活方式传给下一代。

格：如果你不是在建立一个猪的城邦，那么除了上面这些外，你不觉得还应该给点什么别的饲料吗？

苏：格劳孔，你到底还要什么呢？

格：还要给人们提供一些能使生活稍微舒服一点的东西。如让人斜靠的睡椅，还要有几张餐桌、几个碟子和甜食等等。就像现在大家都有的那些一样。

苏：哦，明白了，我们现在思考的不是一个城邦的建立，而是一个繁华的城邦的成长。也许这是个不错的主意。通过观察这样一个城邦，也许我们可以看到正义与不正义在一个城邦里是如何产生的。我还是相信真正的城邦。但你要是喜欢研究一个发高烧的城邦，那也没什么不行。看来不少人对刚才的这个菜单或者这种生活方式并不满意。不过，睡椅、桌子和其他的家具毕竟是要添加配置的，调味品、香料、香水、歌妓、蜜饯、糕饼也是要有的。我们开头所讲的那些必需的东西——房屋、衣服、鞋子，现在已经不能满足需要了，因为我们还得花时间在这些东西上面绘画、刺绣，还要想法找到金子跟象牙之类的来当作饰品，你说是这样吗？

格：是的。

苏：那么，如此一来，我们是否需要扩展疆土了呢？因为原来那个理想的城邦已经不再能自给自足，我们必须再进一步为城邦添加很多别的人，不然没法满足这些非必需品的要求。比如我们就需要猎人，要有专门从事模仿的艺人，还要有诗人，以及他们的助手——我指的是朗诵者、演员、合唱队、舞蹈队、经纪人，还有各种其他的物品，尤其是那些为女人制作装饰品的匠人。我们还需要更多的仆人。另外，你难道不认为我们还需要教师、奶妈、理发师、厨子吗？我们还需要牧猪奴来喂养猪。而在前面我们说的那个城邦里，这些人全都不存在，因为我们不需要；但在现在却是这个城邦必需的了。要是主要吃牛肉，我们还需要大量的牛，那你说呢？

格：是这样的。

苏：那么，如果以这样的方式生活，我们是否更需要医生？

格：当然。

苏：还有，以前的土地本来是足够供给所有的居民农产品的，现在已经不够了，因为土地太少了。你说对不对？

格：对！

苏：如果要想得到更多的耕地和牧场，我们就会想到从邻邦那里去抢，而邻邦的人也会有同样的想法——如果大家都对生活必需品的欲望没有止境的话。

格：必然如此，苏格拉底。

苏：如此一来，战争也就成了无法避免的事了。对吗？格劳孔，你觉得是这样吗？

格：就是这样，要打仗了。

苏：此时此刻的我们暂且不讲战争带来的利弊，而仅仅是肯定我们找到了战争的源头，也就是说，在公共与私人两个方面给城邦带来巨大灾难的战争，正是由这些因素引起的。

格：的确如此。

苏：那么我的朋友们，我们现在必须要进一步扩大城邦了，不止是稍微添加一些人，而是需要增加一支军队，用它来抵御敌人的入侵，保卫我们刚刚提到的那些财富和奢侈品。

格：为什么呢？难道公民们自己就没有自卫能力了？

苏：有，但不要忘记前面我们在创建城邦时确定过，一个人不可能拥有太多才能。如果是这样，那么公民就不能自己保卫城邦。

格：不能完全承认。

苏：军队打仗是一门技艺吗？

格：是。

苏：那么我们应该关心鞋匠的技艺胜过关注战争吗？

格：绝对不应该。

苏：为了能够做出最好的鞋子，我们不让鞋匠去当农夫、织工、瓦工。同理，我们按每个人的天赋安排职业，扬长避短，让人们能全身心投入自己的工作中去，只在闲暇的时候干点别的。那么，我们让最适应的人在最合适的时机从事军事，这没疑问吧？要不这样说吧，军事太简单了，连农夫、鞋匠和干任何别的行当的人都可以轻而易举成为一名战士？就说是下棋、掷骰子，如果只当作消遣，不从小就练习的话，也不能精于此道。难道，在重武战或其他类型的战争中，你拿起盾牌或者其他兵器，一天内就能成为胜任作战的战士吗？须知，没有经过练习，任何人都不是拿起一件工具就能成为能手的。

格：这话说得对。如果一种工具可以让人拿到手里就知道如何使用的话，那这种工具将是无价之宝。

苏：在一场战争之中，士兵肩负的责任越大，他就越需要更多的时间去深刻学习更多与打仗相关的知识和技艺。

格：我同样这样认为。

苏：那么，是不是还需要他拥有一定的天赋呢？

格：是的。

苏：如此一来，如果我们能选择在这方面具有天赋的人来担任我们城邦的守卫，这也是我们的责任。

格：是我们的责任。

苏：天啦！这份责任可是不轻。可我们只能尽力而为，没法退缩。

格：对，不能含糊。

苏：那么，你觉得一条好的看家狗和一个好的卫士[①]在天赋上有什么不同吗？

格：你指什么？

苏：我是说，两者都需要反应敏锐。发现前方有敌人时，能勇于冲锋陷阵，英勇斗争并战胜敌人。

[①] 在希腊文里，"看家犬"σχύλαξ和"卫士"φύλαξ是谐音词。

格：对打仗而言，这些品质他们都需要。

苏：要善于作战，还要很勇敢。

格：当然。

苏：不论是马、狗，还是其他动物，要不是生气勃勃，它们能变得勇敢吗？你是否注意到，只要有了昂扬的斗志，任何灵魂都会变得无所畏惧，无所畏惧了就能所向无敌？

格：这点我注意到了。

苏：现在，一名卫士需要哪些身体素质一目了然。

格：是的。

苏：还有，他还必须具备高昂的斗志。

格：对。

苏：可格劳孔先生，如果他们都具有这么好的天赋乃至勃发的精神，那他们彼此之间怎样避免过多的争斗，还有不与一般公民发生冲突呢？

格：我以宙斯的名义发誓，这的确很难避免。

苏：那我们该怎么办？我们去哪找这种既温文尔雅又刚烈勇猛的人呢？要知道这两种性格是相互矛盾的。

格：真是这样的。

苏：然而，如果两者缺一的话，那么，这个人他就永远成不了一个好的守护者。但二者不能兼得。所以说，根本不可能有这样好的守护者。

格：看来你说得很对。

苏：我的朋友，仔细回想一下刚才我们说过的话，我有点茫然了。我感觉我们之所以会糊涂，完全是咎由自取，因为我们把自己树立的反面典型忘了。

格：我没听明白你说的是什么。

苏：我们没注意到，这种原本是对立的禀性其实有时是可以同时出现在一个对象身上的。

格：你可以告诉我这样的人应该在哪里找到吗？

苏：可以在动物身上找到呀！狗，这个人类最忠实的朋友便是一例。人们知道，养得好的狗对熟人的态度就很温和，但对陌生人的态度恰恰相反，是吧？

格：这个我知道。

苏：所以我说这样的事是可能的，我们所需要的卫士并不违背事物的天性。

格：这一点我认同。

苏：对城邦守护者的要求除了刚强的素质外，是不是还需要他具有对智慧的爱好？

格：我又不懂了。

苏：这种品性其实在狗的身上也能看到。

格：你说什么呀？

苏：狗每次见到生人就发怒，见到熟人就摇尾巴——尽管陌生人从来没有伤害过它，熟人也没给过它什么好处。对于这一点，你难道不感到奇怪吗？

格：我可从来没注意过，但我不得不承认狗的行为的确如此。

苏：狗的这种机灵劲儿，确实很招人喜欢。从这个意义上讲，狗就可以称得上是一位真正的哲学家。

格：你为什么要这样说呢？

苏：因为狗天生就具有分辨敌人与朋友的能力，在这方面有些人可以说根本就不如狗。你想想，能够通过认识与不认识来划定敌友标准，这还能说狗不热爱学习？

格：没错，看来的确不能。

苏：喜欢学习，难道不就是喜好智慧吗？

格：是。

苏：那么，我们是不是可以信心满满地说，对自己的朋友和熟人温和的人，他们的天性也必然是喜好智慧和知识的呢？

格：我觉得你说的这个没有问题。

苏：那么，对城邦的守护者来说，我们就需要他们能把天性的智慧、敏锐与力量相结合了。

格：这毫无疑问，你说的是对的。

苏：那我们可以说已经找到了构成好的卫士的天性了。现在的问题是，我们应该如何来训练和培养这些有资质的守护者呢？思考这个问题是否有助于我们达到解答正义与非正义在城邦中的起源这个目的呢？我们的讨论要充分，但不能过于冗长，那样会让人生厌。

〔这时候格劳孔的兄弟阿狄曼图斯参与讨论。〕

阿：当然，我也希望我们现在所谈及的问题有助于我们逐步接近我们的目标。

苏：亲爱的阿狄曼图斯，我们一定会继续讨论这个话题的。就算时间有些长，也要有足够的耐心。

阿：对！不能放弃。

苏：好了，现在就让我们用讲故事的方式来替代严苛的说教，从而用这样的方式为我们的守城英雄们出谋献策。你说可好？

阿：当然可以。

苏：那么，你说他们应该接受什么样的教育呢？好像找到比我以前发现的那种教育更有效的教育，是很困难的。可用体育来锻炼他们的体格，用音乐来陶冶他们的灵魂。

阿：这种教育方法听起来很不错。

苏：先从音乐教育入手，然后再进行体育训练？

阿：可以！

苏：你是把讲故事包含于音乐①中，是吗？

阿：我觉得事情本应该是这样的。

苏：故事有两种：一种是真的，一种是假的，是吧？

阿：是的。

苏：那么，照此一来，你觉得应该先用假的还是先用真的呢？

阿：我没听懂你的意思。

苏：你知道，从某种程度上来讲，我们的教育就如同是给小孩子讲故事。许多故事尽管不是完全编造的，但大体上都是虚构的。他们还没进行体育训练的时候，他们就会信这些故事。

阿：噢，原来是这样。

苏：这就是为什么我主张要把音乐教育放在体育训练之前。

阿：这很正确。

苏：你也应该知道，凡事开头是最重要的，尤其是对那些幼小的生命

---

① "音乐"一词在广义上包括艺术的多个分支，并非单指今天的音乐。比如听艺人弹奏竖琴讲述史诗故事也属于音乐范畴。

的教育。这时候它们最容易受到熏陶,你想要把它们塑造成怎样,就能塑造成怎样。

阿:的确如此。

苏:那么,我们是否可以让孩子们随便听某个人讲一些胡编乱造的故事,在他们成长的最初过程里形成我们认为不该有的偏见呢?

阿:这是绝对不能允许的。

苏:那么,我们必须对编故事的人先进行审查,接收好的故事,拒绝坏的故事。然后我们要鼓励保姆和母亲为孩子讲那些经过审查的故事,用这些故事来塑造他们的心灵,比用手去塑造他们的身体更有效①。然而现在讲的那些故事中的大多数我们都要抛弃。

阿:你所指的是哪些故事?

苏:故事也能大中见小,因为我想,故事不论大小,类型总是一样的,影响也总是一样的,你看是不是?

阿:我同意你的说法,但我不知道你说的大的故事都有哪些。

苏:那些大的,比如荷马、赫西俄德之类的诗人,这些人编造了很多假的故事讲给人们听,至今还在流传。

阿:你这里指的是哪一类故事?你在里面发现了什么问题?

苏:首先要加以谴责的是它们的虚假,尤其是经常还无法圆自己撒的谎。

阿:请说得再详细具体一些。

苏:一个人没有用言辞描绘出诸神与英雄的真正本性,就等于一个画家没有画出他所要画的对象来一样。

阿:这些是应该谴责的。但有什么例子可以拿出来说明的?

苏:首先是那些我们最担心的弥天大谎,如赫西俄德描述的乌拉诺斯如何对待克洛诺斯,以及克洛诺斯如何报复他的②,接下去是克洛诺斯怎样对待自己的儿女,最后是克洛诺斯如何遭到了儿女的报复。这些故事都属此类。即使这些事是真的,我认为也不应该随便讲给天真单纯的年轻人听。最好闭口不谈。如果非讲不可的话,也只能允许少数人听,并须秘密宣誓,

---

① 指的是当时托儿所所采用的按摩推拿之类的保育手法。
② 见赫西俄德的《神谱》。

先行献牲，献的不是一只猪，而是一种难以弄到的庞然大物。这样一来，能听到这种故事的人就会很少。

阿：真的，这种故事真是难说。

苏：阿狄曼图斯呀！在我们城邦里不应该多讲这类故事。不能让一个年轻人听了这样的故事得到这样一种想法：对一个大逆不道，甚至想尽方法来严惩犯了错误的父亲的人，也不值得大惊小怪，因为他不过是在仿效最伟大的头号天神。

阿：很对！我发誓这种事是不应该讲的。

苏：如果我们希望将来的守护者把彼此钩心斗角、耍弄阴谋诡计当作奇耻大辱的话，就绝不该让他们听到诸神间明争暗斗的故事，再说这也不是真的。我们更不应该把诸神或巨人之间的争斗，把诸神与英雄们对亲友的种种怨仇作为故事和刺绣的题材。如果我们能使年轻人相信城邦的公民之间从来没有任何争执，连这样想都是不虔诚的表现，那么城邦的长者、老爷爷、老奶奶，就应该对孩子们这样说，等他们长大了还要这样说，我们还必须强迫诗人按照这个意思去写作。关于赫拉如何被儿子绑了起来，以及赫淮斯托斯见母亲挨打去援救的时候，如何被他的父亲从天上摔到地下的话①，还有荷马所描述的诸神间的战争等等，作为寓言来讲也罢，不作为寓言来讲也罢，无论如何不该让它们在我们城邦里流传。因为年轻人分辨不出什么是寓言，什么不是寓言。他们总是会先入为主，早年接受的见解总是根深蒂固，且不容易更改。因此我们要特别注意，为了培养美德，儿童们最初听到的应该是最优美高尚的故事。

阿：是的，很有道理。但如果人家要我们具体说出哪些故事适合讲，我们该举出哪些来呢？

苏：阿狄曼图斯，你我都不是作为诗人，现在是作为城邦的缔造者在这里发言。缔造者应当知道，诗人应该怎样写作他们的故事，也应该知道他们不该写哪些故事，但并不需要亲自动手。

阿：很对。不过，故事里描写诸神的正确的路子或标准应该是什么样的呢？

苏：大致是这样的：应该写出神之所以为神，即神的本质来。无论在

---

① 见《伊利亚特》第 1 卷。

史诗、抒情诗,或悲剧诗里,都应该这样描写。

阿:是的,应该这样描写。

苏:神难道不是善的吗?故事不应该永远把他们描写成善的吗?

阿:当然应该。

苏:其次,没有任何善的东西是有害的,是吧?

阿:我想是的。

苏:无害的东西会造成危害吗?

阿:不会。

苏:不干坏事的东西会作恶吗?

阿:绝对不会。

苏:不作恶的东西会成为任何恶的原因吗?

阿:那怎么会呢?

苏:好,那么善的东西是有益的?

阿:是的。

苏:因此是幸福的原因?

阿:是的。

苏:这样看来,善并不是所有事物的原因,而只是好的事物的原因,不是坏的事物的原因。

阿:完全是这样。

苏:因此,神既然是善者,它也就不会是一切事物的原因——像许多人所说的那样。对人类来说,神只是少数几种事物的原因,而不是大多数事物的原因。世上好的事物比坏的事物少得多,而好的事物的原因只能是神。至于坏的事物的原因,我们必须到别处去找,不能在神那儿找。

阿:你这么说在我看来再正确不过了。

苏:那么我们就不能接受荷马或其他诗人关于诸神的那种错误说法了。例如荷马在下面的诗里说:[①]

> 宙斯大堂上,并立两土瓶。
> 壶中装命运,吉凶各悬殊。
> 宙斯混吉凶,随意赐凡夫。

---

① 见《伊利亚特》第 24 卷。这里的引文与现行史诗原文略有出入。

那要是宙斯把两只瓶子里的东西混合起来赐给谁的话,那人就会——

  时而遭灾难,时而得幸福。

当宙斯不把吉凶相混,单赐坏运给一个人时,那人就会——

  饥饿逼其人,漂泊无尽途。

我们也不要去相信那种宙斯支配命运的说法:

  祸福变万端,宙斯实主之。

  如果有人说潘达洛斯违背誓言①、破坏停战是雅典娜和宙斯的怂恿,我绝不能同意。我们也不能同意诸神之间的争执和分裂是由于宙斯和塞米斯②造成的说法。更不能让年轻人听到像埃斯库罗斯所说的③:

  天欲毁巨室,降灾群氓间。

  如果诗人们描写尼俄珀④的悲痛——埃斯库罗斯曾用抑扬格诗描写过——或者描写佩洛匹达人的故事、特洛伊战争的事迹,以及别的传说,我们一定要禁止他们把这些痛苦说成是神的意旨。如果一定要这么说,他们就得举出这样说的理由,像我们正在努力寻找的一样。他们应该宣称神做了一件合乎正义的好事,目的是使那些人从惩罚中得到益处。我们无论如何不能允许那些诗人把被惩罚者的生活描述得悲惨,然后说是神要他们这样做的。但是我们可以让诗人这样说:坏人日子难过,因为他们该受惩罚。神是为了要他们好,才惩罚他们的。假使有人说神虽然本身是善的,可是却产生了恶。对于这种谎言,必须迎头痛击。假使这个城邦要统治得好的话,更不应该让任何人听到这种故事,无论是老是少,也不论故事是有韵的还是没韵的。讲这种话是渎神的,是对我们有害的,并且理论上是自相矛盾的。

  阿:我跟你一道投票赞成这条法律。我喜欢。

---

① 见《伊利亚特》第4卷。
② 希腊神话中代表法律的女神。
③ 见埃斯库罗斯,轶诗160。
④ 尼俄珀,底比斯王安菲翁的王后。她夸耀自己有7儿7女,嘲笑阿波罗的母亲勒托只有阿波罗跟阿耳忒弥两个儿女。勒托因此发怒,命令阿波罗向阿耳忒弥复仇,于是阿波罗射死了尼俄珀的全部子女。尼俄珀因此整天哭泣,后来宙斯把她变成了石像。尼俄珀因此成了"丧失亲人终生悲哀的女人"的代名词。

苏：很好。这将成为我们关于诸神的法律之一，若干标准之一。故事要在这个标准下说，诗要存这个标准下写：神是善的原因，但不是一切事物之因。

阿：这样说才算是完整。

苏：那么接下来你认为神是一个魔术师吗？他能按自己的意图在不同时间显示出不同形态来吗？他能有时变换外貌，乔装打扮欺骗世人吗？还是说，神是单一的，始终不失他的本相呢？

阿：我一下子答不上来。

苏：那就好好想想吧。任何事物一离开它的本相，它不就会被自己或被其他事物改变吗？

阿：这是必然的。

苏：事物处于最好的状况下，最不容易被别的事物所改变或影响。例如，身体之受饮食、劳累的影响，植物之受阳光、风、雨等等的影响——最健康、最强壮者最不容易被改变。不是吗？

阿：怎么不是呢？

苏：心灵不也是这样的吗？最勇敢、最智慧的心灵最不容易被任何外界的影响所干扰或改变。

阿：是的。

苏：根据类推，那些制成的东西也肯定是这样的了。家具、房屋、衣服，如果做得很好很牢固，也最不容易受时间或其他因素的影响。

阿：的确是这样。

苏：那么万事万物都是这样的了。任何事物处于最好状况之下（不管是天然的状况最好，还是人为的状况最好，或者两种状况都最好），是最不容易被别的东西所改变的。

阿：看来是这样。

苏：神和属于神的事物肯定是处于最佳状态的。

阿：当然。

苏：由此看来，神是绝不可能有许多形态的。

阿：确实不可能。

苏：但神能变形，即自己改变自己吗？

阿：如果他能被改变，显然是能自己改变自己的。

苏：那么他把自己变美变好呢，还是变丑变坏呢？

阿：如果变，他一定是变坏。因为我们断然不能说神在美和善方面是有欠缺的。

苏：对极了。如果这样尽善尽美，阿狄曼图斯，你想想看，无论是哪一个神或哪一个人，他会自愿把自己变坏一点点吗？

阿：不会。

苏：那么，这也就是说，即使是一个神想要改变自己也不可能。神既然是尽善尽美的，那么就只能留在自己单一的形态里。

阿：我认为这是一个必然的结论。

苏：那么，我的高明的朋友啊！我们要不许任何诗人这样对我们说：

> 诸神乔装来异乡，
> 变形换影访城邦。①

我们也不许任何人讲关于普罗图斯和忒提斯的谎话，也不许在任何悲剧和诗篇里让赫拉扮作女祭司，为

> 阿尔戈斯的伊纳霍斯河的赐予生命的孩子们

挨门募化，我们不需要诸如此类的谎言。做母亲的也不要被这些谎言所欺骗，对孩子们讲那些荒唐的故事，说什么诸神在夜里游荡，假装成远方来的异客。我们不让她们亵渎神明，还把孩子吓得胆战心惊，变成懦夫。

阿：绝不许这样。

苏：既然诸神是不能改变的，难道他们能给我们幻象，让我们看到他们在光怪陆离的形态之中吗？

阿：也许如此。

苏：什么？难道神明愿意说谎欺骗，在言行上对我们玩弄玄虚？

阿：我不知道。

苏：你难道不懂：真的谎言——如果这话能成立②——是所有的神和人都憎恶的吗？

阿：你说的是什么意思？

---

① 见《奥德赛》第17卷。
② 用"真的"来修饰"谎言"在修饰上构成矛盾，因为"谎言"是"假"的。

苏：我的意思是说：谎言乃是一种不论谁在自身最重要的部分[1]——在最重要的利害关系上——都最不愿意接受的东西，是不论谁都最害怕它存在于那里的。

阿：我还是不懂。

苏：这是因为你以为我的话有什么重要含意。其实，我的意思只是：上当受骗，对真相一无所知，在自己心灵上一直保留着假象，这是任何人都深恶痛绝的。

阿：确实如此。

苏：但是，把这种状况说成是一种真正的虚假是正确的，无知也就是人的心灵受到了欺骗。因为虚假的言辞是心灵情感的一个摹本，是从心灵的情感中派生出来的影像，而不是纯正的虚假。这样说对吗？

阿：很对。

苏：那么，真的谎言是不论神还是人都深恶痛绝的。

阿：我同意。

苏：不过，语言上的谎言怎么样？什么时候可以用，对谁可用，而不至于让人讨厌？对敌人不是可用吗？在我们称之为朋友的那些人中间，当他们有人得了疯病，或者胡闹，要做坏事，谎言作为一种药物不也变得有用了，可以用来防止他们作恶吗？在我们刚才的讨论中所提到的故事里，我们尽量以假乱真，是由于我们不知道古代事情的真相，要利用假的传说达到训导的目的。

阿：当然要这样。

苏：那么在什么情况下，谎言能对神有用？会不会因为他们也不知道古代的事情，因此要把假的弄得像真的一样呢？

阿：啊，这是一个荒唐的想法。

苏：那么，神之间没有一个说假话的诗人吧？

阿：我想不会有。

苏：那么他会因为害怕敌人而说假话吗？

阿：绝对不会。

苏：会因为朋友的疯狂和胡闹而说假话吗？

---

[1] 指心灵。

阿：不会，神是没有疯狂和胡闹的朋友的。

苏：那么，神不存在说谎的动机。

阿：不存在。

苏：因此，有充分理由说明，心灵和神性都和虚伪无缘。

阿：毫无疑问。

苏：因此，神在言行方面都是单一的、真实的，他是不会改变自己的，也不会靠白日送兆，夜间入梦，玩这些把戏来欺骗世人的。

阿：听你讲了以后，我自己也这样认为。

苏：那么你同意不同意这第二个标准：讲故事、写诗歌谈到神的时候，应当不把他们描写成随时变形的魔术师，在言行方面，他们不是那种用谎言引导我们走上歧途去的角色？

阿：我同意。

苏：那么，在荷马的作品里，虽然许多东西值得我们赞美，可是有一件事是我们不能称赞的，这就是宙斯托梦给阿伽门农的说法[①]；也不能赞美埃斯库罗斯的一段诗[②]，他说，忒提斯告诉大家，在她的婚礼上，阿波罗曾唱过如下的歌：

　　多福多寿，子孙昌盛，
　　敬畏命运，大亨以正。
　　当众宣告，胜利功成。

而忒提斯说：

　　他们的时光在延续，没有任何痛苦与疾病，上苍赐予的幸福环绕着他们，颂歌嘹亮，我的心也喜悦。我相信阿波罗之神，他说出的预言绝不会是谎言。这位歌手现在与我们同桌欢饮，向我许下诺言，可到头来杀死我儿子的竟然就是他自己。

任何人对神说出这样的话，我们都会愤怒，应不让他们组织歌舞队表演，也不让学校教师用他们的诗来教育年轻人——如果要使未来的城邦守护者在人性许可的范围内，成为敬畏神明的人的话。

阿：无论如何要这样。我同意你这两个标准，我愿意把它们当作法律。

---

① 见《伊利亚特》第2卷。
② 见埃斯库罗斯，残诗350。

第三卷

> 只有在我们这里才能看到鞋匠总是鞋匠,他们并不会在做鞋匠之余还做舵手;农夫总是农夫,不会在做农夫之余还要做法官;士兵也总是士兵,不会在做士兵之余去做商人。

苏:如上所说,大体上就是对神的看法。要想使得我们的卫士敬神明、孝父母、重视朋友友谊,我们一定不能让这类亵渎神明的故事流传,更不该允许他们在幼小的年龄听到这类故事。

阿:我也这样认为,我相信我们的看法是对的。

苏:那么,其次呢?其次是什么?如果想要他们勇敢,我们不能到此为止。应该用正确的方法来教育、帮助他们不害怕牺牲。我还要问你一句,你以为一个人心里不怕死就算勇敢吗?

阿:当然不是这样。

苏:如果有这么一个人,他相信地狱确实是存在的,并且是可怕的,这个时候的他还能做到不怕死,打仗时能宁死不做奴隶吗?

阿:显而易见不能。

苏:看来,对于写这些故事的人的监督也应该包括这方面的内容。并且我们应该要求他们不要信口雌黄,把地狱说得一无是处。因为他们所讲的那些东西既不真实,对勇士的成长也有百害而无一利。

阿：我们确实应该监督他们这样做。

苏：那么，从这句话开始，我们就要把同类的诗句删除了：

> 宁可活在人世做奴隶啊
> 　　跟随一个不富裕的主人，
> 不愿在黄泉之下啊
> 统帅鬼魂。①

其次，
> 免得在天神跟凡人面前暴露了他的住处，
> 那可怕、死气沉沉、神明都憎恶的去处。②

还有：
> 啊，哈得斯的住处虽有孤魂鬼影，
> 只是已经没有了智慧。③

> 只有提瑞西亚的灵魂
> 　　还能保持智慧，能够思考，
> 所有其他人都变成了飘忽的鬼影。④

还有：
> 灵魂离开她的躯体，前往哈得斯的宫殿，
> 哀伤着命运的悲苦，丢掉了青春和勇气。⑤

还有：
> 灵魂悲泣着去到了地下，
> 有如一团烟雾。⑥

当然这样的也要删去：
> 有如成群的蝙蝠
> 　　在空旷的洞穴深处啾啾飞翔，
> 其中一只离开了岩壁，脱离链串，
> 其他的立刻纷纷飞起，

---

① 见《奥德赛》。
②③⑤⑥ 见《伊利亚特》。
④ 见《奥德赛》。

众多的灵魂也这样跟随。①

如果删去这类诗句，我们请求荷马还有别的诗人们不要生气，这样做的原因并非是因为这些诗句不是人们喜闻乐见的，没有大量听众，而是因为越是这样的好诗，就越不适合儿童和成年人，这些人注定要成为自由人，他们害怕做奴隶要远胜过害怕死亡。

阿：对，我绝对赞同。

苏：除此之外，我们还必须进一步禁止在表现这类事物时使用恐怖和可怕的词语，如"悲惨的科库托斯河""可憎的斯土克斯河"以及"阴间""地狱""死人""尸首"等。一听到它们，就会使人毛骨悚然。也许这些词语本身自有它们的用处，然而，目前情况下我们是在关心守护者的教育问题，我们有理由担心这种恐惧会让我们的守护者变得软弱消沉，而不是像我们所需要的那样坚强、勇敢。

阿：这样担心是很应该的。

苏：那么，我们是否应当消除这些说法呢？

阿：是的。

苏：如此说来，在故事与诗歌中应当采用完全与此相反的词语吗？

阿：这是显而易见的。

苏：我们要不要同时删去英雄人物的号啕痛哭和悲哀的情节？

阿：如上所述的话，当然要的。

苏：让我们细细思考一番把这些情节去掉的做法究竟对不对。我们认为，一个好人绝不会认为他的朋友——另一个好人的死亡是可怕的事情。

阿：的确如此。

苏：如此说来，这个人就不会哀伤他朋友的死去，好像他遇到了一件令人害怕的事情似的。

阿：他确实是不会。

苏：但我们还要说，一个人要是能最大限度做到自给自足，所求于他人的越少，他的生活就越幸福。

阿：很对！

苏：因此，失去一个儿子，或者一个兄弟，抑或钱财以及其他种种，

---

① 见《奥德赛》。

对他来讲，实在没什么可怕和痛苦的。

阿：毫不可怕。

苏：因此无论他的身上降临了什么不幸，他都可以处之泰然。

阿：对的！

苏：为了使得我们正在培养的保家卫国的卫士远离这种悲伤，我们还应该消除那些为著名人物写的挽歌，把挽歌留给那些女人和平庸的男人们，甚至都不能留给优秀的女性。

阿：应该如此！

苏：我们应该请求荷马以及其他诗人不要把女神的儿子阿喀琉斯形容得：

　　躺在床上，一忽儿侧卧，一忽儿朝天，
　　　一忽儿伏卧朝地。①

然后索性爬起来，

　　心烦意乱踯躅于荒海之滨。②

也不要形容他两手抓起乌黑的泥土撒在自己头上③，不要说他长号大哭，呜咽涕泣，像荷马描写的那样。也不要描写普利亚姆那诸神的亲戚在污泥中：

　　挨个儿呼唤着人们的名字
　　向大家恳求哀告。④

我们尤其要请求诗人们不要使诸神号啕大哭，

　　啊，我心伤悲啊，
　　生下了这个最勇敢的儿子。⑤

对诸神要如此，对诸神中最伟大的神宙斯更不应当描写得毫无神的庄严，以至于让他唉声叹气：

　　哎呀，我们所宠爱的人被绕城穷追。

---

① 见《伊利亚特》第24卷。描写阿喀琉斯思念亡友帕特罗克洛时的情景。
② 见《伊利亚特》第24卷。描写阿喀琉斯思念亡友帕特罗克洛时的情景。
③ 见《伊利亚特》第18卷。阿喀琉斯第一次听到派帕特罗克洛战死消息时的情景。
④ 荷马《伊利亚特》第22卷里，特洛伊老国王普利亚姆看见儿子赫克托耳死后尸体遭到凌辱，悲痛欲绝，要大家放他出城去赎回赫克托耳的尸体的情节。
⑤ 见《伊利亚特》第18卷。阿喀琉斯的母亲，女神忒提斯的话。

目睹此情景我心伤悲。①

还说：

可怜啊！命定了我最亲爱的萨耳帕冬
要被默诺提俄斯的儿子杀死。②

亲爱的阿狄曼图斯啊！倘使我们的年轻人一本正经去听了这些关于神的故事而不以为可耻可笑，那么到了他自己身上，对于这种类似的言行，就更不会以为可鄙可笑了。他也更不会自我克制，会为了一点小事就怨天尤人，哀痛呻吟。

阿：你说得很对。

苏：他们一定不应该这样。我们刚才已经论证了这一点。我们要相信这个结论，除非别人能给我们另一个更好的证明。

阿：他们不可能给出一个。

苏：还有，他们也不该老是喜欢大笑。一般说来，一个人纵情狂笑，就很容易使自己的感情变得容易激动。

阿：我同意你这个想法。

苏：那么，如果有人描写一个高贵的人捧腹大笑不能自制，我们一定不要相信。至于神明，更不用说。

阿：更不用说。

苏：那么，我们绝不应该从荷马那里接受下面关于诸神的说法：

赫淮斯托斯手执酒壶，
绕着宴会大厅忙碌奔跑；
极乐天神见此情景，
迸发出阵阵哄堂大笑。③

用你的话说，我们"不应该接受"它。

阿：如果你高兴把这个说法算作我的说法，那就算是我的说法吧。反正我们不应该接受的。

---

① 见《伊利亚特》第22卷。主神宙斯所说关于赫克托耳的话。
② 见《伊利亚特》第16卷。
③ 见《伊利亚特》第1卷。诸神看着赫淮斯托斯拐着瘸腿来往奔忙，给众神斟酒，觉得滑稽可笑。实际上是笑话他多管闲事。在奥林匹斯山上替诸神们斟酒本来是青春女神赫柏的任务。

苏：我们还必须把真实看得高于一切。如果我们刚才所说不错——虚假对于神明毫无用处，但对凡人作为一种药物还是有用的。那么显然，我们应该把这种药物留给医生，一般人一概不准碰它。

阿：这很清楚。

苏：城邦的统治者，为了城邦的利益，有理由用它来应付敌人，甚至应付公民。其余的人一概不准和它发生任何关系。如果一般人对统治者说谎，我们以为这就像一个病人对医生说谎，一个运动员不把身体的真实情况告诉教练，就像一个水手欺骗舵手关于船只以及本人或其他水手的情况一样是有罪的，甚至罪过更大。

阿：极是。

苏：那么，城邦的治理者发现任何人撒谎，不管是什么人，

　　或者是预言者、医生、木工，①

都要加以惩罚，因为他的行为像水手颠覆船只，足以毁灭一个城邦。

阿：如果他的胡言乱语见诸行动的话，的确会这样。

苏：我们的年轻人需不需要有自我克制的美德？

阿：当然需要。

苏：对于一般人来讲，最重要的自我克制是服从统治；对于统治者来讲，最重要的自我克制是控制饮食等肉体上的欲望。

阿：我同意。

苏：我觉得荷马诗里迪奥默特斯所讲的话很好：

　　朋友，坐下来，静听我的忠告。②

还有后面的：

　　这些来自希腊的亚该亚人惧怕长官，静悄悄奋勇行进。③

还有别的类似的描写。

阿：说得很好。

苏：那么，这一行怎么样？

---

① 见荷马《奥德赛》第 17 卷。
② 见荷马《奥德赛》第 4 卷。
③ 见《伊利亚特》第 3 卷。迪奥默特斯对斯特涅洛斯说的话。

> 你喝醉了，头上生狗眼，身上长鹿心。①

后面的那几行你觉得好吗？还有其他诗歌散文中描写庸俗不堪、犯上无礼的举动也好吗？

阿：不好。

苏：这些作品不适宜于给年轻人听，这样会使他们失掉自我克制。要是作为一种娱乐，我觉得还勉强可以。你的意见呢？

阿：我同意。

苏：再来看看荷马让一位最有智慧的英雄说出来的一席话，他把这种事说成是人间最美好的事情：

> 有侍者提壶酌酒，将酒杯斟得满满的，丰盛的宴席上麦饼、肉块堆得满满的。②

年轻人听了这些话，对于自我克制有什么帮助？还有这个：

> 生民最苦事，独有饥饿死！③

你觉得这样的句子可以吗？还有，在其他诸神跟凡人都已进入梦乡时，宙斯因性欲炽烈，仍辗转反侧，看到浓妆艳抹的赫拉，竟迫不及待露天交合。宙斯还对妻子说，此会胜似初次幽会，

> 瞒着他们的父母。④

还有赫淮斯托斯用铁链捆绑起通奸的战神阿瑞斯和爱神阿佛洛狄忒，听这种故事对年轻人的自我克制有益处吗？

阿：据我看来，绝对没有什么益处。

苏：至于一些名人受到侮辱而能克制忍受的言行，这些倒是值得让年轻人看看听听的，例如，

> 他捶胸叩心责备自己：
> "我的心呀，你怎么啦？更坏的事情都忍受过来了。"⑤

阿：当然需要这样。

苏：此外，我们不能允许他们接受贿赂并变得贪得无厌。

---

① 见《伊利亚特》第1卷。阿喀琉斯辱骂阿伽门农的话，骂他没有勇气亲自上前线作战。
② 见《奥德赛》第9卷。奥德修斯对阿吉诺王说的开头几句话。
③ 见《奥德赛》第12卷。在存粮吃尽时，奥德修斯的伙伴尤吕洛科说的话。
④ 见《伊利亚特》第14卷。
⑤ 见《奥德赛》第20卷。

阿：绝不能。

苏：也不能向他们朗诵：

> 钱能通神呀，钱能通君王。①

我们不应该表扬阿喀琉斯的导师菲尼克斯，是他教唆阿喀琉斯，要是拿到亚该亚人的钱，就出来保卫他们，否则绝不释怒。② 我们也不应该同意或者相信这种说法，说阿喀琉斯贪图钱财，他曾接受阿伽门农的礼物，③ 还曾接受了钱财，才放还人家的尸体，否则绝不放还。④ 我们不认为这种说法是合适的，更不能接受这种说法。

阿：不应该，表扬这些事情是不应该的。

苏：但是为了荷马，我不愿说这类事情是阿喀琉斯做的。如有别人这样说，我也不愿相信。否则是不虔敬的。我不愿相信阿喀琉斯对阿波罗神说过这样的话：

> 敏捷射手，极恶之神，你阻拦了我！
> 我要是手有斧柯，必当重重责你！⑤

还有，关于他怎样对河神凶暴无礼，怎样剪下一缕头发，向另一位河神佩凯乌斯献祭，

> 以便让帕特罗克洛把这缕头发带走。⑥

可是这个时候帕特罗克洛已经死了。这许多无稽之谈，我们都是不能相信的。至于拖了赫克托耳的尸体绕帕特罗克洛的坟墓疾走，并将俘虏杀死放在自己朋友的火葬堆上，这些事我们也不能信以为真。我们不能让年轻人相信阿喀琉斯这位女神和珀琉斯（素以自我克制闻名，且是主神宙斯之孙）

---

① 见希腊十世纪时的"辞典"Suidas 中的 δῶρα 条。其中告诉我们：有人认为这行诗是赫西俄德的。
② 见《伊利亚特》第9卷。
③ 见《伊利亚特》第19卷。
④ 见《伊利亚特》第24卷。
⑤ 见《伊利亚特》第22卷。
⑥ 见《伊利亚特》第23卷。阿喀琉斯的父亲曾向河神许愿：如果阿喀琉斯能从特洛伊平安回到家乡，就把阿喀琉斯的一卷长发和五十头羊作祭品献给河神。阿喀琉斯知道自己命中注定要死在特洛伊，回不去了，所以愤怒地把长发剪下献给亡友。

的儿子,由最有智慧的喀戎抚养成人。① 这个英雄的性格竟如此混乱,他的内心竟有这两种毛病:卑鄙贪婪与蔑视神、人。

阿:你说得很对。

苏:很好,我们不要相信这一派胡言乱语,更不要让任何人说海神波塞顿的儿子忒修斯和宙斯的儿子庇里托俄斯掳掠妇女的骇人听闻的事情,② 也不要让人任意诬蔑英雄或神明的儿子,把那些无法无天、胆大妄为的行动归之于他们。让我们还要强迫诗人们否认这些事情是神的孩子们所做的,或者否认做这些事情的人是神明的后裔。总之两者他们都不应该说。他们不应该去要年轻人认为,神明会产生邪恶,英雄并不比一般人好。因为在前面讨论中我们已经说说过,这种话既不虔诚,又不真实。我相信我们已经指出,神明为邪恶之源是绝不可能的事情。

阿:当然那是不可能的。

苏:再说,这些荒诞不经的言行,对于听者是有害无益的。如果他相信这些坏事神明的子孙过去都做过,那么每个人都会认为自己的恶行没什么了不起。就如诗所说的:

  这些神的后裔是宙斯的近亲,他们的血管里也不乏这位霹雳神的血液。③

由于这些理由,我们必须禁止这些故事的流传。否则就要在青年人心中引起犯罪作恶的念头。

阿:我们一定要禁止。

苏:那么,什么应该讲,什么不应该讲,在这个问题上我们还有什么要规定的呢?我们已经提出了关于诸神、神灵、英雄以及冥界的正确说法了是吗?

阿:我们提出了。

苏:剩下来还需规定的恐怕是关于人的说法吧?

---

① 珀琉斯是埃阿克斯的儿子,珀琉斯跟女神忒提斯生下的阿喀琉斯。喀戎是克洛诺斯的儿子,是很多英雄的老师。
② 传说,忒修斯曾在庇里托俄斯协助下抢劫海伦,还曾和庇里托俄斯一起企图诱抢冥后波塞芳妮。忒修斯的故事曾是一些史诗和索福克勒斯与欧里庇得斯失传悲剧的题材。
③ 诗出埃斯库罗斯失传悲剧《尼俄珀》残篇。

阿：显然是的。

苏：我的朋友啊，我们目前还不能对这个问题做出规定呢！

阿：为什么？

苏：因为我恐怕诗人和故事作者，在最紧要点上，在关于人的问题上的说法有错误。他们举出许多事例来说明不正义的人很快乐，而正义的人总是遭遇着不幸；还说不正义是有利可图的，只要不被发觉就行，而正义是对人有利而对己有害的。这些话我们应该禁止，而应该要他们去吟诵刚好相反的故事。你同意我的意见吗？

阿：我当然同意。

苏：如果你同意我的意见，我可以说你实际上已经察觉到了我们正在探求的那个起点了。

阿：你的想法很对。

苏：那么，我们所需要的关于人的说法一定先要以我们已经发现的正义的性质为前提，我们已经证明，无论拥有正义的人在他人眼里是否正义，正义对他来说都是有益的。

阿：极是。

苏：关于故事的内容问题就讨论到这里为止，下面我们要讨论故事的内容与形式，这样我们就可以把内容与形式——即讲什么和怎样讲的问题——全部检查一番了。

阿：我不懂你的意思。

苏：啊，我一定会让你懂的。也许你这样去看就更容易懂得我的意思了：讲故事的人或诗人所说的不外是关于过去、现在和将来的事。

阿：当然，不然他们还能讲什么？

苏：他们说故事，是用简单的叙述，还是用模仿，或者两者兼用？

阿：这一点我也很想弄得更清楚一些。

苏：哎呀！我真是个可笑而又蹩脚的教师！像那些不会讲话的人一样，不能一下子全部讲明白了，我只能一点一滴地讲了。《伊利亚特》开头几行里，诗人讲到克吕塞斯祈求阿伽门农释放他的女儿，阿伽门农大为震怒。当克吕塞斯不能得到他的女儿时，他咒诅亚该亚人。请问，你知道这一段诗吗？

阿：我知道的。

苏：那么，你一定知道接着下面的几行：

　　我向全体亚该亚人，
　　　　特别向阿特瑞斯的两个儿子、
　　　　士兵的统帅祈求。①

讲这些话的实际上是诗人自己，也不像是在对他人说话，更像是在自言自语。但在后面一段里，诗人好像变成了克吕塞斯这个老祭师，而且是尽量使我们感到不是别的人在说话。发生在特洛伊的其他事情以及所有在伊塔卡发生的事情，以及整个《奥德赛》的故事，诗人几乎都是这么叙述的。

阿：确是这样。

苏：所有连接对白的那些话不都是叙述吗？

阿：当然是。

苏：但当他说出对白时，完全像另一个人，我们可不可说他的措辞在这个时候尽可能符合故事中的人物呢？

阿：是的。

苏：那么，使自己的音容笑貌像另一个人，就是模仿他所扮演的那个人了。

阿：当然。

苏：在这种情况下，看来他和别的诗人是通过模仿来叙述的②。

阿：极是。

苏：但是倘若诗人哪里都出现，从不把自己隐藏起来，那么模仿就会被抛弃，他的诗篇就会成为纯粹的叙述。可是为了让你不再说"我不懂""我不明白"等等，我会告诉你这种办法为什么可能。如果荷马告诉我们，克吕塞斯带着赎金来想要赎回女儿，他向亚该亚人，尤其是向他们的两个统帅祈求，然后一直都以这种口吻说下去，不用克吕塞斯的语气，那么你就会明白，他这样说话就是纯粹、简单地叙述，而不是模仿。叙述大

---

① 见《伊利亚特》第1卷。亚该亚人即当时的希腊人。阿特瑞斯的两个儿子指阿伽门农和墨涅拉俄斯。

② 诗人用自己的口吻叙述，又用故事角色的口吻讲话。后一种方法是诗人讲故事方式的一种，也是一种"叙述"。要是用另一个名称，就是"模仿"。

概就是这个样子:(我不用韵律,因为我不是诗人)祭司来了,祝告诸神,让希腊人夺取特洛伊城并平安返乡。他这样讲了,希腊人都会同意他的请求,因为他们敬畏神明。但是阿伽门农勃然大怒,要祭司离开,不准再来,否则他的祭司节杖和花冠都将保不住他自己。阿伽门农说要跟祭司的女儿一起生活,终老在阿尔戈斯城。于是他命令祭司,如果想要平安回去,就趁早离开,不要惹他发火,于是这个老祭司在害怕与静默中离开了。等到走出营帐,老祭司呼唤阿波罗神的许多名号,求神明回忆从前他为了厚待神明是如何建庙祀享,祭仪是多么的丰盛。神明应当崇德报功,神矢所中应使希腊人受罚以抵偿曾经所犯的罪过。我说我的朋友,不用模仿的纯粹叙述就是这样的。

阿:我明白了。

苏:或者你可设想恰恰相反的那些文体,把对话之间那些话全都去掉,只留下对白,那么我们就能得到另一种文体。

阿:这我也懂。这不就是悲剧的文体吗?

苏:你理解得很对。我以前不能做到,现在我想我能够明白并且告诉你了。诗歌与故事共有两种体裁:一种完全通过模仿,就是你所说的悲剧和戏剧;另外一种是诗人表达自己情感的,你可以看到酒神赞美歌大体都是这种抒情诗体;第三种就是二者并用,可以在史诗以及其他诗体里找到——如果你明白我的意思的话。

阿:啊,是的,我现在懂得你的意思了!

苏:那么,回忆一下以前说过的话吧。我们前面说过,在讨论完了讲什么的问题后,应该考虑怎么讲的问题。

阿:是的,我记得。

苏:我的意思就是说:我们必须做出决定,是让他用模仿来进行叙述,还是只模仿一部分,而有些部分不通过模仿呢?所谓的有些部分可以模仿是哪些部分呢?还是根本不让他们使用一点模仿呢?

阿:我猜你的问题就是要不要把悲剧与喜剧引进城邦里来,是吧?

苏:也许是。对于这个问题,我觉得也许意义还要重大一点。其实我也不是很清楚。总而言之,不管辩论之风把我们吹到什么地方,我们就去什么地方吧。

阿:哈!你说得很对。

苏：阿狄曼图斯啊，在这一点上，我们的卫士们应不应该是一个模仿者？从前面所做过的推论来看，每个人都只能专注于自己的行业是不是？如果他做的事情太多了，就会分心，结果一事无成。

阿：嗯，毫无疑问就会变成这样。

苏：同样的道理不是也可以应用于模仿问题吗？一个人模仿的东西太多，能否像模仿一个东西的时候那么像呢？

阿：当然不能。

苏：那么，他更不可能一面从事一项有价值的工作，另一面又去模仿很多东西，并能把两者结合到一起。要是我们没弄错的话，就是因为同一个人甚至不能同时很好地去模仿两种很类似的东西，比如悲剧和喜剧。你刚才不是提到过这是两种模仿吗？

阿：我是这样说过。你说得也很对，同一人不可能两者都行。

苏：同一人也不可能既是好的朗诵者，又是好的演员，对不对？

阿：非常赞同。

苏：一个人不能同时既是喜剧演员又是悲剧演员。而这些人都是模仿者，难道不是吗？

阿：是的。

苏：我亲爱的阿狄曼图斯啊，即使是在很小的事情上，人的能力也是有限的，因此一个人不可能同时模仿太多事物，或者做太多事情，这些事情本身就是对其他事物的模仿。

阿：所言极是。

苏：如果我们要坚持我们最初的原则，我们的守护者就要放弃别的技艺，成为城邦自由大业的专家，集中注意力，不去做别的与此无关的事。那么他们就不应该参与或模仿别的任何事情了。如果说他们需要模仿的话，那么他们就应该从小就去模仿与他们的职责相关的人物，也就是说模仿勇敢、节制、虔诚、自由的人，还有那些能体现品质的事。对与自由人的标准不符合的事情，就不应该去参与或模仿。至于那些丑恶的事情，当然更不应该模仿，否则模仿丑恶，以假乱真，变为真的丑恶了。你难道没注意到，人从小到老不停模仿，最后成为习惯，而习惯是人的第二天性，影响着人的言语和思想？

阿：的确是这样。

苏：任何我们所关心培育的人，我们都希望他们成为好人，因此我们不允许他们去做女人做的事，不让他们去模仿女人，无论年老还是年幼，跟丈夫争吵，亵渎上苍，狂妄自大，得意忘形，或者一遇到不幸就悲伤哭泣，更不要说去模仿那些病中、恋爱中和分娩中的女人了。

阿：不应当。

苏：他们也不应该模仿奴隶（不论女的和男的），去做奴隶所做的事情。

阿：不应该。

苏：看来也不应该模仿坏人，模仿鄙夫，去做那些跟我们刚刚讲的正确的事相反的事情，吵架，互相谩骂，互相挖苦，不论喝醉或清醒的时候，讲不堪入耳的话。这种人的言行不足为训，对不起他人，也对不起自己。我觉得在说话行动方面，他们不应该养成像疯子那样的坏习惯。他们当然应该懂得疯子，懂得坏的男女，但绝不要装疯卖傻模仿疯子。

阿：太对了。

苏：那么他们能去模仿铁匠、钳工、焊工或其他工人、战船上的划桨人、划桨人的指挥者，以及其他类型的工作人员？

阿：那怎么可能？当然不行。他们连去注意这些事情都不行。

苏：那么马嘶、牛叫、大河咆哮、海潮呼啸以及隆隆的雷声等一类事情，他们可以去模仿吗？

阿：不行。已经禁止他们不仅不能自己做疯子，而且自己也不可以去模仿人家做疯子。

苏：倘若我理解你，懂你的话，你的意思就是说：有一种叙述体是给真正的好人，当他有话想说的时候用的；另外一种叙述体是给一个在性格和教育方面截然不同的人用的。

阿：那这究竟是怎样的两种文体呢？

苏：在我看来，一个正派的人在叙述过程中碰到要讲述一个好人的言行时，我想他会很愿意担当这个角色。对一个好人的言行进行模仿，那就会感觉自己也是这个好人，不会有丝毫不好意思。他宁可模仿这个好人坚定而明事理的言行，也不会愿意去模仿他因为生病或者失恋而产生的暴躁、酩酊大醉，或者是遭遇不幸时的表现，即使去模仿也会很勉强。要是他遇到那些不是很优秀的人了，比自己还差的，那么他也不会愿意去模仿，除非对方偶尔做了一些好事值得模仿，但在模仿时他会感到不好意思，因为他不习惯模仿这类人，也刻意回避这类人，害怕自己向这类人学习会学坏。他从心底看不起这类人，除非他的模仿是为了嘲笑他们。

阿：人就是这样，很奇怪，看不清搞不明。

苏：那么他会采用我们曾经从荷马诗篇里举例说明过的一种叙述方法，也就是说，他的体裁既是叙述，又是模仿，但是叙述远远多于模仿。你觉得我说得还行吗？

阿：很好，我很赞同。说故事的人就应以此为榜样。

苏：还有一种说故事的人，他们什么都说。越是低级趣味的事，就越是说得带劲，毫无顾忌模仿任何事物和人。他们会在大众广庭毫无节制地模仿，包括我刚才所提到的雷声、风声、雹声、滑轮声、喇叭声、长笛声、哨子声和其他各种乐器的声音，还有狗叫、羊叫、鸡鸣。所以他们的风格完全依赖对声音和姿势的模仿，很少有纯粹的叙述。

阿：这也是必然的。

苏：这就是我说过的两种不同的文体。

阿：是的。

苏：要是我们为措辞确定合适的声调与节奏，那么这两类中有一种变化很小。所以，正确的说唱者不是在用同一声调和同一节奏讲故事，因为它的变化很小，而且也没有多少节奏的变化，你说是这样吗？

阿：是这样一回事。

苏：另一种怎样呢？如果它也需要得到恰当的表达，那么它就需要声调和节奏的变化，因为这种类型包含了多重形式变化，对吧？

阿：应该是这样。

苏：是不是所有诗人、说唱者在选用体裁时，不是取上述两种体裁之一，就是将它们有机结合？

阿：因为他们没有别的选择。

苏：那么，我们应该怎么办呢？我们应该接受所有类型，还是接受某种不加混合的类型？

阿：假如是投票选择的话，我赞成纯粹的对善的模仿。

苏：可是，我亲爱的阿狄曼图斯呀，两种题材混合起来才是大家喜欢的呀！小孩和小孩的老师，以及一般人做出的选择和你恰恰相反。

阿：这样的类型的确是大家喜欢的。

苏：然而也许你要说这根本不符合我们城邦的制度，因为我们的人既非兼才，又非多才，事实上每个人只能做一件事情。

阿：确实是不适合的。

苏：这也可以作为一条解释我们的城邦为什么是唯一的理由，只有在我们这里才能看到鞋匠总是鞋匠，他们并不会在做鞋匠之余还做舵手；农夫总是农夫，不会在做农夫之余还要做法官；士兵也总是士兵，不会在做士兵之余去做商人。以此类推，你说是这样吗？

阿：是的。

苏：所以，如果说有人靠他的一点聪明能够惟妙惟肖地模仿一切，当他光临我们的城邦，朗诵诗篇，大显神通，认为我们会为他倾倒，称他是神圣的、了不起的、大受欢迎的人物的话，那么我们就会告诉他，我们的城邦没有这样的人，也不需要这样的人。我们的法律不准许这样，我们会为他头上涂香油，饰以羊毛冠带，最终将他送到别的城邦去。谈及我们自身，为了我们自己的灵魂之善，我们要明智地任用那些正直严肃的诗人和讲故事的人，当我们开始教育我们的战士时，他们会模仿好人的言行，按照我们一开始就规定了的类型来讲故事。

阿：假定我们有权这样做的话，我们当然该这样做。

苏：如此一来，我的朋友，我们可以认为已经完成关于言说或讲故事的那部分音乐性①的讨论，因为我们已经阐明了应该讲什么以及怎样讲的问题。

阿：我也这样认为。

苏：那么，接下来是不是该讨论一下诗歌和曲调的形式了？

阿：显然如此。

苏：到现在，我想每个人都能想到我们对这个问题会说些什么了，因为需要保持前后一致。对吧？

格劳孔（笑了）：苏格拉底，恐怕我不在你说的"每个人"里面。尽管我对此多少有点看法，但一时半会还是没法预见我们接下去会有怎样的见解。

---

① 在古希腊人的概念中，广义的音乐包括诗歌吟诵和讲故事。

苏：我觉得你肯定至少是有把握这样说的，诗歌是由三种东西组成——言辞、曲调、节奏。

格：啊，是的，这点我当然知道。

苏：那么就其言辞来说，唱出来的言辞跟不需要唱出来的言辞在本质上是没有区别的，它们都必须符合我们所规定的那种类型和特质。

格：是的。

苏：还有曲调和节奏要符合言辞。

格：当然。

苏：然而我们之前就说过，我们不需要哀挽和悲伤的字句。

格：我们说过不需要。

苏：那么，什么是挽歌式的调子呢？既然你懂音乐，那么你就来告诉我们吧。

格：混合的吕底亚调、高音的吕底亚调，还有那些与此类似的曲调。

苏：如果说我们一定要把这些废弃掉的话，是因为它们对于一般有心上进的妇女尚且无用，更别说对男子汉们的作用了。

格：极是。

苏：还有就是，喝醉酒对守护者来说是最不合适的了，萎靡不振和懒惰也是。

格：这点毋庸置疑。

苏：有哪些调子是属于这种软绵绵的靡靡之音呢？

格：一些伊奥尼亚调，还有些吕底亚调。

苏：你会把它们拿给我们的战士们吗？

格：当然不会。照此看来，但你好像忘了多利亚调和佛理基亚调。

苏：我不懂这些曲调，我只是希望有一种曲调可以适当地模仿勇敢的人的言行，模仿他们在需要应战时的冲锋陷阵、奋不顾身、视死如归，在遇到各种艰难险阻时的坚韧不拔。我还期望有一种曲调能模仿那些从事和平工作的人的言行，他们的工作不是被迫而是自愿的——对方如果是神，他们就祈祷；如果是普通人，他们就劝导或者训诫；要么自己就处在被劝导的位置，这时候他们会听从他人的劝导或者批评，从善如流，不骄不躁，谦虚谨慎，能做到有则改之，无则加勉。要是有这样的曲调，那么就让我们保留这两种曲调吧，它们正好刚柔兼济，能恰当地模仿人们的成功和失败、节制和勇敢的言行。

格：你所需要的两种曲调，也就是我刚才所说过的多利亚调和佛理基亚调。

苏：如此看来，在奏乐和歌唱时，我们就不需要用有许多弦子的乐器，或者说这种乐器的音域不需要包括所有的和声。

格：我觉得你说得很对。

苏：那我们就不需要供养那些乐器的制造者，他们制造音叉、竖琴，还有很多别的多弦和多音调的乐器。

格：是不需要。

苏：接下来，我们的城邦需不需要接纳那些制造长笛和演奏长笛的人呢？换言之，长笛是音域最广的乐器，然而别的多音调的乐器仅是在模仿长笛，是这样吗？

格：这向来是很清楚的事。

苏：你只剩下竖琴和七弦琴了。城里都在用这些乐器，在乡里，牧人则吹一种短笛。

格：我们讨论的结果也就是这样了。

苏：亲爱的朋友，我们宁愿要阿波罗和他的乐器而舍弃马叙阿斯和他的乐器。但这样的选择也并非是我们的创见。

格：真的！我和你一样，也觉得这些的确不是我们的创见。

苏：哎呀！我们无意之间已经在净化这个城邦了，而之前我们还在讨论一座繁华的城邦。

格：这没什么，因为我们的出发点是善意的。

苏：这样就好办了。接下来，就让我们来完成这项净化工作吧！紧接着曲调之后应当是节奏问题。我们不应该追求那些节奏复杂多变的旋律，我们应该考虑的是怎样才是有秩序、勇敢的生活节奏，并使得节拍和曲调与之步调一致，而不是让这种生活的步调和言行去适应音乐的节拍和曲调。至于这种节奏究竟有哪些，这得由你来说，就像前面你告诉我们有哪些曲调一样。

格：你让我说的话，我也实在是说不出什么。节拍的构成有三种形式，就像音阶的构成有四种形式一样，这些我都懂得，可以告诉你。至于哪些节拍是模仿哪种生活的，我并不清楚。

苏：对于这一点，我们也要去向达蒙①请教，我们要问他，什么样的节奏适宜表现卑鄙、凶暴、疯狂或其他邪恶，而什么样的节奏适宜表现与此相反的内容。我隐约记得达蒙说过有一种叫作复合节拍的，还有叫长短短格和英雄体的节拍。我不清楚他是怎样能做到把这些长短不一的节拍排列组合起来的——要是我没弄错的话，他还有一种节拍称作短长格，另一种称作长短格，另外还有长音节或者短音节的区分。我想，在谈论这些时，他对节拍或者节奏的综合评论到底如何，我也没法说清。但我刚才讲过，还是把这些问题留给达蒙去思考吧。想要弄清这些需要很长时间。你认为呢？

格：是的，我也这样认为。

苏：不过有一点你是可以立刻决定下来的：美是紧跟着好节奏，丑是紧跟着坏节奏的。

格：这是当然的。

苏：再说，好的节奏紧跟好的文辞，如影随形。坏的节奏紧跟坏的文辞。至于音调也是这样。我们已经讲过，节奏与音调跟随言辞，并不是言辞去跟随节奏与音调。

格：显然如此，这两者一定要跟随言辞。

苏：那么，你认为言辞和言辞的风格怎么样？它们是不是需要迎合心灵的气质并与之保持一致？

格：确实如此。

苏：也就是说，其他一切也需要跟随言辞吗？

格：是的。

苏：如此说来，好言辞、好音调、好风格、好节奏都来自优良的生活状态与精神状态。所谓好的精神状态，并非指我们用以婉转地称呼那些没有头脑、敦厚老实的人的精神状态，而是指那些智力好、品格好的人的真正良好的精神状态。

格：完全是这样的。

苏：那么，年轻人如果要做他们真正该做的事情，不就应当随时随地去追求这些东西吗？

---

① 达蒙，古希腊公元前5世纪时的著名音乐家。

格：他们应该这样。

苏：绘画肯定是具有这些特点的，其他类似工艺如纺织、刺绣、建筑、家具制作，或是动物身体以及植物树木等的自然生长的状态，也都具有这些品质。因为在这些事物里都有美与丑恶。坏风格、坏节奏、坏音调，相当于坏言辞、坏品格。反之，美好的表现与明智、美好的品格相合相近。

格：你说得很对。

苏：照此情形来讲，问题只出现在诗人身上了？我们要不要对他们进行监督，并且强迫他们在诗篇里培育出良好品格的形象，不然的话我们宁可不要有什么诗篇？我们是否要同样地监督其他的艺人，并且阻止他们不论在绘画或雕刻等作品中，还是建筑或任何艺术作品里描写邪恶、放荡、卑鄙、龌龊的邪恶的精神？哪个艺人如果不肯服从，我们就不让他在我们中间存在下去，不然的话，我们的卫士们从小就与罪恶的形象接触，耳濡目染，有如牛羊卧毒草中咀嚼反刍，近墨者黑，不经意间心灵上便铸成了大错。所以说，我们必须寻找这样一些艺人，用他们优良的天赋和高尚的品格，追随真正的美和善，辟出一条道路，使我们的年轻人据此前进，目之所视、耳之所闻都是美好的东西。这样一来，就好比春风化雨，达到一种潜移默化的效果，使得他们在不知不觉间受到熏陶，使得他们从童年起就和优美、理智融为一体。

格：对于他们而言，这可称得上是最好的教育。

苏：亲爱的格劳孔，正是因为这个缘故，音乐教育才至关重要。节奏与旋律比起别的事物更容易渗透进人的心灵，在那里生根发芽。要是一个人从小就受到了正确的教育，就会变得彬彬有礼；如果受了坏的教育，结果就会完全相反。次之，一个受过正确音乐教育的人能敏锐地察觉到事物的美，也会厌恶丑恶的东西。他会赞赏美好的事物，为美好的事物所触动，并从中汲取营养，让自己的心灵得到滋养。即使是在他还年幼的时候，在他还不能分辨丑恶事物的根由的时候，他就能对丑恶有着强烈的排斥。受到这种教育的人长大后，会自然而然去迎接理性的到来，理性在他就像是一位老朋友似的。

格：在我看来，这的确是需要进行音乐教育的原因。

苏：就像我们开始学习字母时一样，只有在我们认识了全部具体的字母①——它们为数是很少的——我们才觉得自己确实是识字了。每个具体的字母就像是构成复合事物的那些不多的基本元素，无论由它们构成的事物是大还是小②，我们都不会忽视，也不会认为不必要去认识它们，而是无论它们出现在哪里，都急于去了解和认识。在还不能这样做前，我们不会认为自己是真正识字了的。

格：你说得很对。

苏：同样，比如有字母显影在水中或镜里，如果不是先认识了字母本身，我们是不会认识这些影像的。因为这种知识属于同一种技艺和学问。

格：确是如此。

苏：我对天发誓，同理，无论是我们还是我们要加以教育的卫士们，都不算是真正的音乐家，直到我们能在包含和表达各种性质的复合事物中认识到了节制、勇敢、公正、高尚这些属性，以及与之相反的那些属性后，无论它们出现在哪，我们都能对它们以及它们的影像加以识别，无论是表现在大的事物还是小的事物中，都不会受到忽视，相信认识它们以及它们的影像是属于同一种技艺和学问的。我这样说，你看对吗？

格：当然对，得出这样的结论是必然的。

苏：那么，如果有一个人在心灵里有内在的精神状态的美，在有形的体态举止上有跟美好的气质相对应的协调的美，这样一个兼美者，在一个能够沉思的鉴赏家眼中，岂不是一种最美的景象？

格：想想就知道，那是最美的了。

苏：再说，最美的总是最可爱的。

格：当然。

苏：那么，真正受过音乐教育的人，会热爱身心皆美之人，而不会去爱那些身心不和谐的人。

格：对，他们不会去爱心灵有缺陷的人。但如果单单是身体上存在缺陷，他们是能容忍的，并去爱对方。

苏：我完全明白你的意思，你现在就有着这样的朋友，或者说你有过

---

① 柏拉图常常使用字母或元素来说明知识的获得、元素和复合物的关系、分类原则和理念论。
② 柏拉图认为真实与事物的大小等特性无关。

这样的朋友。我赞同你所做的这样的区分。但请告诉我，节制与纵欲能够并行不悖吗？

格：那怎么可能呢？纵欲就跟过度的痛苦一样，会使人丧失自我。它们根本无法并行。

苏：放纵能和别的任何德行并行不悖吗？

格：绝对不能。

苏：纵欲能和粗暴与狂妄并行不悖吗？

格：这个确实可以的。

苏：你知道还有什么欲望能比跟阿佛洛狄忒相连的欲望[①]更强烈吗？

格：我不知道，我只知道没有比这个更疯狂的了。

苏：正确的爱难道不是有节制、和谐地爱那些有序和美好的事物吗？

格：我非常同意。

苏：那么，正确的爱会让任何接近于疯狂与放纵的东西靠近吗？

格：不会。

苏：正确的爱与纵情任性既然泾渭分明，那么，真正的爱者与被爱者绝不与淫荡之徒臭味相投。

格：真的，苏格拉底，它们之间根本就没有相同的地方。

苏：你这样说是很好的，在我们正在创建的城邦里，我们其实可以颁布实施这样一条法律：一个爱者如果说服了被爱者，并出于高尚的目的，那么这个爱者就可以亲吻被爱者，与之一起共度美好时光，并像父亲对儿子那样抚摸被爱者。但除此之外，他与被爱者就不能有其他进一步的关系，否则就要受到低级趣味与缺乏音乐教养的谴责。

格：确实如此。

苏：那么，我们有关音乐教育的讨论到这里就可以结束了。从我的角度出发，这是很明智的。达到对美的真正热爱难道不是音乐教育的最后目的？

格：我同意。

苏：在这之后，我们的年轻人应该接受体育锻炼。

格：当然。

苏：体育方面，我们的守护者们也必须从童年起就接受严格的训练直

---

① 这里指的是色欲。

至终生。我所见如此,不知你以为怎样?因为我觉得凭一个好的身体,不一定就能造就好的心灵跟好的品格。相反,有了好的心灵和品格,就能使天赋的体质达到最好,你说对不对?

格:我同你的想法完全一样。

苏:假如说我们对心灵加以充分训练,让它负责保养身体的细节的话,我们仅仅向它指出标准跟类型,不对它作长篇大论,你看这样可以吗?

格:必须这样做。

苏:我们说过守护者不能酗酒,他们是世界上最不应该喝醉,然后忘了自己是谁的人。

格:的确如此,如果一名守护者需要另一名来照料,那真是再荒唐不过了。

苏:关于食物又怎样呢?毕竟我们的守护者可都是大竞赛中的运动员,你说是不是?

格:是的。

苏:那目前我们所看到的那些运动员的生活习惯能适应这一任务吗?

格:还凑合吧。

苏:啊,他们太爱睡懒觉了,这是一种于健康有害的习惯。你是否注意到,他们一生似乎都是在睡眠,只要稍微偏离一点规定的作息时间,他们就会得重病?

格:我确实注意到了这种情况。

苏:那么,战争中的战士们应该需要多种多样的训练,他们有必要像终宵不眠的警犬那样,始终保持高度敏锐的视觉与嗅觉、听觉,他们处于复杂多变的战争环境下时,需要应对各种不同情况,要能咽得下任何水和食物,顶得住骄阳还有暴雨狂风。无论是在怎样的环境下,都能处之泰然,且不生病。

格:你说得很对。

苏:那么,最好的体育与我们刚刚所描述过的音乐教育,难道不是相契合的吗?

格:你是指什么?

苏:我是指一种灵活而简单的体育训练,尤其是指为了战争而进行的训练。

格：我想请问你的具体办法。

苏：甚至从荷马那里可也以学到不少具体的方法。你知不知道我们的英雄们在战争中会餐时，荷马从不给他们鱼吃——即使是驻扎在赫勒斯滂海岸[①]边。当然也不给他们炖肉吃，只给烤肉，毕竟烤肉对于战士们来讲是最容易搞到的，只要找到火种，无论在什么地方都可以，没必要随身带许多的铜锅和平底锅。

格：确实如此。

苏：并且，据我所知，甜食也没有在荷马那里提到过。难道这些不是任何一个从事锻炼的战士都可以理解体谅的事情吗？如果想要一个好身体，那么这些东西是必须戒掉的。

格：他们确实明白这些事，并且他们把这种东西戒除了。他们的这种做法很对。

苏：那么，我的朋友，既然你觉得他们这种做法是对的，你肯定就不会赞扬叙拉古的宴会和西西里的菜肴了。

格：我确实不会赞成的。

苏：为了把身体保养好，你也不会让一个男子搞到一个科林斯女郎来做他的情妇吧？

格：当然不会。

苏：照此推理下去，你也不会赞成有名的雅典糕点了？

格：一定不会。

苏：因为，我认为所有这种混杂的饮食和有很多音调、节奏的诗歌作品很像。

格：是这样的。

苏：复杂的音乐使人放纵，而简朴的音乐会让人的心灵产生节制，你说是吗？复杂的食品会让人的身体生出疾病，而简单的食物让人健康。

格：说得好极了。

苏：一旦放纵与疾病在城邦内泛滥，那么岂不是需要开很多的法庭和药铺？诉讼和医术也会大行其道，即使是多数自由人，也只好对他们鞠躬敬礼了。

---

① 黑海与地中海相连的海峡入口，现在的达达尼尔海峡。

格：这是必然的。

苏：如果一个城邦需要的是一流的医生、法官，不仅一般民众和手艺人需要他们，而且那些被公认为接受过良好教育的自由公民也需要他们的话，你能说说还有比这更明确的证据可以证明这个城邦所施行的教育是可耻和邪恶的吗？正因为缺乏公正的品质，才需要从别的城邦引入一些人来维护公正，让他们成为你们的主人和法官，难道这还不是一件丢脸的事，是足以说明你们的教育存在很大问题的最显著标志吗？

格：世上没有比这个更可耻的事情了。

苏：不对，还有比这更可耻的呢。一个人不仅把自己的大部分时光花在法庭上打官司，忽而做原告，忽而做被告，而且还由于不知怎样生活更有意义，一天到晚耍弄滑头，颠倒是非，使用各种推论、借口、诡计、阴谋，无理也要说出理来，而所有这一切又都不过是为了无聊的争执。凡此种种，都是因为他不知道如何把自己的生活安排得较为高尚、有意义，以至于完全不需要法官来做评判。

格：真的，这种行为比前面所讲的更加可耻。

苏：除了受伤或偶然得了某种季节病，如果需要医生，那难道不是可耻的吗？因为好吃懒做和游手好闲的生活生存方式，身子像一块沼泽地一样充满风湿水汽，迫使阿斯克勒庇俄斯①的子孙们不得不为这些疾病发明出腹胀、腹泻之类的名称，你认为这还不够可耻吗？

格：这的确是一些古怪的名称。

苏：我想在阿斯克勒庇俄斯本人的时代，是根本没有这些病的。这可以由下述事实推导出来：当欧律皮吕斯在特洛伊身负重伤时，那个妇人给他喝了一大盅用大麦粉和山羊奶酪调和出的普兰娜酒，这的确是一剂热药。但阿斯克勒庇俄斯的子孙们并没有说她做得不对，他们也没有指责当时在场的帕特罗克洛。②

格：受了伤，给受伤的人服这种药的确是很稀奇古怪的。

苏：如果你记得在希罗狄库之前，医生并不用我们现在的这些药物治

---

① 阿斯克勒庇俄斯，古希腊著名的神医。他的子孙喻指医生。
② 见《伊利亚特》第 11 卷。这里所说的阿斯克勒庇俄斯的子孙指的是阿斯克勒庇俄斯的儿子马卡昂。他是一个喜欢指责他人的人。

病的话，你就不会觉得奇怪了。希罗狄库是一个教练，后来变得多愁善感，老是以为自己身体健康有问题，他把体育和医术混为一谈了，结果先折磨了自己，然后又开始去折磨许多后来人。

格：怎么会这样？

苏：因为得了不治之症，他常年在生死边缘挣扎，靠长年不断地细心照顾自己，最后他居然活了好多年。但他的痼疾却从始至终都没有被治好。就这么着，他一生除了给自己治病，其他的什么事都没干，他凭借自己的医术，得了年老而死的锦标。

格：这可是对他医道的崇高奖品啊！

苏：我觉得他确实是得之无愧。阿斯克勒庇俄斯并非是因为不了解这种由希罗狄库发明的医道，所以才不传给他的后代，而是因为他懂得在有秩序的城邦里，每一个人都有他应尽的职务。人们没有工夫来生病，医生也不可能一生没完没了地治病。这一点是希罗狄库没遇到的。要是在手艺人那里听到有人说自己有工夫生病，那简直是荒唐的；但在有钱人和所谓有福之人那里看到，也就不觉得有什么荒唐的了。

格：为什么会这样？

苏：一个木工，当他病了要医生给他药吃的话，他会把病呕吐出来，或者把病下泻出来，或者让医生用烧灼法或动手术。但假如医生给他开一个很长的药方，还要他把自己的头包扎起来，那他会马上说自己没时间生病了。从早到晚想着病痛，把当前工作暂时搁一旁，过这种日子对他来说毫无价值，他就要向医生说声再见，回家仍去干他之前要干的工作。也许他身体恶化了，最后死掉，但也省去了所有麻烦。

格：这种人我们可称之为善于利用医道的人。

苏：因为他有工作要做，如果做不了，生活对他就没有了意义，他不就是因为这个原因吗？

格：显然是这样。

苏：可我们并不说一个有钱的人也有这种规定的工作要做，不做他就觉得不值得活下去。

格：据我所知，事实的确如此。

苏：你听过福库利德斯说的话——"发财后必须要践行美德"吗？

格：我想吃饱饭以前也是应该讲道德的。

苏：好，不要让我们就这一点和他争吵。让我们先弄明白这一点：美德是不是有钱人实践的某种东西？如果不实践美德，生活是不是就失去了意义？或者说我们需不需要一天到晚担心自己的健康，因此对一心一意从事某项工作比如木匠造成障碍？但这并不妨碍人们遵从福库利得斯的劝告。

格：确实如此，在体育锻炼之外还要过度担心身体，这是一种极大的障碍。

苏：其实这样会给家务管理、军事服役、上班办公都带来负担。最坏的是使任何学习、思考或沉思冥想都变得相当困难。从早到晚老是疑心着头痛目眩，而且把这些都归咎于哲学研究。因此这种品质表现在什么地方，都会成为一种障碍。因为它使得人老是觉得自己有病，整天为自己的身体担忧。

格：当然会这样。

苏：阿斯克勒庇俄斯早已知道这个道理。对那些体质好、生活习惯健康、仅仅有些小毛病的人，他教给他们治疗方法，用药物或外科手术将病治好，然后吩咐他们照常生活，不妨碍尽公民的义务，他这样做的目的是为了保持好的生活习惯；而对那些身体内部有疾病的人，他不想用规定饮食以及用逐渐抽出或注入的方法来治疗他们，让他们痛苦地活着，让他们把自己坏的体质传给后代。对于体质不合一般标准的病人，他则认为不值得去医治，因为这种人对自己对城邦都没有什么好处可言。

格：照你说来，阿斯克勒庇俄斯真是一个最有政治头脑的人呀！

苏：很显然是这样。他的孩子们也是这样的人，在特洛伊战场上既是好战士，又是好医生，他们就是用我上面所讲的那种医疗方法给人治伤的。这你知道吗？墨涅拉俄斯被潘达洛斯射了一箭，受了伤，他们为他把瘀血吸出，敷上了些缓解草药。他们并没有像对待欧律皮吕斯那样，为潘达洛斯规定饮食，他们认为对那些在受伤前身体素质很好，生活朴素简单的人，受了伤，就算只是敷一层草药就已经足够——虽然他们偶尔也喝一些奶酒。但是对于那些先天病弱生活却又无节制的人，他们觉得这种人活着对人对己都毫无用处，他们的医术不是为这类人服务的。哪怕这种人富过弥达斯[①]，他们也绝对不会给他们治疗。

---

① 希腊神话传说中的佛理基亚国王。贪图财富，曾祈求神赐予自己点石成金的法术。

格：照你这么一说，阿斯克勒庇俄斯的这些孩子还真是了不起！

苏：的确是这个样子的。但是悲剧家们和诗人品达的说法与我们的原则是有分歧的。他们说阿斯克勒庇俄斯是阿波罗神的儿子，他接受别人的贿赂后去治疗一个要死的富人时，被闪电打死。依照我们之前讲的那些原则，我们不相信悲剧家和品达的说法。我们觉得，如果他是神的儿子，那么他肯定是不贪心的；如果他是贪心的人的话，那他就不会是神的儿子了。

格：到此为止吧，你的话简直太对了。然而苏格拉底，我有一个问题要看看你怎么答复：我们的城邦里到底需不需要有好的医生呢？好的医生是不是就应该医治过最多病人呢（包括天赋健全的与不健全的）？同样，最好的法官是否应该是同各种品格的人都打过交道的？

苏：毫无疑问，我们需要好的医生和好的法官。可是你知道我所指的"好的"是什么意思吗？

格：我不知道，除非你告诉我。

苏：好，让我来试试看。我说你把两样不同的事情混淆在一个问题里了。

格：你说的是什么意思？

苏：医生从小就学医，与各种病人都有接触，如果他们体质不好，那就会得各种疾病，因此就有了亲身体验，那么这样的医生就很可能是最好的医生。因为你看，他们并不是用身体在医治身体。如果他们是在用身体医治身体，那么我们就不应该让他们的身体有病或者很差。他们是在用心灵医治身体，要是他们的心灵是不干净的，那么他们也就不可能很好地治病。

格：你说得对。

苏：谈及法官，我的朋友，那可以说是在以心治心的。一个人的心灵绝对不可能从小就与邪恶纠缠在一起，更不可犯罪作恶去得到第一手经验，以便判案时可以很快就推测出犯罪的过程，正如医生诊断病人一样。如果想要做法官的人心灵美好，判决公正的话，那么从年轻时起，他们的心灵就应该不受到任何污染。问题是这样的人年轻时都会显得比较天真，很容易受到坏人的迷惑，因为他们心中没有坏人的那些念头。

格：他们的确有此体验。

苏：正是由于这样的原因，所以一个优秀的法官肯定不可能是年轻人，而是年老的人。他们是很多年后才明白到底什么才是不正义。他们以前知道不正义，但并不是把它作为自己心灵里的东西来深刻认识的，而是经过长久的观察研究，在训练中把不正义看作是人心里的一种东西。他们仅仅是通过知识，而不是通过经验来认识不正义的邪恶的力量有多大的。

格：我觉得这样的法官将被认为是一个高贵的法官。

苏：并且是一个优秀的法官。你的问题主要就在一个"好"字上，因为心灵好的人是"好的"。而对于那种狡诈之徒，还有那种干过许多坏事的人和自认为手段高明的人，由于总是在提防自己的同类，并关注自身所属的那种类型，因此在跟自己的同类打交道时，他们会显得更能干。但是当他跟好人或长者相处时，恰恰相反，就会显得愚蠢。在不该怀疑的时候他也会怀疑，见到了好人他也无法识别，因为在他心里根本没有好人这个原型可供参考。就因为这样的人总是在跟和自己一样的人打交道，所以他自己和其他人都会认为他是一个聪明能干的人。也就是因为所依据的标准不同。

格：的确是这样。

苏：所以，我们心里的好法官一定不是这样的人，而是前一种人。因为邪恶不可能懂得美德和邪恶本身，而天生的美德通过教育最终能懂得邪恶与美德本身。对此我认为，我们已经证明了这种人才是聪明的，而坏人则是愚蠢的。

格：我同意。

苏：那么，你要不要在城邦里为我们所说过的医术以及与此相关的实施正义之术制定法律呢？这些法律所关心的是那些天生就体格健康的公民的身体和灵魂，而对那些体格存在缺陷的人，那就让他们去死好了，而那些有着邪恶灵魂又无可救药的人，是一定要加以处死的。

格：如此做对被处理者个人和城邦都是最好的。

苏：这样说来，接受了我们说过的那种简单的音乐文艺教育的陶冶的年轻人，养成了节制的良好习性，显然他们就能逐渐自己监督自己，并且不需要打官司了。

格：是的。

苏：这种受过音乐教育的良好青年，如果在体育锻炼中也刻苦的话，那么他们也不需要医术，除非迫不得已，对吗？

格：我也这样认为。

苏：再说，在不畏艰辛苦练身体的过程中，他的目的主要是通过锻炼增进心灵的灵性，这一点有别于其他运动员的仅仅增强体能。在这类人眼里，规定饮食和接受训练只是增强肌肉的手段。

格：你说得对极了。

苏：所以说，建立音乐教育和体育教育的那些人，并不像有些人说的那样，是在用一种技艺来照料身体，用另一种技艺照料灵魂。格劳孔，我可以这样说吗？

格：有何不可？

苏：建立这两种教育的目的是为了心灵的发展。

格：怎么会是这样？

苏：你是否注意到以下现象：一辈子只进行体育训练，而忽视了音乐对心灵气质会造成什么样的影响？或者反过来，只进行音乐教育而忽视体育？

格：你是指的是哪些方面？

苏：我指的是在某些情况下人会变得野蛮和强硬，而在另一种情况下会变得温柔和蔼。

格：啊，我注意到那些专搞体育锻炼的人往往会变得过度粗暴，那些专搞音乐的人则会变得过度柔弱。

苏：天性中的激情部分的确会产生野蛮的品性，如果加以适当训练，就可能成为勇敢的品质；如果过了头，就会变成残酷和粗暴。

格：我也这样看。

苏：再者，温文不正是从人性中倾向理性的部分产生出来的吗？如果过分放松，人就会变得柔弱；如果加以有效的训练，人就会变得温和守秩序，难道不是这样吗？

格：的确如此。

苏：但是我们说过，我们的守护者需要两种品质兼而有之。

格：他们应该这样。

苏：那么这两种品质一定要彼此和谐吗？

格：当然要。

苏：有这种品质和谐存在的人，他的心灵必然是既温文又勇敢的。

格：确实如此。

苏：没有这种和谐存在的人便也就是既胆怯又野蛮的了。

格：没错。

苏：好。如果说一个人纵情音乐，沉溺于各种乐曲，就像我们刚才提到的那些甜蜜的、柔软的、哭哭啼啼的音调，把耳朵当作是漏斗往灵魂里灌，把一个人的大多数时间都用婉转悠扬的曲调包围起来，假如灵魂里有一部分像铁一样坚硬，结果也会是这部分变得柔软了，可以制作成有用的器具，而不是像最初那样坚硬而脆。但要是一直这样下去，这人就会像着魔了似的无法适可而止，最终熔化掉。他的激情会烟消云散，他的精神会萎靡不振，成为一个"软弱的战士"。[①]

格：没错。

苏：假如说他一开始就不是一个天性富于激情的人，这种萎靡不振的结果很快就会浮现。如果这个人原来是一个富于激情的人，那么他的激情被软化后就会失去稳定，稍微受到刺激就很容易生气，但也容易平静。结果便成了一个爱吵架、爱发脾气、喜怒无常、性情乖张的人。

格：确实如此。

苏：再说，假如说一个人全副精神都放在身体的锻炼上，他的胃口好食量大，然而从不关心音乐和哲学，那么最开始时他会变得身强力壮，并且内心充满激情和自信，变得比原来更勇敢、大胆，你觉得会这样吗？

格：他真会这个样子的。

苏：然而，如果说他除了体育锻炼，别的什么也不做，也从没以任何方式接触过缪斯，那会有怎样的结果呢？就算他的心灵里有一些对知识的渴望与热情，但由于从没有尝试过去学习文化，对与学习有关的一切都一窍不通，这样的结果就是：他原有的那种渴望与热情会逐渐丧失，他会变得又聋又瞎，因为他的心灵没有得到开启，感觉的接受能力也没得到锻炼，难道不是这样吗？

格：确实如此。

苏：到了最终，我以为这种人会变成讨厌理论、不懂文艺的人，他不再会使用语言去论证说服别人，而是像一头野兽一样靠着蛮力去实施暴力达到目的，在粗野无知下过一种不和谐的粗俗生活。

---

① 见荷马《伊利亚特》第17卷。

格：必然是这样。

苏：音乐和体育，在我看来是神赐给人类的两种技艺，服务于人类的激情原则和智性原则，用适当的张力来调节这两个原则之间的关系，使之达到和谐，这样做的目的不能仅仅只是为了人的灵魂和身体——尽管附带这种效果。

格：看来是这样的。

苏：所以说，那种能把音乐和体育协调得最好，并且能比例最为适当地把二者应用到灵魂的人，我们就可以称他们为最和谐最完美的音乐家，至少远比一般仅知把弦琴组合起来的人更配得上音乐家这个称号。

格：你讲得很有道理，苏格拉底。

苏：那么，格劳孔，为了维护宪法，我们的城邦是不是也需要在这方面设置一位常设的监护者？

格：我认为有此必要。

苏：现在，我们已经有了一个教育和培养公民的原则纲要。我们还有必要详细地规定公民们跳舞、打猎、跑狗、竞技、赛马等的细则吗？这些细节既然必须符合纲要，那么大纲定了，细节就不难发现。

格：也许就不困难了。

苏：好，下面我们要确定的是什么呢？是要决定公民之中哪些人是统治者，哪些人是被统治者了吗？

格：显然是的。

苏：统治者显然在年龄上有必要给出限制，一般来说要为年长的人；而被统治的人显然是那些年轻的。

格：是的。

苏：统治者必须是那些人中最优秀的吗？

格：这也是显然的。

苏：农夫中最好的人不就是最好的农夫吗？

格：是的。

苏：如此看来，由于我们希望他们成为守护者中最优秀的，那么他们一定是最优秀的守护者，是最关心城邦的人，我这样说对吗？

格：很对。

苏：那么，他们除了是有护卫城邦的智慧和能力的人，还应当是真正关心城邦利益的人吧？

格：当然应当。

苏：一个人总是关心他所爱的东西。

格：那是必然的。

苏：一个人总是会爱那些他认为和自己有一致利益，和自己得失祸福有关的东西。

格：确实是这样。

苏：如此一说，我们就必须要从所有守护者中挑选出那些在我们的观察中显得最愿意为城邦利益献身，而不会做不利于城邦的事情的人了。

格：选择这些人确实是最为妥当的做法了。

苏：其次，我倒是这样觉得，我们还得随时对他们进行考察，要看他们是否能终身保持这种护卫城邦的信念与原则，是否会在排除巫术和武力的作用后仍有为国尽力的信念。

格：你所说的"排除"是指什么？

苏：我来告诉你。我觉得，来自心灵的信念分为自愿和不自愿两种。一个错误信念的排除是通过学习获得判断力的，那这种行为是自愿的，而任何正确信念的排除都是不自愿的。

格：我理解你所说的自愿，但我希望你讲讲不自愿。

苏：人们总是不愿意失掉那些他们认为好的东西，却愿意丢掉坏的东西，你同意我说的吗？难道在真理上受骗不是坏事，得到真理不是好事吗？难道你不认为获得真实信念，就是为了得到真理吗？

格：你说得很对。我也这样认为——人们总是不愿意被他人剥夺自己认为正确的信念。

苏：这样的放弃难道不总是发生在被偷走，或被欺骗诱惑，以及在暴力的强迫下吗？

格：这样说我其实还是没听明白。

苏：那我一定是在像悲剧角色一样讲话。有点晦涩了。所谓"被欺骗诱惑"，我的本意是说人们经过辩论，被说服了，或者经过一段时间忘掉了，在不知不觉的情况下放弃了最开始的意见。现在你也许懂了吧？

格：是的。

苏：所谓"在暴力的强迫下"，我的意思是指有些困苦或忧患逼得人们改变了他们原有的信念。

格：我懂你所说的了。我想你所说的是对的。

苏：至于"被欺骗诱惑"，我想你明白我指的是哪些人：他们被享乐引诱；或者他们害怕，有所畏惧，于是他们就放弃了自己的信念。

格：是的，凡是那些带欺骗性的东西，总是会产生魔术般的迷惑。

苏：言归正传，我们必须寻找可以坚持原则，有着坚定的信念，坚信自己在任何情况下都必须为城邦利益服务的守护者。我们必须从他们幼年时期起就考察他们，给他们指定一些工作，在这样的工作中，人们最容易忘掉这一原则或者受欺骗。最后，我们还要接纳那些能牢记原则，不会轻易受骗的人，同时要把那些做不到这点的人排除掉。你同意吗？

格：同意。

苏：并且我认为，劳其筋骨，苦其心志，要在有竞争的环境下考察他们。

格：极是。

苏：好，接下来我们还要设计第三种抵御诱惑的考验，以便观察他们的表现。就像人们把小马带到嘈杂喧哗的地方去，目的就是看它们会不会因此受惊。同样，我们也要把年轻人放到艰苦的环境里，放到那些容易引起恐惧的环境下，还要把他们放到奢华优裕的环境中，由此来观察他们的表现。要比使用烈火锤炼金器时还要小心，看看他们会不会受到外界的诱惑，能不能做到保持自身的纯洁，看看他们能不能坚守自己受到的教育给予的信念。如果在这些情况下他们都能保持自己心灵的和谐与纯洁，那么这样的人就是对城邦最有用的人。人们在童年、青年以至成年各个时期经历了各种考验，能无懈可击，我们就可以把这种人定为城邦的统治者和守护者。当他活着时给予奖励，死后给予公葬和纪念的待遇。对于那些不合格的人应该予以排除。格劳孔，我觉得这就是我们选择和任命统治者以及守护者的办法。当然这仅仅是个大纲，并不包括具体的细节。

格：我同意，总体上来讲我也觉得事情本来就应该这样做。

苏：我们是在守护者这个概念的最完整的意义上，把这些人称为守护者。对内注意朋友，对外注意敌人；使前者不会去做坏事，后者不敢做坏事。至于先前我们称之为卫士的那些年轻人，则是在统治者的法令中起到辅助作用。我们这样称呼难道不是最合适的吗？

格：我同样认为是合适的。

苏：前不久，我们刚谈及说假话的问题，现在我们或许可以虚构一个有用的假话，用一个高尚的谎言，如果可能的话，去说服统治者，如果不能，也要说服城邦的其他人，你说可以吗？

格：那是什么假话？

苏：这并不是一个新奇的故事。它是一个流传很久的腓尼基人的传说。这样的事以前也发生过，诗人也讲过，并且想要人们相信。但在我们的时代，世界各地都没有发生过这种事，或者说不像会发生，因此也没有必要说服人们相信。

格：你吞吞吐吐似乎不太愿意讲。

苏：那是因为等我讲了，你就会懂得我为什么不肯直说了。

格：快讲吧，快讲吧，你不要怕。

苏：那么好，我就来讲讲吧。然而，我还是没有确切把握我是否能有勇气，是否能找到准确的言辞来表达我的意思。首先我们应当说服统治者们自己和他的士兵，其次是说服城邦的其他人。我们在构思如何对他们进行训练和教育，可这些事在他们看来简直就是一场梦，实际上他们是在大地母亲的怀抱里被塑造的，他们的武器和装备也是在那里制造出来的。地球是他们的母亲，这位母亲把他们抚养大了，并且送他们到世界上来。他们把土地看作母亲，看作是一位不应当忘怀的保姆，他们念念不忘卫国保乡，抗击敌人，把别的公民看作是亲生兄弟似的，有着共同的母亲。

格：现在我明白你刚才为什么吞吞吐吐，不肯把这个荒唐的故事直说出来了。

苏：我这样做自有我的理由，不去管它好了。我们在故事里将要告诉他们：他们虽然是一片土地母亲所生，彼此都是兄弟，但是老天铸造他们的时候，在有些人的身上加入了黄金，这些人因而是最可宝贵的，是统治者；在有些人的身上加入了白银，他们就是辅助者（士兵）；在有些人身上加入了铁和铜，这些人就是农民以及其他技工。但是由于同属一类，虽则父子天赋相承，有时不免父生银子，银父生金子，变化多端不一而足。所以上天给统治者的命令中，最重要的是要他们做后代好的守护者，要他们注意在后代灵魂深处所混合的究竟是哪种金属。如果他们的孩子心灵里混入了一些废铜烂铁，他们绝不能姑息，应当把他们放到恰如其分的位置上去，安置于农民技工里去；如果农民工人的后辈中发现其天赋中有金有银者，他们就要重视，把他提升到守护者或辅助者中去。要知道，神谕曾说"铜铁当道，国破家亡"，你看有没有办法使他们相信这个故事？

格：不，我敢打包票这些人是不会相信的。不过我倒是觉得他们的下一代、继承人以及别的人会相信。

苏：好吧，即使这样，也能让他们能爱护城邦和相互关心一点。我理解你说的。那么就让这个故事代代相传好了。现存让我们来武装大地母亲的儿孙吧，让他们接受他们的统治者的领导，让他们去看看城邦里最适宜扎营的地方，从那里他们可以对内镇压不法之徒，对外抗虎狼般的入侵之敌。扎下营盘，献祭过合适的神灵后，他们必须给自己做窝。你同意我这个说法吗？

格：我同意你说的。

苏：这些窝要保证冬暖夏凉吗？

格：当然要。因为我想你是指他们的住处。

苏：是的，我是指兵士的营房，不是指商人的住房。

格：这两者有什么区别？

苏：我来告诉你。对牧羊人来说，这世间最可怕最可耻的事，莫过于那些他们自己喂养的，本来是用来帮他们放牧的牧犬会聪明到这样的程度：一旦失去管束，或者是饥饿了，要不就是遇到别的情况，就开始攻击和伤害羊群，跟豺狼一样而不像是牧犬。

格：出现这种情况确实可怕。

苏：那么我们是否应该用我们所能做到的一切方法，来防止我们的助手用任何这样的态度来对付公民，使自己从原本的一个温和的助手变成一个野蛮的主子呢？

格：我们必须要这样做。

苏：要是他们受过真正好的教育的话，他们在这方面不就有了最为基本的保证了吗？

格：他们本来就已经受过好教育了呀！

苏：我们还不能这样肯定，亲爱的格劳孔，不过我们可以肯定我们刚才说的那句话，为了使他们相互间能够友好，而且对他们所守护的公民也能友善，他们必须要接受正确的教育，而无论这种教育是什么。

格：很对。

苏：另外，一个深思熟虑的人会说，除了给他们良好的教育，为他们提供的住处和个人物品一定不能妨碍他们履行一名优秀卫士的本职工作，不能诱惑他们去对一般公民为非作歹。

格：这话说得极是。

苏：好，现在就请你思考一下，如果要他们做品格良好的守护者，像我们所希望的那样的话，如下所述的这种生活方式、这种住处能行吗？第一，除了生活必需品，他们任何人不得拥有私人财产。第二，他们中任何人都不许拥有别的人不能随意进出的空间。城邦要按照一名智勇双全的战士的需求来满足他们的食物需求，他们必须得到这些食物，作为担负守卫职责的应得报酬，其标准是年终时既不会有多余的，也不会短缺。他们必须住在一起，就像战士在战场上扎营那样。至于金银，我们一定要明确告诉他们，他们已经从神明处得到了金银，在他们将其藏于心灵深处以后，人世间的金银就不再需要了。他们不应该让神的金银跟世俗的金银混杂在一起，让它受到任何的玷污。因为世俗的金银是罪恶之源，心灵深处的金银是纯洁无瑕的至尊宝物。城邦居民中只有他们经手金银是违法的，他们甚至都不能碰一下，不能同居一室，不能作为饰物挂在身上，不能用金银的器皿喝酒。他们就这样来使自己得到拯救，并且拯救他们的城邦。要是在任何时候他们都能使自己轻易得到土地、房屋或金钱，他们就会成为业主和农夫，而不再是卫士，就会从同胞公民的助手蜕变为公民的敌人和暴君，他们就会生活在仇恨与被仇恨、打倒与被打倒中，在恐惧中度日，会惧怕自己的同胞和人民超过对外国敌人的惧怕，结果必然是跟自己的城邦一同走向毁灭。

基于上述理由，让我们宣布，必须要为我们的卫士提供这样的住处和各种必需的供给，并为此立法。你看需要这样吗？

格：这当然是完全有必要的。

第四卷

> 如果守护者的后裔变低劣了,就不能让他再做守护者,而应该降低等级;如果低等级者的子孙天赋优秀,就应把他提升为守护者。

〔这时阿狄曼图斯插进来提出一个问题。〕

阿:苏格拉底,如果有人不同意你的主张,说你这样做并不是使我们的守护者幸福,而是让这些主张成为他们不幸福的原因,那你会怎样辩解?因为这样一来,虽然城邦的确是他们的,可是他们从城邦不能得到任何好处,他们不能像平常人那样获得土地,建造高大的住宅,置办各种奢华的家具,用自己的东西拜祭神明,招待客人,获取神和人的欢心;他们也不能拥有你刚才所提到的金和银,还有所有那些希望幸福的人们都拥有的。我们的守护者竟穷得全部像那些驻防城市的雇佣兵,除了站岗放哨,就没有别的事可做了。

苏:嗯,的确是这样,我还可以为他们补充一些,我们的守护者除了获取吃住外,不能像其他人那样领取报酬;因此,他们不能想到哪里去旅游就去哪里;更不能给情妇送礼物,或者在其他方面像那些被认为幸福的人一样随心所欲地花钱。诸如此类的指责我还可以说出很多来。

阿:如果把这些话全都包括在指责里,那会怎么样呢?

苏：你是问我们该怎样辩解吗？

阿：是的。

苏：如果明白了这些指责提出的思路，我相信我们就能知道该用怎样的方式回答他们。

要是有人过着这样的生活，并被证明是最幸福的，那一点都不值得奇怪。要知道在建立我们的城邦时，我们所关注的目标不是个人的幸福，而是作为整体的城邦所可能得到的最大幸福。因为我们认为，在这样一个城邦里最有可能找到正义，而在一个管理得很糟糕的城邦里，最有可能找到不正义。而一旦等我们把正义和不正义都找到后，我们就能对我们所讨论的问题做出判断了。当前我认为我们的首要任务乃是确定出一个幸福城邦的模型，但不能是支离破碎的、一个少数人幸福的城邦，而是铸造一个整体的幸福城邦。（等会我们还要考察相反的那种城邦。）打个比方，就像我们要给一个塑像上色，有人过来对我说："你为什么不把最美的紫色用到身体最美的部分——眼睛上，而把眼睛画成了黑色呢？"对于这个问题，我们会回答说："你别指望我们会把眼睛涂成那种样子，那样它们就根本不像眼睛了。别的部分也如此。我们是在为塑像的每个部位都涂上合适的颜色，这样才能带来整体美。"因此我说，别来硬要我们给守护者以那种幸福，否则就使他们不成其为守护者了。要知道，我们也可以给我们的农民穿上礼袍、戴上金冠，地里的活他们爱干多少就干多少；让我们的陶工也斜倚卧榻，炉边宴会，吃喝玩乐，至于制作陶器的事，爱干多少就干多少；所有其他的人我们也都可以这样使他们幸福，这样一来全国人民就都幸福了。但我们不这样想。因为如果我们信了你的话，农夫就不再成其为农夫，陶工也不再成其为陶工，其他各类人也会不再是组成一个城邦所需要的那种人了。当然，这种现象出现在其他一些人身上问题还不大，例如一个皮匠他腐败了，不愿干皮匠活儿。但如果作为法律和城邦守护者的那种人不成其为守护者了，而仅仅只是看上去像，那么你可以看到他们将使整个城邦完全毁灭。反之，只要守护者成其为守护者，就能使城邦有良好的秩序和幸福。我们是要我们的守护者成为真正的守护者而不是颠覆者。而那些和我们主张相反的人，他们心里所想的只是在宴席上饮酒作乐的农民，并不是作为城邦组成部分的农夫。如果是这样，我们说的就是两码事了，他们所想的不是城邦。因此，在任用我们的守护者时，我们必须考虑，我们是否应该割裂开来单独注意他们的最大幸福，或者说，是否能把这个幸福与城邦的整体发展放在一起考虑。我们必须劝导守护者及其辅助者竭力尽责做好自己的工作，也劝导其他的人这样做。这样一来，整个城邦就会得到和谐的治理与发展，每个阶层的人都能得到天性赋予他们的那一份幸福。

阿：我认为你所言极是。

苏：我还有一个想法，不知你是否赞同。

阿：什么想法？

苏：好像有两个原因可以使得能力退化。

阿：哪两个原因？

苏：贫穷和富裕。

阿：那它们是如何使能力退化的呢？

苏：是这样的，当一个陶工变得富裕后，请想想，他还会去在意他的技艺吗？

阿：肯定不会。

苏：他将日趋懈怠和马虎，是不是？

阿：肯定会。

苏：最终他将成为一个蹩脚的陶工，对吗？

阿：是的。

苏：然而，要是他没有经济基础，没有买工具器械的钱，他也不能把自己的工作做得那么优秀出众，也不能把自己的儿子或徒弟教得技艺高超。

阿：当然不能。

苏：因此，贫穷与富裕这两个原因都能使手艺人和他们的手艺钝化，对吗？

阿：显然是这样。

苏：因此，我们在这里发现了守护者必须尽力提防的第二种事情，绝不能让它悄悄潜入城邦。

阿：什么？

苏：贫穷与富裕呀。富则奢侈、懈怠和要求变革更新；贫则粗野、低劣，也要求变革。

阿：确实如此。但是，苏格拉底，我还要请问，如果我们的城邦没有钱财等经济基础，尤其是在被迫无奈遇到富足而强大的城邦威胁时，我们的城邦怎样面对战争呢？

苏：显而易见，和一个这样的敌人作战是困难的，但是和两个这样的敌人作战却比较容易。

阿：这是什么意思？

苏：首先，请告诉我，如果被逼无奈不得不打仗，我方参战的将是受过训练的战士，而对方则是富人组成的军队，是不是？

阿：是这样的。

苏：阿狄曼图斯，你不认为，只要有一个精于拳术的人就可以轻易地胜过两个对拳术一窍不通的富人胖大个儿吗？

阿：如果两个人攻击一个人，我认为这一个人不见得能轻易取胜。

苏：如果他能够先在前面跑着用以脱身，然后迅速转身将已经追上来的那一个快速击倒，如果他能在如荼烈日之下多次这样做，他也不能获取胜利吗？难道说这样的一个斗士不能击倒更多的对手吗？

阿：如能那样，胜利当然是毫无悬念的。

苏：你不认为和军事方面比起来，富人在拳术方面的知识和经验要更加充足一些吗？

阿；确如你之所言。

苏：因此，我们的拳斗士要击败几倍的对手是轻而易举的。

阿：我同意你的看法，因为我觉得你说得很有道理。

苏：那么好，我们派遣一名使者到另一个城邦去，把真实情况告诉他们，对他们说：金银这东西我们是没有，也不被容许拥有的；但你们可以拥有，所以还是来帮我们作战，获得战利品吧。你认为听到这种建议，还有人愿意去跟精瘦结实的猎犬厮打，而不愿意在猎犬的帮助下攻击肥胖的绵羊吗？

阿：我想不会有谁愿意和猎犬打的。但是许多城邦的财富聚集到一个城邦去了，对这个穷国可能是一种威胁。

苏：如果你认为值得将城邦这个名称给予我们正在建立的城邦之外的那些城邦，那么我们就太天真了。

阿：那么我们该如何称呼它呢？

苏：我们必须要为其他城邦使用一个更大的名称，因为它们都是由很多城市组成的，而不是跟我们这里所说的城邦一样，是由一个城市构成的。

在这些城邦中，相互敌对的至少有两种，一种是穷人的城邦，一种是富人的城邦，并且各自还分成很多不同的部分。如果你把它们都当作许多个，并且把其中一些的财富、权力或人口匀给另一些部分，那你就会永远有数目庞大的盟友和较少的敌对者。只要你们的城邦仍在认真贯彻执行这一既定方针，那么它就会是最强大的。我所说的最强大不是指名义上的强大，而是指实际上的强大，即便是它只拥有一千名战士。当然，你确实很难在希腊人和野蛮人中找到这种规模的城邦，而在实际中大多是一些比我们这里建立的城邦大很多倍的城邦。或者说，你还有其他想法，是这样吗？

阿：没有，真的。

苏：所以我认为我国的当政者在考虑城邦的规模或要拥有的疆土大小时，能有一个最佳的尺度，而不应该去谋求更多的土地。

阿：什么尺度最佳呢？

苏：我认为统治者应该在城邦成长到能维持统一为止，不能再加以扩大。

阿：这样好极了。

苏：从而我认为，这便是我们必须交给我们城邦的守护者的又一项任务，即，尽一切办法保卫我们的城邦，让它的规模既不要太小，也不要仅仅是看上去很大，而是要让它成为一个够大的且又统一的城邦。

阿：或许我们交给他们的这个使命并不算是一个很难的任务。

苏：还有一个更加容易的使命，也就是我们之前所言的，如果守护者的后裔变低劣了，就不能让他再做守护者，而应该降低等级，如果低等级者的子孙天赋优秀；就应把他提升为守护者。这用意存于让全体公民每个人都从事与天赋适应的工作，每个人都能完成自己的职责，不是一个人做很多项工作，而是一个人只做一种。这样一来，城邦也不会出现分裂，而是成为一个整体。

阿：是的，这个使命确实是更加容易。

苏：阿狄曼图斯，我们需要他们去做的这些事并不像有些人认为的那么多，那么难，都是很容易做到的，只要他们注意所谓的"大事件"就行，或者说是"必要的事"。

阿：此为何事？

苏：教育和培养。如果人们接受良好的教育就能成为通情达理的人，那么他们就能很容易明白我说的这些道理，也能明白我们现在还没有涉及其他原则，例如婚姻、嫁娶，以及生儿育女——处理所有这一切都应该本着一个基本原则，即俗话所说的："朋友之间的利益是共同的。"

阿：或许这便是最好的途径了。

苏：而且，城邦一旦很好地运转起来，就会像车轮转动一般，前进的速度会越来越快，因为良好的培养和教育造就公民良好的品质，良好的品质再接受良好的教育，成长出比前代更加优秀的人才，这一看法适用于其他目标，也适用于生育后代，这在动物中也是一样的。

阿：听起来很有道理。

苏：简单说吧，就是我们城邦的领袖们必须始终保持高度的警惕，不能让它不知不觉开始腐败。他们必须始终守护着它，不让那些体育和音乐的新花样搅乱了现有的秩序，免得有人这样说："人们非常喜欢聆听这支曲子，它每次都有如新谱的曲子动人心弦。"要知道，人们误会诗人这里称赞的不是新的歌曲，而是唱法的新花样。这样的事情我们一定不要赞扬，更不要误解诗人的意思。要知道音乐的花样百出，是会带来难以预测的危险的。只要政治良好，社会的根本大法没有改变，音乐的类型也不能改变。这是达蒙说的，我相信他说得很正确。

阿：是的。你也把我算作赞成这话的一个吧。

苏：因此，在我看来，我们的守护者就必须在这里——在音乐里——布下防线。

阿：这种事的确容易悄然潜入。

苏：是的。因为人们认为它不过是一种游戏，不会带来任何危害。

阿：人们以为没什么大不了的，实际上它会一点点渗透，悄悄渗透到人的心灵，然后改变性格和习惯，而后逐渐变得强大，改变人们生活的态度和方式，最后肆无忌惮，造成对法律和政治制度的扰乱。苏格拉底呀，它终将破坏公私方面的一切。

苏：啊！是这样吗？

阿：我相信是。

苏：那么，如我们开头说的，我们的孩子必须参加符合法律精神的正当游戏。因为，如果所参与的游戏是不符合法律的，那么孩子们也会变得违反法律，他们就不可能成为品行端正的守法公民了。

阿：的确如此。

苏：所以，如果孩子们从一开始做游戏起，就能凭借音乐养成遵守法律的习惯，而这种守法精神又反过来反对有违正常行为规范和思想活动的娱乐行为，那么这种守法精神就会处处规范孩子们的行为，使他们健康成长起来。一旦我们的城邦发生了一些不尽如人意的变革，这些人便可以尽其所能起来反抗以恢复固有的秩序。

阿：确实是的。

苏：孩子们在这样的教育中长大成人，他们就能自觉自发去重新发现那些已被前辈废弃了的看起来似乎微不足道的规矩。

阿：那又是些什么样的规矩呢？

苏：例如下述这些：年轻人看到年长者应该肃静，要起立让座以示敬意；对父母要尽孝道；要注意自己的发式、袍服、鞋履；诸如此类都要注意。或许你有不同看法？

阿：我和你看法相同。

苏：但是，我认为将这些规矩当成是法律是很愚蠢的。因为，我认为仅仅将其订成条款写在纸上，这种法律从本质上来讲是得不到遵守的，即使得以贯彻执行，也不会长久。

阿：那么，它们怎样才会得到贯彻与执行呢？

苏：阿狄曼图斯啊，一个人幼年时所接受的教育不仅会引导他向哪里去，而且还能决定他怎么走。"同声相应，同气相求"，不总是这样吗？

阿：的确。

苏：在此引导之下，直到得到一个较大的结果，我们才可以分辨得出这个结果到底是好是坏。

阿：当然。

苏：正是因为这样的一些理由，我便不想再针对这类事情制定法律了。

阿：你说得很有道理。

苏：然而，以神的名义，涉及商业事务时我们需要制定法律吗？人们在市场上的相互交易，在你情愿的情况下，还可能有人会提出关于市场和海港必须征收的赋税问题，还有与手工工人签订的契约，关于侮辱和伤害的诉讼，关于民事案件的起诉和陪审员的遴选这些问题。总之，市场的、公安的、海港的规则，以及其他诸如此类的事情，是不是都应当由我们来立法？

阿：不需要，将许许多多的法律条文施加给那些优秀正义的人是很不合理的事。我以为，当发现需要什么样的规章制度时，大多数情况下他们自己就可以轻而易举地解决。

苏：是啊，我的朋友！只要神明保佑他们能遵循我们已经探讨过的法律准则就行。

阿：要不然的话，他们将永无止境地从事制定这类烦琐的法律的工作，并为使其达到完善而把自己的一生都用来修改它们。

苏：你的意思是说，这种公民的生活很像那些纵欲无度，终而落下痼疾的人，仍旧不愿抛弃那些对健康不利的生活习性一样？

阿：不错。

苏：诚然，这种人会继续以一种最迷人的方式继续下去。他们虽然就医服药，但不会有什么效果。他们总是希望有人能为他们找到一种神奇的药物，能一药治百病。

阿：你形容得很准确，这类人就是这样。

苏：而且有趣的是，谁要是告知实情：如果不停止大吃大喝、寻花问柳、游手好闲，那么无论药物还是烙灼法，或者外科手术，以及咒语、护身符之类，都无法治好他们的病。——谁对他们这样说，他们就会把谁视为自己的敌人。

阿：我不觉得有趣，因为对说老实话的人生气既不光彩也很无趣。

苏：你似乎对这种人没有好感。

阿：我发誓确实如此。

苏：如果一个城邦也像刚才说的那种人那样行事，你大概也不会称赞它的行为。或者说你认为这样的行为恰好是那些缺乏治理的城邦的行为，这类城邦禁止公民触动整个城邦的制度，任何想要改变其制度的人都会被处死。但与此同时，不论什么人，只要能极其热忱地为生活在这种治理不良的统治下的公民服务，迎合奉承他们，就会被看作是聪明人，并得到他们的尊敬。难道不是这样吗？

阿：是的，正是觉得这种城邦的行为等同于那些病人，我才觉得无论如何都不能够去取悦称赞它。

苏：但对于那些不计个人利害，勇敢为这种城邦热忱服务的人，你又如何能不赞扬他们的忠诚和不计个人得失呢？

阿：我会称赞他们，但对缺乏自知之明，自认为是政治家的人，我不会赞扬——尽管很多人赞扬他们。

苏：你说的是什么意思？你就不能对他们宽容一点吗？其实，一个人如果不会测量身高，其他很多人也一样不会，但后者若是告诉前者说他身高四肘尺，你认为此人在这样的情形下会不相信吗？

阿：他又有什么理由不信呢？

苏：所以说，不可对他们过于苛刻。事实上在这世上真的就有这样一些有着迷人之处的人，他们像我们刚才说过的那样不停制定和修改法律，总希望找到一个办法来杜绝各个方面的欺诈行为，他们不明白，他们这样的做法只是等于是在砍九头蛇许拉德的脑袋。

阿：确然，他们正是在干这样的事情。

苏：因此我认为，真正的立法家不应当把力气花在制定法律和宪法上面，无论一个城邦治理得好与坏，因为在有一种城邦，法律和宪法都是无济于事的；而在另一类城邦，无论谁都能自己发现一些类似法律和宪法的东西，而剩下的那些法律和宪法的内容，都会在我们描述过的探讨过程里自动产生。

阿：那么，我们还可以针对立法做些什么事情呢？

苏：或许不用做什么了，只是特尔斐的阿波罗还有事要做，他还有最重大、最崇高、最主要的法律要规定。

阿：那都是哪些呢？

苏：这些是涉及如何建造祭神的庙宇及其献祭仪式，对诸神、精灵和英雄的崇拜形式，还有对死者的殡葬以及荣耀死者所必须举办的仪式。作为一个城邦的建立者的我们，其实是不知道这些事情的，如果我们是有头脑的人，那我们又何必将这些事情委托给别的解释者，而不委托给我们祖先的这位神祇呢？因为，确实是这位神祇向全人类解释了人类祖先的宗教律令，这位神祇的宝座就设立在大地中央的那块脐石上，他就是在那里对此做出解释的。

阿：你说得很好，我们必须这样做。

苏：那么，阿里斯通之子，到目前为止，你们的城邦算是建立起来了。如果我们可以设法发现在这座城邦哪里存在着正义，哪里又存在着不正义，还有正义和不正义之间存在的区别，幸福的人们需要拥有的是正义还是不正义，无论诸神和凡人是否知道这种人的情况，那么接下去我们要做的就是到某个地方去晒晒太阳，静下心来好好思考一下了。你可以叫上你的兄弟，还有玻勒马霍斯和其他人一起。

格劳孔：不对，你刚才夸口说要亲自找到正义，还说要是不想尽办法帮助正义，就是不虔诚。

苏：你提醒得很好，我当然要这样做，但需要你们助我一臂之力。

格：这个当然没问题。

苏：那么，我想我希望用下面的办法找到它。我认为，要是我们的城邦已经建立起来了，它就应该是完善的。

格：必然是这样。

苏：它显然是智慧、勇敢、节制和正义的。

格：我同意。

苏：要是在这座城邦中我们找到了这些性质中的某一种，那么剩下的就是我们需要找到的了，你说对吗？

格：没错。

苏：正如有四样东西摆在我们面前，而我们要在某种事物中寻找四样东西中的一样，如果我们一开始就找到了它，那这是十分幸运的。但是，如果我们找到的是另外三样，那么毫无疑问地，剩下的那个就是我们要找的了。

格：不错。

苏：那么，现在我们在寻找的既然也是四个，我们难道不可以用同样的办法寻找吗？

格：当然可以。

苏：还有，可以清楚看到的第一样是智慧。这个东西是很特别的。

格：哦？那它有什么奇特之处？

苏：我们刚才所描述的这个城邦的确是智慧的，因为它是有很好的计划的，难道不是吗？

格：是的。

苏：好的计划正是智慧的一种展现形式。人们提出好的计划不可能是因为无知，而是因为拥有智慧与知识。

格：那当然。

苏：但一座城邦存在着很多知识，或者说是很多种知识。

格：这个自然。

苏：那么城邦会不会因为拥有木匠的知识，就能被称作有智慧、有计划呢？

格：当然不能。因为木匠的唯一作用只能是使一个城邦的木器制造业变得发达而已。

苏：所以我们说，一个城邦是否强大，是不能单以木器制造业的发达程度来衡量的，更不能因此来衡量一个城邦有没有智慧。

格：当然不能。

苏：那么，一个城邦具有发达的铜器制造业，或类似这种东西，就能被称为是有智慧的吗？

格：当然也不能。

苏：这么说，也不能单凭农业生产知识了！因为这种知识只能让它有农业发达的声誉。

格：这是同样的道理。

苏：在我们刚刚建造起来的这个城邦，是不是有一些公民具有一种知识，这种知识并非用来考虑城邦中某个特定方面的事物，而是用来考虑整个城邦的大事，为了改进它的内政外交呢？

格：是的，这是很有必要的。

苏：那么问题就来了，这种知识应该是什么，它应该在哪里呢？

格：严格意义上讲，我认为这应该是保卫城邦，或者说统治、管理城邦的知识，它应该是城邦的统治者必须具备的。这里的统治者就是我们前面提到的城邦的守护者。

苏：那你会用怎样的词语来描绘拥有这种知识的城邦呢？

格：要我说，就是这个城邦有很好的计划，是真正有智慧的。

苏：你认为在我们的城邦里，究竟是哪一种人较多，是各种工匠还是这种真正的守护者？

格：当然是各种工匠多。

苏：也就是说，城邦的守护者相对于拥有特定专业知识的人是少数，是吧？

格：是的。

苏：所以，一个根据自然原则建立起来的城邦，之所以能被整体地看作是拥有智慧的，主要是因为它有着起领导和管理作用的一个少数拥有智慧的人群。这部分人按照自然的原则是少数的，但在各种形式的知识中，只有这个部分的人拥有的知识才称得上智慧。

格：你说得很对。

苏：那么，我们已经发现四种性质中的一种，但我们不知道它本身是什么，在城邦中拥有怎样的地位。

格：我也觉得我们找到了它。

苏：那么，接下来我们需要寻找勇敢本身，以及使得城邦能被称作勇敢的东西到底存在于城邦的何处，要做到这点不是很难。

格：何以见得？

苏：很明显，看一个城邦是怯弱还是勇敢，除了关注那些为城邦而战的人，关注那些城邦的守护者外，我们还会去关注别的人吗？

格：不会。

苏：之所以会这样，原因在于其他人的怯懦或勇敢并不能决定这个城邦是否具备勇敢的品质。

格：是的。

苏：一个城邦，正是由于它的某一部分人拥有这种品质，才会被说成是勇敢的，正是这些人在任何情况下都能坚持这样的信念，知道什么是真正可怕的，就像他们的立法者在对他们的教育中谆谆教诲的那样。这不就是你所说的勇敢吗？

格：我没完全理解你所说的，你能否再说一遍？

苏：我的意思是说，就其本质而言，勇敢就是一种坚持。

格：怎样的坚持？

苏：在任何情况下都坚持那些法律通过教育所建立起来的有关可怕事物的信念——害怕什么，害怕什么样的事物。我说"在任何情况下"，在此处使用这个短语的目的是，勇敢的人无论是处在痛苦还是快乐中，是处在欲望还是恐惧中，都不会把这种信念从自己的灵魂中排除掉。要是你愿意，我可以用一个比方来说明一下。

格：洗耳恭听。

苏：如果想要把羊毛染成紫色，一开始总是从所有颜色的羊毛里挑选白色的羊毛，而后加以精心整理，只有经过这样的准备阶段，才能为羊毛染上最好的颜色。接下来就是把羊毛放进染缸中。这样的程序下，染色的羊毛才能着色迅速，洗涤时无论是不是用的碱水①，都不会轻易掉色。但要是不经过这样的过程，那要不就染花了，要不就极易褪色。

格：我知道衣服褪色后会是怎样可笑。

苏：那么你一定明白了，我们挑选战士并给之以音乐教育和体育的训练，也是在尽力做同样的事情。我们应该竭力使他们如同羊毛接受染色一样，最完整、最大限度地相信并接受我们所制定的法律。使他们关于可怕事情等的信念，都能因为有良好的天性和得到教育培养而牢牢生根，并使他们的这种"颜色"不致被快乐、苦恼、害怕和欲望这些比任何别的碱水褪色能力都强的碱水洗褪。这种精神上的能力，这种关于可怕事物和不可怕事物的符合法律精神的正确信念的完全保持，就是我主张称之为勇敢的东西，如果你没有异议的话。

格：我没有任何异议。因为，我觉得你对勇敢的理解是正确的，至于那些不是由教育造成，与法律不相干的表现，在兽类或奴隶身上也可以看到，我想你是不会称之为勇敢的。

苏：你说得对极了。

格：那么，我接受你对勇敢所做的这个说明。

苏：好。你在接受我的说明时，在"勇敢"前加一个"公民的"限定词就更准确。如果你有兴趣，这个问题我们以后再做更充分的讨论，目前我们主要寻找的不是勇敢而是正义，就我们的目的来看，我认为我们所说的这些已经够了。

格：有道理。

苏：我们要在这个城邦里寻求的性质还剩下两种：节制，和我们整个研究的对象——正义。

格：正是。

苏：我们能够有办法不理会节制而直接找到正义吗？

格：我既不知道有什么办法，也不想先发现正义，以免我们会把节制

---

① 古代人大都使用草木灰浸泡出来的碱性水清洗染过的织物。

忽略了。因此，如果你愿意让我高兴的话，请你先考虑节制吧！

苏：不，怎么会不愿意让你高兴呢？事实上我很愿意。

格：那就继续吧！

苏：我们必须继续。就目前所知，节制比前面两种性质更像协调或和谐。

格：何以见得？

苏：节制是一种好秩序或对某些快乐与欲望的控制。这就是人们所说的"做自己的主人"，我觉得这是很古怪的一句话——我们还可以听到其他类似的话——是不是呢？

格：是的，很对。

苏："做自己的主人"这个短语想想不是很滑稽吗？因为一个人是自己的主人，当然也就是自己的奴隶；一个人是自己的奴隶，当然也就是自己的主人，因为这两种说法都是说的同一个人。

格：无疑是的。

苏：我认为这种说法的意思是说，一个人的灵魂中存在着一个好的部分，也同样存在着一个不好的部分。而说做自己的主人的意思是说由好的那部分来控制不好的部分。当然，这是赞美之词。但要是因为教养等因素，使得较小同时又是好的那部分被不好的且比较大的那部分控制了，我们就该谴责处于这种状态下的无节制和放纵。

格：这看来是不错的。

苏：现在来看看我们的新城邦。在这里你也会看到这两种情况之一。因为，既然一个人的较好部分统治着他的较坏部分，就可以称他是有节制的和自己是自己的主人。那么你应该承认，我们说这个城邦是自己的主人是没错的。

格：我看过这个城邦。你说得没错。

苏：还可以看到，各种各样的欲望、快乐和苦恼，都是在小孩、女人、奴隶和那些名义上叫作自由人的为数众多的下等人身上出现的。

格：正是这样。

苏：反之，靠理智和正确信念帮助，由人的理性指导着的简单而有分寸的欲望，则只在少数人中，在那些天分最好且又受过最好教育的人中见到。

格：对。

苏：你不是在这个城邦里也看到了这一点吗？你不是看到了，在这里为数众多的下等人的欲望，被少数优秀人物的欲望和智慧统治着吗？

格：是的。

苏：因此，如果说有什么城邦应被称为是自己的快乐和欲望的主人，即自己是自己主人的话，那它就必定是我们这个城邦了。

格：一点不错。

苏：根据所有上述理由，这个城邦不也可以被称为有节制的吗？

格：当然可以。

苏：另外，如果有什么城邦，它的统治者和被统治者，在谁应当来统治这个问题上具有统一的认知，那也只有我们这个城邦是这样的，你不这样认为吗？

格：我坚定地这样认为。

苏：那么你认为节制存在于哪个部分的公民中呢？存在于统治者中，还是存在于被统治者中？

格：两部分人中都存在。

苏：因此你看，我们刚才揣测节制像是一种和谐并不很错吧？

格：为什么呢？

苏：因为它的作用和勇敢、智慧的作用不同：勇敢和智慧分别处于城邦的不同部分中而使城邦成为勇敢的和智慧的。节制不是这样起作用的。它贯穿全体公民，把最强的、最弱的和中间的（不管是指智慧，还是——如果你高兴的话——指力量，或者还有人数、财富，或其他诸如此类的方面）都结合起来，形成和谐，就像贯穿整个音阶，把各种强弱的音符结合起来，产生一支和谐的和声一样。因此我们可以肯定说，节制就是天性优秀和天性低劣的部分在谁应当统治，谁应当被统治——不管是在城邦还是在个人身上——这个问题上所表现出来的一致性和协调性。

格：我完全同意你的意见。

苏：好了，我们至此可以认为，我们已经在我们的城邦中找到了三种性质了。剩下的那个使我们城邦再具一种美德的性质还能是什么呢？剩下来的这个显然就是正义了。

格：显然是的。

苏：格劳孔啊，现在正是要我们像猎人包围野兽的藏身处一样密切注意的时候了。注意别让正义漏了过去，别让它从我们身边溜掉然后又消失得无影无踪。它就在附近某个地方。把你的眼睛睁大些，努力去发现它。如果你先看见了，请赶快告诉我。

格：但愿我能够，不过你最好还是把我看成是一个随从，我所能看得见的只不过是你指给我看的东西，这样想你就能最有效使用我了。

苏：那么为了胜利，就请你跟着我前进吧！

格：你只管前头走，我跟着就是。

苏：这真像是个无法到达的所在，一片黑暗呀！

格：的确是一片黑暗，不容易把野兽们赶出来。

苏：不管怎么样，我们总得向前进！

格：好，向前进。

〔我稍加思索，紧接着就招呼格劳孔。〕

苏：格劳孔呀，我想我发现了它的踪迹，我相信它是逃不掉的。

格：听到这个消息我很高兴。

苏：真的，我们的确太愚蠢了。

格：为什么？

苏：为什么？你想想，这个东西从一开始就在我们眼前晃来晃去，我们却看不见它。我们就像一个人在找一件一直都在自己手中的东西一样可笑。我们不看眼前，反而去瞭望远处。这或许就是我们总是找不到它的缘故。

格：你说的是什么意思？

苏：我的意思是说，我们一直以某种方式谈论这个东西，但我们始终不知道是在谈论它。

格：赶快言归正传吧！你这篇前言有点冗长了。

苏：那你听着，看我说得对不对。在建立我们这个城邦时，大家曾经定下一条总的原则。我想这条原则或者这条原则的某一类形式就是正义。你还记得吧，我们确定并时常提到的这条原则就是：每个人必须在城邦承担一项最适合自己的社会工作。

格：是的，我们说过。

苏：我们还听很多人说过，我们自己也常说，正义就是只做好自己的事而不去兼做别的职业。

格：是的，我们也曾说过这话。

苏：那么，朋友，做自己的事——从某种角度说这就是正义。可是，你知道我是从哪推导出这个结论的吗？

格：不知道，请告诉我。

苏：我认为，在我们考察过了节制、勇敢和智慧后，剩下要寻求的就是正义这种美德了，正是它使得其他品质得以在我们这个政体里产生，并在产生后一直保护着它们。我们也曾说过，如果我们找到了三个，正义就是其余的那一个了。

格：必定的。

苏：但是，如果有人要我们对这四种品质中哪一种对我们的城邦成为一个好城邦贡献最大，那么就很难判断。是统治者和被统治者的意见一致，还是法律所教给军人关于什么该怕什么不该怕的信念，是守护者们的高度警觉和理性，还是那种体现在儿童、妇女、奴隶、自由人、工匠、统治者和被统治者全体城邦成员身上的原则，即每个人都干自己分内的事，而不干涉别人呢？似乎是很难判断。

格：的确很难判断。

苏：看来，似乎就是每个人在做他自己分内的事这个原则在跟城邦的节制、智慧、勇敢较量。

格：是的。

苏：那么，与带给城邦美德的这些品质较量的，不正是我们命名为正义的这条原则吗？

格：正是。

苏：再换个角度来考察一下这个问题吧，如果换个角度思考能让你信服的话，那我们就试试看。在你们的城邦，法律案件不是由制定法律的统治者来审理的吗？

格：当然是。

苏：他们审理案件无非为了一个目的，即每个人都不占有别人的东西，而他自己的东西也不被他人占有。除此还有别的什么目的吗？

格：只有这个目的。

苏：这是个正义的目的吗？

格：是的。

苏：因此，我们大概也可以根据这一点达成一致意见：正义就是做自己分内的事情，拥有属于自己的东西。

格：正是这样。

苏：现在请你考虑一下是不是同意我的下述看法：假定一个木匠做鞋匠的事，或者一个鞋匠做木匠的事，假定他们相互交换工具或地位，甚至假定同一个人企图兼做这两种事，你想这种互相交换职业对城邦会不会造成危害？

格：我想不会有太大的危害。

苏：但是我想，如果一个人天生是手艺人或者生意人，但由于有财富，或者能控制选举，要不就是身强力壮，当然还可能是拥有其他有利条件而又受到蛊惑怂恿，企图爬上军人等级，或者一个军人企图爬上他们不配的立法者和护国者等级，要不就是这几种人相互交换工具和地位，或同一个人执行所有这些职务，你还会觉得这种情形不会毁灭城邦吗？

格：这样就一定会了。

苏：可见，现有的三个等级之间相互干涉、相互取代他人，这是对城邦最大的危害，可以确定为城邦最大的危害。

格：确是这样。

苏：对自己城邦的最大危害，你不主张这就是不正义吗？

格：怎么会不呢？

苏：那么这就是不正义。相反，我们说：当生意人、辅助者和护国者这三种人在城邦里各做各的事而不相互干扰时，便有了正义，从而也使城邦成为正义之邦了。

格：我想城邦正义的原因就在这里了，看不出还有什么别的原因。

苏：但我们现在还不能就这样确定，如果对个人我们也能使用这个定义，并且这个定义也能适用，那我们就同意这个观点，对此也就毋庸置疑了。那么现在就让我们来做完这个工作好了。我们曾假定，如果我们找到了一个较大且包含着正义的事物，因为这个事物的存在，我们就能比较容易地在个人身上发现正义的性质。我们曾认为这个大的事物就是城邦，并且因而尽我们之所能建立起一个最好的城邦，因为我们清楚地知道，在这个好的城邦里一定能找到正义。因此，让我们再把在城邦里发现的东西应用于个人看看，如果两者所展现的是一致的话，那就行了。如果正义在个人身上有什么不同，那我们就得再回到城邦，重新考察正义，把在个人那里和在城邦那里体现出的正义加以比较，相互碰撞，就像燧石碰撞后能发出火星，从而照见正义之所在。那样的话，我们就能在心灵里确认正义。

格：听起来很有道理，我们也许就该这样做。

苏：那么，如果两个事物有同一名称，一大一小，那么它们是相同还是不同的呢？

格：相同。

苏：那么，如果仅就正义的概念而论，一个正义的个人和一个正义的城邦也毫无区别吗？

格：是的。

苏：现在，一个城邦之所以被认为是正义的，是因为在这个城邦里，自然生成的三种人各自履行着自己的功能，城邦之所以拥有节制、勇敢和智慧，也正是因为这三种人拥有这样的功能，城邦也由于这三种人的其他某些情感和性格而被认为是有节制的、勇敢的和智慧的。

格：是的。

苏：因此，我的朋友，我们也期待在他的灵魂里也拥有同样的构成，每个部分所起的作用跟相同名称的部分在城邦中起的作用相同。

格：无疑的。

苏：天哪，我们又遇到了一项微不足道的考察，那就是：人的灵魂里是否真正包含这三种品质。

格：我倒不认为这是个容易解决的问题。苏格拉底呀，或许俗话说得对："不入虎穴，焉得虎子。"

苏：显然如此。让我告诉你，格劳孔，在我看来，用我们现在讨论中所用的方法，无论怎样做，也难以弄清这个问题。想要解决这个问题，还需要走过一段漫长的道路。但是用我们这个方法使问题得到一定程度的解决，做到像解决前面的问题那样的程度或许还是可以的。

格：这不就够了吗？我对目前的进展已经很满意了。

苏：我也觉得满意。

格：那么不要厌倦，让我们继续研究下去。

苏：好吧，想要不承认处在城邦中的每个人身上都具有和城邦一样的构成与性质，是不可能的。因为，除了来自个人，城邦的品质不可能还有别的来源。假定城邦的激情不是来自城邦里拥有这种品质的公民，那是非常荒谬的，这就等于是在说激情属于塞雷斯人、西徐亚人，以及那些北方人，而热爱理性的品质主要是因为有居住在我们这片区域的人，而爱金钱的品质我们很可能在腓尼基人和埃及人那里看到。

格：这一点还是能确定的。

苏：事实如此，理解这一点毫不困难。

格：当然不困难。

苏：但是，如果有人进一步问：个人品质是由三个各不相属的部分组成，还是属于同一个事物呢？这样说吧，当我们学习时，我们使用的是某个部分，愤怒时使用的是另一个部分，而生理欲望的满足使用的又是第三个部分，是这样吗？还是说从一开始，整个灵魂就参与了我们所有的活动呢？这才是最难做出决断的。

格：我也有这种感觉。

苏：那么现在让我们来试着确定一下界线，看看它们是不是以这样一种方式相互等同。

格：怎么确定呢？

苏：同一事物显然不可能在同一个方面同时施与或者承受来自相反的力。因此，我们只要发现心灵的功能出现类似的相反现象，我们就能知道，这不是同一事物在起作用，而是很多种不同的事物在起作用。

格：很好。

苏：请注意我的话。

格：说吧！

苏：同一事物的同一部分有可能既在动，又保持静止吗？

格：不可能。

苏：让我们表述得更清晰一些，以免讨论过程中有分歧。例如一个人站着不动，但他的头和手在动，因此说他既在动，又没动，但我们不会说这样的表述是正确的，而会说他的一部分没动，另一部分在运动。这样说对吗？

格：对的。

苏：假设争论双方还要更巧妙地把这种玩笑开下去，说陀螺固定在一个点转动，整个陀螺同时既动又静，关于任何别的围绕同一点旋转的物体也都可以这么说。我们应当反对这种说法，因为在这种情况下，静止和运动着的不是物体的同一部分。我们应该说，这个物体有一根贯穿了轴心的直线和边线，而这根直线不向任何一个方向倾斜，那么这个物体就是静止的；如果以那条边线为对象，这个物体就是在做圆周运动；但要是物体的轴心线在转动时摇摆了，这个物体无论怎样也不能说是静止的。

格：这样说更明白。

苏：那么就别让这一类小聪明的话题把我们搞糊涂了，让我们相信同一事物的同一部分或相同的关系，可能同时承受或实施相反的行为。

格：我相信再不会了。

苏：我们可以不必一一考察所有这类反对意见和证明它们的谬误，而是让我们假定它们是谬误的，并在这个假定下继续我们的论证。但是心里要记住，一旦发现我们这个假设不对，就应该把所有由此引申出来的结论看作是无效的。

格：必须这样。

苏：另外我要问，你同意以下这些以及诸如此类的事情都是彼此相反的吗：赞同和异议、求取和拒绝、吸引和排斥？——不论是在行为中还是在欲望中，两者都不会存在区别，是吗？

格：是的，它们都是相反的。

苏：那么，干渴和饥饿，以及一般所说的欲望，还有愿望和希望，你不把所有这些都归到刚才说的那些类别里去吗？比如，你难道不会说想要实现他眼前的愿望和要求的那个人，他的灵魂正在追求他所希望的东西，或者说，是在对任何呈现于他的事物点头认可，就像是有人在问他是不是想要这样东西一样？

格：我会这样说。

苏：关于不愿意、不喜欢和无要求你又有什么看法呢？我们不应该把它们归入灵魂的拒受和排斥，一般来说，归到与所有前者相反的那一类里去吗？

格：应该。

苏：既然如此，那么我们可以说欲望构成了一类事物，这类事物中最显著的成员就是饥饿和干渴带来的欲望了。

格：我们将这样认为。

苏：这两种欲望不就是对饮料和食物的要求吗？

格：是的。

苏：我们以渴为例子。通常的说法是说心灵对饮料的欲望，但我们在此除饮料外，还提到了别的吗？例如是怎样的饮料，热的还是冷的，多少等等。总而言之，我们是否指明了想要获得的是什么饮料了吗？但假设渴的同时还感受到热，那么欲望便会要求冷的饮料；如果渴的同时感受到冷，欲望就会要求热的饮料，不是吗？如果渴的程度大，所渴求的饮料也就多；如果渴的程度小，所渴求的饮料也就少。对吗？单纯渴本身所要求的不外是得到饮料，而不会同时还别的要求，饿也是一样。

格：是这样。每一种欲望本身只要求得到自己本性所要求得到的那种东西。特定的这种欲望才要求得到特定的东西。

苏：这里可能会有人提出反对意见说，没有人会只要求饮料而不要求好的饮料，只要求食物而不要求好的食物。因为所有的人都是想要好东西的。因此，既然渴是欲望，它所要求的就会是好的饮料。别的欲望也同样。我们最好不要被这种反对意见搞糊涂了。

格：反对意见看来或许有点道理。

苏：不过我们还是应当认为，表示相对的术语所限定的事物，总是跟相关的事物发生联系，而就某个事物本身来说，严格意义上只与这个事物的本身相关。

格：我不懂你的意思。

苏：你应当懂得，难道你不明白，所谓较大的事物就是比另一个事物更大的事物吗？

格：这一点我清楚。

苏：那不是和较小的东西相关吗？

格：是和较小的东西相关。

苏：大得多的东西关系着小得多的东西，是吧？

格：是的。

苏：某个时候较大的东西关系着某个时候较小的东西，将较大者关系着将较小者，不也是这样吗？

格：也这样。

苏：类似的情况还有较多和较少，一倍和一半，较重和较轻，较快和较慢，还有较热和较冷，不都是这样吗？

格：是这样。

苏：科学呢？是同一个道理吗？科学就其本身而言就是科学，是对知识的拥有，或者说我们还必须假定科学要有一个相关的对象。但一门具体的科学拥有的是具体的知识。我的意思是说，被称作建筑学的是建造房子的科学，是跟其他科学不同的。

格：当然是这样。

苏：那不是因为它有特定的，非别的任何科学所有的知识吗？

格：是的。

苏：之所以会这样，不正是因为它有自己具体的对象吗？其他科学以及艺术也是这样的，是吗？

格：是的。

苏：那么，你现在可能了解我的意思了。我在前面说的就是，一切与某些事物关联的事物，都会与其他事物相关。但就事物本身而言，它只跟自身相关，而跟其他事物无关；而属于某一类的事物，会具有它所属的那一类的特别属性。不过你可别误会，我的意思不是在说它们跟什么事物相关，就属于那一类，以至于假定一门有关健康和疾病的科学，就是健康的科学或者有病的科学，一门关于善与恶的科学就是善的科学或者恶的科学。我仅仅是在说，科学之所以成为科学，并不是因为它跟使之成为科学的一般事务有关，而是因为它与某些特定事物有关，比如健康与疾病，正因为添加了这一类特殊事物，才被称为医学。

格：我懂了。我也认为是这样。

苏：再说渴。你不认为渴属于这种本质上就是有相关事物的东西之一吗？渴无疑关系着某种事物。

格：我也这样认为，它关系着饮料。

苏：那么，如果饮料是特定种类的，渴就也是特定种类的，但要看渴之所以成为渴，跟饮料的多少、好坏无关，也跟饮料的种类无关，渴本身只跟饮料本身相关。

格：无疑是这样的。

苏：因此渴的灵魂，如果仅是渴，它所想要的就没有别的，只是饮料，它有着这一目的并产生达到这一目的的冲动。

格:很显然就是这样的。

苏:这样看来,如果一个人渴了,但心灵里却有种东西让他远离饮料,不准他喝,那这一定是另外不同于渴的感觉的东西,不同于那让他感到渴并引领他像牲畜一样去饮的东西。因为前面我们证明过,同一个事物的同一部分不可能在针对同一个对象时做出完全相反的行为。

格:是不能。

苏:所以我认为,关于射箭者的那个比方里,说他的手同时既拉弓又推弓是不妥的,应当说他的一只手推弓另一只手拉弓才对。

格:确实是这样。

苏:那么,我们不是可以说有这种事情吗:一个人感到渴但不想要喝水?

格:这诚然是常见的。

苏:关于这些事例人们会有什么看法呢?岂不是在那些人的灵魂里有两个不同的东西,一个叫他们快点喝水,而另一个则阻止他们喝水,而且阻止的那个东西支配着叫他们喝水的那个东西吗?

格:我也这样认为。

苏:而且,这种行为的阻止者,如果出来阻止的话,它是根据理智考虑出来阻止的,而牵引与拉动的欲望则来自情感和疾病。不是吗?

格:显然是的。

苏:那么,我们很有理由断定,它们是两种东西,并且彼此不同。一个是人们用来思考推理的,可以称之为灵魂的理性部分;另一个是人们用来感受爱、饿、渴等等欲望之骚动的,可以称之为心灵的无理性部分或欲望部分,与种种满足和快乐相伴。

格:这样假定是很有道理的。

苏:那么让我们确定下来,在人的灵魂里确实存在着这两种东西。我们现在要说的是激情①,亦即我们用来感受愤怒的那个东西,它是理性与欲

---

① 激情,按照柏拉图的意思,如果不被坏的教育带坏,激情在本性上是理性的盟友。但照字面上理解,激情或许属于灵魂的无理性部分。因此,照格劳孔的暗示,它应和欲望同种。

望之外的第三种东西呢，还是跟前两种中的一种属于同一类呢？

格：它或许与其中之一即欲望属于同一类。

苏：但是我曾经听说过一个故事，并且相信它是真的。阿格莱翁之子勒翁提俄斯从比雷埃夫斯进城去，路过北城墙下，发现刑场上躺着几具尸体，他想要去看看，但又害怕而嫌恶，他忍了忍，蒙住眼睛，但终于屈服于欲望的力量，他张大眼睛冲到尸体跟前，同时恶狠狠骂自己："瞧吧，坏家伙，把这美景瞧个够吧！"

格：我也听说过这个故事。

苏：这个故事的寓意在于告诉人们：愤怒有时作为欲望之外的一个东西和欲望发生冲突。

格：是有这个意思。

苏：我们不是还看到过许多这类事例吗？当一个人的欲望超过了理性并支配了他的行为时，他会咒骂自己，对那个支配着自己内心的欲望感到愤怒，而这时候激情就像是在一场派别斗争里成了理性的盟友，是这样吗？但当理性只是在那自言自语，而不做出反应时，激情也会因为某种原因加入欲望一边，来反对理性。我认为，你一定没有在自己身上察觉过这类情况，任何别的人也从没有过。

格：真的，我发誓没有察觉过。

苏：再说，假定有一个人认为自己有错，那么这个人愈是高贵，他对自己所受到的饥寒或其他诸如此类的痛苦就会越少感到愤怒，因为他相信把痛苦加诸自身的行为是出于正义的。按我的说法，他的激情会拒绝被发动起来反抗这种行为，你说对吗？

格：对。

苏：但是，假如一个人认为自己受到了不公正的待遇，他会怎么样呢？同样是饥饿、寒冷，但在这种情况下，他的激情就会起来加入他所认为的正义的一方展开战斗。由于灵魂的高尚，他会坚韧不拔，为了达到目的至死不渝。或者这样说，像牧羊犬听到了牧人的召唤，他需要听到自己内心理性的呼唤才能恢复平静。

格：你的比喻很贴切。进一步证明了前面我们所说的。在我们的城邦，辅助者像狗一样听命于统治者，后者仿佛是城邦的牧人。

苏：你对我所想说的意思理解得很透彻。但你也注意到了另外一个问题吗?

格:什么问题?

苏:我们现在对激情的看法正好和刚才的印象相反。刚才我们曾假定它是欲望的一种。但现在大不同了,我们应该说,在灵魂的内部分歧中,它宁愿站在理性一边。

格:当然。

苏:那么它和理性还有什么不同呢?或者,它只是理性的一种,因此在灵魂里只有两种东西而不是三种,即理性和欲望?或者说,正如城邦由生意人、辅助者和管理者三类组成,灵魂也有一个第三者,也就是激情呢?(激情它是理智的天然辅助者,如果不被坏教育所败坏的话。)

格:我们已经假定激情是第三者了。

苏:正如已证明它是不同于欲望的另一种东西一样,如果它也能被证明是不同于理性的话,就可以肯定了。

格:这不难证明。人们在小孩身上也可以看到:他们差不多一出世就充满了激情,但是有些孩子我们从未看到他们使用理性,而大多数孩子的理性通常都姗姗来迟。

苏:确实是这样,你说得很好。还有,人们在兽类身上也可以看到激情存在的现象。并且,我们还可以引用荷马的一句诗来证明,这句诗是:"他捶胸叩心责备自己。"[①] 因为在这行诗里荷马分明认为,判断好坏的理智是在责备那个主管愤怒的东西,这说明他认为后者是另一个东西。

格:你说得很对。

苏:我们跋山涉水,飘洋过海,好不容易到达目的地,并且取得了相当一致的意见:在城邦和我们每个人的灵魂里,可以看到同样的东西,而且数量一样。

格:是的。

苏:据此我们可不可以立即得到如下推论:个人的智慧和城邦的智慧是同一智慧,使个人得到智慧之名的品质和使城邦得到智慧之名的品质是同一品质?

格:当然可以这样。

---

① 见荷马《奥德赛》第20卷。

苏：我们也可以推论：个人的勇敢和城邦的勇敢是同一勇敢，使个人得到勇敢之名的品质和使城邦得到勇敢之名的品质是同一品质，并且在其他所有美德方面，个人和城邦也都存在着这种关系。

格：必然是。

苏：那么，格劳孔，我认为我们以什么为依据承认城邦是正义的，我们也将会以同样的依据承认个人是正义的。

格：这也是必然的。

苏：但我们别忘了，城邦的正义在于三种人在城邦里各司其职。

格：我认为我们没有忘。

苏：因此我们必须记住：如果每个人都使得自身的各个部分各司其职的话，这个人就是正义的，也就是做分内事。

格：的确，我们必须记住这一点。

苏：理性既是智慧，是为整个心灵的利益而谋划的，还不应该由它起领导作用吗？激情不应该服从它和协助它吗？

格：无疑应该如此。

苏：因此，正如我们说过的，音乐和体育协同作用将使理性和激情得到协调，又用优雅的言辞和良好的训练培养和加固理智，用和谐与韵律使激情变得温和而文明，难道不是这样吗？

格：完全对。

苏：这两者既然受到了这样的哺育和教养，学会了真正意义上的各司其职，那么它们就会监督欲望。而我们知道欲望占据着每个人的灵魂的很大一部分，欲望的本质是贪婪的。理性和激情会监督欲望，以免它会因为被所谓的肉体的快感覆盖并污染而变得非常强大，无法再让其安守本分，以至于想要控制那些本不该被它控制的部分，从而毁灭了人的整个生命。

格：完全正确。

苏：如此，则这两者联合起来，一个出谋划策，一个在前者的领导下奋勇作战，保护灵魂和身体不受敌人侵害，不是这样吗？

格：是这样。

苏：因此我认为，人的这一部分从性质上看是被称作勇敢的那部分，如果一个人的激情无论在快乐还是苦恼中都能保持不变，能牢记统治者通过理性指导给他的原则，知道害怕什么和不害怕什么的话。

格：对。

苏：我们也因每个人身上的这起领导作用的和教授信条的小部分的性质，把它称之为智慧。它拥有知识，知道什么是对人有益的。人就是由这三个部分组成的小的社团。

格：完全对。

苏：当人的这三个部分彼此友好和谐，理智起领导作用，激情和欲望一致赞成由它领导而不反叛，这样的人不是有节制的人吗？

格：的确，无论城邦还是个人的节制美德正是这样的。

苏：我们也的确一再说明过，一个人因什么品质或该怎样才算是一个正义的人。

格：非常对。

苏：那么，我们对正义的看法会以某种方式而变得模糊，以至于看起来不像它在城邦里表现出的样子吗？

格：我觉得不是这样。

苏：这就对了。须知，如果我们心里对这个定义还有什么存疑的话，或者有人用一些显而易见的事例来证明我们的看法存在问题的话，那么我们就要坚定我们的信念。

格：你是指什么样的事例呢？

苏：例如要我们回答，关于一个正义的城邦或一个正义的人，我们能否把一大笔金钱托付给其保管，是否相信其不会侵吞盗用这些金钱，正义的人是否比其他人更容易干这种事，对这样的问题我们该如何加以回答呢？

格：正义的人不会干这种事。

苏：这样的人也绝不会渎神、偷窃，在私人关系中出卖朋友，在政治生活中背叛祖国的吗？

格：绝不会的。

苏：他无论如何也不会不信守誓言或别的协约的。

格：他怎么会违背呢？

苏：这样的人也绝不会通奸，不尊敬父母，不履行宗教义务——尽管有其他人犯这种罪恶。

格：他们是绝不会的。

苏：这一切的原因不就在于这样一个事实，他心灵的各个部分都在各司其职，分别起着统治与被统治的作用吗？

格：正是这样，不可能还有别的原因。

苏：那么，除了使人和城邦成为正义者的这种品质外，你还想寻求怎样的正义的定义呢？

格：说真的，我不想再找了。

苏：到此我们的梦想已经实现了。在我们建立这个城邦之初，我们猜测过，由于某种天意，我们凑巧发现了正义的最初原则和正义的类型。

格：的的确确。

苏：因此，格劳孔，木匠做木匠的事，鞋匠做鞋匠的事，其他的人也都这样，每个人都恪尽职守，这种正确的分工乃是正义的轮廓——这条关于正义的原则是正确的。

格：显然是的。

苏：看起来，正义的真相确如我们所描述的这样一种东西。然而它不是外在的各司其职，而主要是涉及内在的各司其职。在真正意义上，它只跟人自身相关，只跟个人自己的事物相关。这就是说，正义的人不许可自己灵魂里的各个部分相互干涉和越俎代庖，而是按照正义这个概念的本意，安排好各自的事情。首先要能成为支配自己的人，能做到自身内部的协调，使得灵魂的三个部分相互呼应，就仿佛将高音、低音、中音以及其间的各音阶有序地安排在一起，使所有这些部分变成一个和谐的整体，成为一个人，而不是很多人。于是，如果有必要做什么，他就可以无论是在挣钱、照料身体，还是参与某种政治事务或私人事务时进入实践。而所有这些行为都会是堪称正义和高尚的，都是能保持或帮助灵魂达到这种状态，智慧和知识则指导着这些行为。而那些企图颠覆这种精神状态的行为，都可以称作是不正义的，指导这类行为的只能是无知与愚昧。

格：苏格拉底，你说得非常对。

苏：如果我们确定我们已经找到了正义的人、正义的城邦了，正义也确实存在于它们之中，那么我想我们不会有什么差错的。

格：真的，没错。

苏：那么，我们就定下来了？

格：就这么定下来吧。

苏：这个问题就谈到这里为止。下面我认为必须研究不正义。

格：显然必须研究它了。

苏：不正义应该就是灵魂的三种部分之间的争斗和相互争吵与干涉彼此，灵魂的一个部分企图反对整个灵魂，企图在内部取得领导地位——它天生就不应该领导的，而是应该像奴隶一样为统治部分服务的——不是吗？我觉得我们要说的正是这种东西。不正义、不节制、懦怯、无知，总之，一切的邪恶，正是三者的混淆与迷失。

格：正是这个。

苏：如果说不正义和正义如上所述，那么，"做不正义的事""是不正义的"，还有"做正义的事"，所有这些词语的含义不也都跟着完全清楚了吗？

格：为什么会这样？

苏：因为灵魂的正义与不正义就像身体的健康和疾病，不同之点仅在于后者是肉体上的，前者是心灵上的。

格：它们在哪方面有区别？

苏：健康的东西带来健康，而不健康的东西造成疾病。

格：是的。

苏：难道不是这样：做正义的事造成正义，做不正义的事造成不正义？

格：必定的。

苏：但产生健康就是在身体内建立起这样的一些成分：它们相互构成一种支配与被支配的天然关系，而疾病就是使这些成分处于一种违反天性的统治与被统治关系状态。

格：是这样。

苏：同理，正义的产生也就是在灵魂里建立起了它的原则，相互间天然存在着统治与被统治关系；而不正义则是使得这些部分处在一种违反天性的统治与被统治状态。

格：的确是的。

苏：因此，美德似乎是一种心灵的健康——美和坚强有力；而邪恶则是心灵的一种疾病——丑和软弱无力。

格：是这样。

苏：那么美好、高尚的追求倾向于美德，而丑恶的追求倾向于邪恶。这样说应该没问题吧？

格：完全没有问题。

苏：最后我们还剩下一个问题要探讨：是做正义的人、做正义的事（不论是否有人知道他是这样的）有利呢，还是做不正义的人、做不正义的事（只要不受到惩罚和纠正）有利呢？

格：苏格拉底，在我看来这个问题已经变得可笑了。因为，若身体的本质已坏，虽拥有一切食物和饮料，拥有一切财富和权力，它也被认为是死了。要是我们赖以活着的要素的本质已遭破坏和毁灭，活着也没价值了。正义已坏的人尽管可以做任何别的他想做的事，但是无法摆脱不正义和邪恶，不能赢得正义和美德。到此，关于正义和非正义我们已经做出了详尽的证明和描述。

苏：你说得没错，要是从那种观点出发，我们的考察就会成为谬论。但无论如何，我们都已攀上了一个高峰。但我们不能松懈，还要继续前进，因为从这里我们最有可能清晰看到这些事的真相。

格：我发誓这是我们要做的最后一件事。

苏：那么到这里来，以便你可以看见邪恶有多少种——我是指值得一看的那几种。

格：我的思想正跟着你呢，尽管讲下去吧！

苏：的确，我们的论证既已达到这个高度，我仿佛从这个高处看见了美德是一种，邪恶却无数，但其中值得注意的有那么四种。

格：这话是什么意思？

苏：我是说，有多少种类型的政体就有多少种类型的灵魂。

格：那到底有多少种呢？

苏：有五种政体，也有五种灵魂。

格：请告诉我，哪五种？

苏：那就让我来告诉你，其中之一是我们已经描述过的这种，它可以有两种称谓：王政或贵族政治。如果统治者是具有卓越政治才能的人，那么就是王政；如果统治者是两人以上，那么就称之为贵族政体。

格：对的。

苏：这就是我要说的政体之一。无论掌权的是几个人还是从他们中产生的一人，只要他们是由我们说过的那种方式培养和教育出来的，他们就不会对我们城邦的那些值得一提的法律做任何更改。

格：一定不会。

第五卷

> 一种人是声色的爱好者,喜欢美的声调、美的色彩、美的形状以及一切由此而组成的东西,但他们的思想不能认识并喜爱美本身。

苏:这样的城邦和体制,或者个人,我都称之为是"善"和"正确"的。如果这样的城邦、体制、个人是正确的,那么我会把其他的城邦、体制和人称为"坏"的和"错误"的。这样说的原因既跟城邦的治理相关,也跟个人的灵魂的塑造有关。它们受到了四种恶的形式的影响。

格:哪四种形式?

〔正当我要将这四种恶的形式列举出来时,离我不远处坐着的玻勒马霍斯开始和阿狄曼图斯喃喃低语。然后玻勒马霍斯抓住格劳孔的手,并扯住他肩头的衣服,用嘴贴着他的耳朵说了几句,虽然听不太真切,但我还是能听到几个字:"我们是放过他,还是怎样呢?"接着阿狄曼图斯说:"让他这么走太便宜他了。"于是我问他们。〕

苏:请问几位,你们刚刚说的是谁啊?

阿:你呀。

苏:我?为什么?

阿:还用问吗?我们一直觉得你是在偷懒,你回避讨论中并不是无关紧要的内容,为了逃避论证的困难,你想蒙混过关,稍微提及几句就溜之大吉。其实每个人心里都明白"朋友间的利益是共同的"这一原则[1]跟要不要实行妇女儿童公有这个问题有关。

苏：阿狄曼图斯先生，难道我说得不对吗？

阿：我没这样说。但你必须对这个说法像对别的一样，做出解释才是。要具体说明这条原则在一个社团里怎样对。我们都知道办法有很多种，你应该告诉我们你心里想的是哪一种。我们已经等了很久，希望能听到你对生育和子女抚养的高见，听听你是如何全面解释妇女儿童的公有这个问题的。这些难道不是大问题吗？处理得是否得当，会带来巨大的差别，甚至世界上各种体制的差别很可能就是来自这里。而你却跳过这个问题，又想开始讨论另外的体制。所以我们觉得有必要打断你，让你转到正题来。只要你没说清楚这个问题，我们是绝不会让你离开的。

格：是啊，算我一个，我也赞成大家的提议。

塞拉西马克：苏格拉底，现在是我们大家一致的决定了。

苏：我的天，你们到底在搞什么鬼？你们是想要把城邦体制这个问题从头再辩论一次吗？但这会引起很大的一场争论。可我以为你们已经接受了我的观点，讨论可以结束了，心里还在暗自感到快乐！你们完全不知道，提出这样的要求简直是在捅马蜂窝，会引出一系列论证，我早料到会是这样的结果，因此一再想要避免。

塞：你怎么这么说呢，你以为我们来的目的是什么？是来淘金而不是来听你辩论的吗？

苏：听辩论也要有个限度吧！

格：是的，苏格拉底先生。一个智者闻道往往是以一生为限度的，所以，你没必要担心我们有没有耐性。你只要回答我们的问题，你认为我们的城邦守护者该怎样管理他们公有的妇女与儿童，而又应该怎样去推行这样的政策呢？众所周知，对于儿童来讲，从出生到受教育阶段，是需要投入极大的精力的，你还是告诉我们该如何处理这类问题吧！

苏：好吧，我亲爱的朋友们，想要对这个问题做出解释不是很容易，甚至会比前面我们讨论的问题引来更多的疑点。因为人们会质疑我的建议是否能行得通，即使是认可了能够行得通，也会怀疑这样做是否是最佳的。

---

[1] 参阅第四卷。

朋友们，由于这样的原因，我一直尽可能避免涉及这个问题，免得被看作是不切实际的空想。

格：没必要担心，我们不会为难你的，我们相信你。

苏：我的朋友呀，你这是在鼓励我吗？

格：是的。

苏：那我就更焦虑了。假如我对自己的见解非常有信心，你们的鼓励肯定能起正面的作用。如果和喜欢又聪明的朋友在一起讨论大家都很关心的事，在这种时候把真理说出来，那自然是既安全又理直气壮。但要是自己都对自己的看法将信将疑，看作是一种探讨，那这样是很危险的。我不怕被人嘲笑，要是这样的话，那就太幼稚了。我怕的是迷失了真理，在最不应该摔倒的地方摔倒，不但自己摔倒，还带着朋友们一起摔倒。因此，格劳孔，我向涅墨西斯[①]请求，求她宽恕我将要说的话。虽然我认为失手杀人其罪还不算很大，但最大的罪行莫过于误导他人对荣耀、善良、正义的看法。这是一种冒险，宁可在敌人中干这种事，也不能在朋友中干。所以你的鼓励等于零。

格（笑了）：不行，苏格拉底呀，就算你在论证中犯错，带给了我们伤害，我们也会当你是误杀把你释放了，不会当你是骗子。你就大胆说吧。

苏：那好吧！既然根据法律规定误杀也能无罪释放，那么看来在我们这里也有可能施行。

格：继续讲下去，我们会洗耳恭听的。

苏：那么，我必须得回过头来，重新表述一下先前早已按顺序讲过的东西。就在之前我们已经讨论过关于男人的问题，现在你们着急要我讲，那现在就来谈谈女人。我们前面说过，男人从呱呱坠地伊始就接受成为公民的教育，所以我认为，现在开始谈到妇女和儿童的归属与管理时，就必须要与我们一开始就给男性规定的使命相一致。我们要尽可能使得男性成为守护者，就像看守牛羊群一样看守好妇女和儿童。你们说对吗？

格：确实是这样。

苏：让我们保留这个比喻，如果对妇女的培养和教育也采用和男人相同或类似的做法，那么你们觉得这样是否合适？

---

① 涅墨西斯：希腊神话中司复仇的女神。

格：怎样培训？

苏：通过具体的方式来表述吧。狗是不是分为公和母？是否它们在捕猎、守望以及其他事情上是平等分担责任呢？我们要不要指望母犬帮助公犬一起在外追寻搜索，参加一切警卫工作？或者还是让母犬躲在窝里，只管生育小犬，抚育小犬，让公犬独任警卫羊群的工作呢？

格：我觉得它们应该是平均分担工作的。它们的差别就是公狗更强壮，而母狗较弱小而已。

苏：这怎么可能呢？除非它们是以同样方式饲养和训练的。

格：这个确实是不能的。

苏：转到我们人类，假如要女人和男人承担同样的责任的话，那么前提就是他们的天资和教育必须相同，是不是？

格：是的。

苏：我们一般情况下会用音乐和体育教育男人。

格：是的。

苏：但是为什么女人不能像男人一样也进行音乐、体育甚至军事训练呢？

格：你所说的似乎有理。

苏：话虽如此，但要是真正实行起来，由于违背了当下的风俗习惯，我怕会让人觉得可笑。

格：是呀。

苏：更滑稽的应该是看着妇女们也光着膀子在训练场和一群男人一起训练了。不仅年轻的女子这样，那些年纪很老的女人也这样，像那些在训练场上的老头，满脸皱纹，看上去很可笑。可她们也还得坚持训练。

格：是这样的。按照人们现行的观念来看，这种建议是难以贯彻的。

苏：关于妇女接受体育锻炼和文艺教育的倡导，尤其是妇女也要接受军事训练，例如需要携带兵器和骑马等等，既然我们开始讨论，就得坚持下去。那些文雅人士的嘲讽和挖苦我们自然是会听到的，但没什么可怕的。

格：你说得很有道理。

苏：既然我们已经说开了，那就要朝着我们的法律中最艰难的那部分前进。我以我个人的名义，请求批评家和智者先生们，放下一直端着的架子，严肃看待此类问题。我们要提醒大家一下，其实希腊人在不久的过去，还跟现在大多数野蛮人一样，认为男子赤身裸体被人观看是可耻的。当初的克里特人还有斯巴达人在裸体操练时，不也一样被那个时代的聪明人当作是笑料吗？

格：是的。

苏：既然事实已经表明，让训练场上人人都赤裸着身体比掩盖起来好，还有，眼睛所发出的嘲笑，在理性认为是最好的事物面前往往会变得不可笑，那么，也就说明这类人说的话是一派胡言：他们不认为邪恶是可笑的，反倒认为其他的全都是可笑的；他们不去讽刺愚昧和邪恶，反倒把眼睛盯着其他的现象并加以嘲笑；他们一本正经建立某种审美的标准，却不是以善为美的。

格：你说得很对。

苏：如果对这个话题我们要取得一致意见，首先要考察的是这些建议是否可行，对吧？无论对方是在开玩笑还是认真提问题，我们都应该展开讨论：女人按照其天性是否能胜任男人们所有的事情？或者能干的只是其中几样？要是不能干别的，打仗是不是也属于她们干不了的工作？好的开端是成功的一半，我们由此深入下去，不就可以得到满意的答案了吗？

格：我们认同你的建议。

苏：我们还应该考虑到另外一个问题：我们需不需要找一个假想敌，这样我们就可以有针对性地进行辩论了？

格：这样做是可以理解的。

苏：现在我们就先找出我们的对手来吧。比如他们可能会说："亲爱的苏格拉底和格劳孔先生，没有人会来惩罚你们的，因为你们自己在建立城邦的时候就已经承认了一条原则——每个人都应该去做适合自己做的事。是这样吗？"我们回答："这有什么问题呢，这是我们的共识。"可人家又说了："男人和女人在本质上是有差别的，你们能否认这点吗？"我们必须承认是这样。然后他们还会问："男人和女人天性的差别大家都知道，那么，在分配工作的时候我们是不是应该有所区别呢？"我们说应该是这样的。人家再问："男人和女人本质有差别，却要做没差别的事，这不是自相矛盾不够公平了吗？"先生们，如果遇上这样的论敌，你们说我们该如何辩论下去呢？

格：如果要我们突然间回答这个问题的话是很困难的事情，所以，还是由你来想个解脱困境的办法吧。

苏：格劳孔呀，我一开始就预料到了这是一个难题，解决起来非常困难，所以我才不愿意涉及任何有关妇女及儿童公有和养育的立法问题。

格：这个问题看起来的确不好解决。

苏：但既然我们已经被牵扯进去了，不管好不好解决，我们都应该义无反顾地像求生一样地游到岸边来。你觉得呢？

格：你说得有道理。

苏：我们不要期望有谁可以拯救我们，我们能够做的事情只有自己努力自救。

格：看来是这样的。

苏：好吧，现在让我们来看看能不能找到一条生路。在前面我们都承认过，人的职业天赋决定了他工作的最佳状态。男人和女人在天赋上面有很大的差异，而现在我们又说不同的天赋要从事同样的职业，这岂不是自相矛盾吗？

格：确实如此。

苏：说实在的，格劳孔先生，看来论争这门艺术的力量真是强大呀！

格：你说什么？

苏：很多人在和别人探讨一个问题的时候，往往会不由自主就跌入这个陷阱里去。他们原本是要和对方进行辩论的，而事实上呢？他们是在和对方争吵。结果他们已经忘了真正要说明的问题的含义。他们咬文嚼字、卖弄口才，把一场真正的辩论搞成了所谓的语言游戏。到最后，他们还是找不到真理，所以我认为这些事实上都不是真正意义上的辩论。

格：的确如此，很多场合都会是这样。但你是不是认为现在我们的辩论也是这样的情形呢？

苏：绝对是的。因为我们之间好像就有这种鬼使神差般陷入语言游戏的危险。

格：以什么方式？

苏：现在回想一下我们的对话，为什么我们总是在一些细枝末节上纠缠不清呢？我们好像在为关于不同天性应该有不同要求这一论题辩得不亦乐乎，最终却根本没有去深刻领会人的天赋相同与差异的真正含义是什么。也就是说，当我们在讨论把不同的工作分配给不同天赋，还是把相同的工作分配给相同天赋的人去完成的时候，我们已经不知不觉浪费了很多的精力。

格：对的，我们的确忽视了这点。

苏：那么按照这个思路，我还有一个问题想问你：一个秃子和一个正常人站在一起，你认为他们的天赋有何不同呢？假如我们说他们的天赋是不同的，那么就可以因为正常人是一个鞋匠，就要禁止秃子当鞋匠，或者因为秃子是鞋匠，就要禁止正常人当鞋匠。你说呢？

格：这是滑天下之大稽的。

苏：这确实很可笑。但究其原因是我们只注意到跟职业本身相关的天性的同异，却忘了设定天性的同异的具体含义。比如说，一个男人跟一个女人都有一颗医生般的仁爱心，那么我们就说他们的天性相同。你看是不是这样？

格：是的。

苏：但男医生和男木匠的天赋就是不同的。

格：那是当然的。

苏：同样道理，男性和女性之间如果在适应性方面有差异的话，我们就应该依据他们各自的适应性分配给他们不同的职业。但如果男性与女性之间的差异仅仅是局限于女人接受精子，而男性释放精子，那么对我们的目的来说，就没有证据证明两性之间有什么本质差别，我们就应该坚持说，我们的守护者和他们的妻子必须在职业上拥有相同的待遇。

格：你说得没错。

苏：那么，迫使我们的对手必须准确告诉我们的第二件事就是，就那些跟城邦的行为相关的技艺和职业而言，男性与女性在天性上的差异在哪？

格：这种问法是很公允的。

苏：有人会像你刚才所说的那样，即想要马上找到令人满意的答案很难，但只要给出时间来考虑，总能找出答案来的。

格：是的。

苏：如果持反对态度的人继续和我们往下辩论的话，那么我可能就能拿出论据向他们阐明：在一个城邦的政务治理上，男人能做的事情女人同样也能做。

格：当然了。

苏：那么，就请他们解答我提的这个问题：当你在分配任务的时候，你说其中一个人有完成任务的天赋，而另一个人却缺少这方面的天赋时，你的依据是什么？你是不是要说，能完成任务的那个人学东西快，但另一个人学起来非常困难？是不是有的人能举一反三，而有的人迟钝，无法记住自己所学的东西？是不是有些人的身体能很好地为心灵服务，而有些人的身体则反倒会成为心灵的负担？除此之外，区别一些事物在天赋上的差异还有别的什么依据呢？

格：我找不到其他的依据了。

苏：那么，在人类的分工中，什么样的职业是男人在天赋素质上无法超过女人的？这就没必要回答了，像纺织、烙饼、做果酱等方面，女人都是擅长的；但要是男性做起来比女性还要好，那么女性是不是会为此感到羞耻呢？

格：你说得有道理。我们知道，一种性别的综合能力远不如另一种性别。即使女人在有些方面是比男人强的，但总体上来说是你说的这种情况。

苏：那么我的朋友，还没有任何一项管理城邦的工作，因为女人适合而专属于女性，或者因为只适合男人而专属于男性。各种天赋才能同样分布于男女两性。根据自然规律，各种职务不论男女都可以参加，只是总的说来，女的比男的弱一些罢了。

格：你说得有道理。

苏：那么，我们是不是要把一切职务都只分配给男人，而不为女人指定任何工作呢？

格：绝不能这样。

苏：我想我们应该换成另外一种说法。在女人中，有的人生来具有治病救人的天赋，有的却没有；或者说有的女人具有音乐天赋，而有的没有。这样说可以吗？

格：事实确实是如此的。

苏：另外，是不是存在天生就有爱运动又好斗的女人，也有天性温顺，而且不喜欢运动的女人？

格：当然是存在的。

苏：还是在女人中，我们能不能说有的女人爱好智慧，而有的女人恨智慧，有的女人有激情，而有的女人缺乏激情呢？

格：也有这种可能。

苏：也就是说，女人当中也有可以挑选来成为城邦守护者的。

格：事实确实是这样。

苏：无论是男人还是女人，同样具有充当城邦守护者的品德素质，而只是以他们之间相对的弱强来区分划定而已。

格：这是显而易见的。

苏：依据原则，同样的天赋给予同样的职务，难道不是这样吗？

格：毫无疑问是这样的。

苏：又回到了原点。我们同意让城邦守护者们的妻子接受音乐教育和体育锻炼，而这一切都应该是再寻常不过的事。

格：确实。

苏：因此我们的立法并非是不切实际的空想，因为我们提出的法律合乎自然。那么看来目前流行的做法是反自然的了。

格：这话好像无法辩驳。

苏：我们还要想一想，我们的建议尽管是合理的，能不能实行？如果可行的话，是不是就是最好的？

格：的确是这个问题。

苏：这么说我们已经承认这个建议是可行的了。

格：是的。

苏：既然是可行的了，那它是最好的吗？

格：毫无疑问是。

苏：那么，为了教育和培养更多的城邦守护者，对子女的教育就没有必要再把男性和女性区分开了——尤其是因为两性的天性是一样的情况下。

格：你说得对，应该让男性和女性一样受教育和培养。

苏：那么现在你对这个问题怎么看？

格：什么问题？

苏：需要设定男人之间的强弱之分吗？

格：这是很自然的。

苏：那么你认为在我们所缔造的城邦里，什么样的男人更强一些：是我们前面说过的受过音乐和体育教育的守护者，还是那些接受过制鞋技术教育的鞋匠呢？

格：这个问题根本不算是问题吧？

苏：格劳孔先生，其实你前面已经答复过我了，是那些城邦守护者。

格：事实上他们确实是最优秀的。

苏：那么女守护者也应该是最优秀的女人？

格：你可以这样想。

苏：一个城邦如果能够造就这么多优秀的男人和女人，岂不是个天大的好事？

格：确实如此。

苏：这是不是就是接受音乐教育和体育锻炼带来的好处呢？

格：是的。

苏：那么，我们所倡导的立法不仅可能，而且对城邦来说就是最好的了。

格：是的。

苏：如果是这样的话，我们就可以要求那些愿意参加到城邦守护者行列的女人裸体接受训练，因为她们的美德是她们的衣服。让她们也必须承担起战争和保家卫国的职责及义务，并以此为她们唯一的职责。当然，在承担这些责任和义务时，女人应该承担比男人轻松一些的工作，因为毕竟在体力方面她们弱于男人。女子裸体操练是一种最好的训练方法，要是有任何男人嘲笑，那么他就像是在"采摘不熟的果子"，是自己愚蠢，反倒笑他人笨，他们其实并不知道自己是在笑什么和做什么。谚语说："好的就是高贵的，有害的就是下贱的。"

格：我完全赞同你的说法。

苏：在有关妇女立法问题上，我们似乎已经顶住了第一个浪头，即指责我们自相矛盾。我们没有因此遭受灭顶之灾。因为我们规定了男女卫士必须共同承担守卫城邦的工作，并且在这个过程里，做出的一些论证也表明了这个建议切实可行，而且还十分有益。

格：我们的确躲过了第一个浪头！

苏：但要是你看到后面紧跟着的浪头，就不会说第一个浪头大了。

格：那你就应该继续往下说。

苏：上述论证以及前面所有论证的结果，在我看来，无非就是下面这条法律。

格：什么法律？

苏：这些女人应该归这些男人共有，任何男人都不能和任何女人组成"一夫一妻"制的小家庭。同样，所有的孩子也都是公有的，父母不知道谁是自己的子女，孩子也不知道谁是自己的父母。

格：苏格拉底，你掀的这个浪头确实很大。但是是否也会有人怀疑它呢？这个浪头的好处又在哪里呢？

苏：这个浪头的好处毫无疑问——人们都会承认妇女和儿童公有会有很多益处，但是否可以实行却是一个值得争论的话题。

格：两个问题都会引发不小的辩论。

苏：依你之见，我是否已经难逃一劫了？我本希望你能同意我的想法，这样我就可以讨论它是否可行了。

格：你不要避重就轻，你有必要把那两个建议阐释清楚。

苏：好吧，那我就听你说的吧。我先举个例子：有那么一类懒汉，想入非非，可是没有实现自己目标的方法，他们习惯不思进取，不愿动脑，把目标用假想去实现，然后再虚无缥缈地进行无根的空想……这样一来，他们的灵魂就会变得懒散松懈。事实上我也有如此行为。假如这是可行的，那么如果你没有意见的话，我想和你先探讨一下有关城邦治理者们应该怎样调理诸如此类的事情，并证明这些调理对于城邦乃至辅助者都有什么好处，然后再考虑其他问题。

格：我赞成。

苏：我一向认为，治理者和他们的辅助者如果都能坚持履行自己的职责的话，那么治理者和辅助者之间就是严格信守法律精神的，是发布命令和必须愿意接受命令的关系。

格：你说得很有道理。

苏：那么，假如你作为立法人，你先选出一些男人和一些女人，他们具有相同的品质，你就将这些女人派给这些男人，让这些男人女人吃住在一起，每天朝夕相处。他们之间只是彼此共同生活，共同在一起锻炼而没有任何私有财产，那么本性的需要就会导致两性结合，这是一定的。对吗？

格：没错。但这不是几何学中的必然性，而是爱的力量作用下产生的必然性。对大多数人来说，这种爱的必然性可能比其他任何必然性都要具有更强大的制约力与诱导力。

苏：的确是这样。但格劳孔，一个幸福的城邦是不会允许两性行为的杂乱无章的，城邦的治理者也绝不会允许出现这样无序的状态。

格：是的。

苏：因而，婚姻应该作为一件神圣的大事来对待，最神圣的婚姻是最有益的婚姻。

格：是的。

苏：那么怎样才能让婚姻的利益最大化呢？告诉我，格劳孔，我看到你家里有一些猎狗和不少的纯种公鸡，你是否留意过它们的交配与生育情况？

格：你在说什么？

苏：首先，在这些纯种之中——虽然它们都是良种——是不是有一些证明比别的一些更优秀呢？

格：是的。

苏：那么，你是一律对待地加以繁殖呢，还是用最大的注意力选出最优秀的品种加以繁殖的呢？

格：我选择最优秀的加以繁殖。

苏：再说，你选择最幼小的还是最老的，或者尽量选择那些正在壮年的加以繁殖呢？

格：我选那些正在壮年的。

苏：如果你不这样选种，是不是会导致你的猎狗和公鸡的品种每况愈下呢？

格：是的。

苏：马和其他兽类怎么样？情况会有不同吗？

格：要不是这样那才怪呢。

苏：天啦，我亲爱的朋友，想让这一原则适用于人类，需要我们的那些统治者拥有多高的手腕呀！

格：为何需要高明的手腕？

苏：因为他们要用大量的前面提到的那种药物呀。对那些愿意按照规定进食的病人，只需要普通的医生就足够了；量要是碰上了拒绝服用药物的，也拒绝按规定时食的，就需要手腕更高明的医生了。

格：是的。不过跟我们的问题有什么关系？

苏：这个，大概是治理者为了被治理者的利益，有时不得不使用一些假话和欺骗。我以为我们说过，它们都是作为一种药物使用的。

格：是的，说得对。

苏：那么，在他们结婚和生育方面，这个"对"看来还不是个最小的"对"呢。

格：这是怎么样的？

苏：由上面我们同意的结论里可以推断：最好的男人与最好的女人结合才是最合理最契合实际的结合，相反，最糟的男人与最糟的女人应该尽少避免让他们结合。最好的男人与最好的女人的下一代，应精心培养，最糟的男人与最糟的女人的下一代则不应被抚养。另外，这种事的实施方式只应该统治者知道，目的是为了避免造成守护者之间的争吵。

格：这是对的。

苏：法律必须定下相应节日和献祭，在此期间让新郎和新娘举行婚礼，我们的诗人们也必须要创作出合适的赞美诗用于婚礼上。至于有多少人可以结婚，我们还是让统治者自己去考量，他们的职责就是尽可能保持城邦原有的人口数量，要考虑到战争、疾病等因素，一句话，就是要维持城邦合适的大小，当然不能变得很小。

格：我也认为是这样的。

苏：我想，某种抽签的办法一定要设计出来，以便使不合格者在每次求偶时，只能怪自己的运气而不会迁怒于统治者。

格：这是个不错的主意。

苏：对于那些英勇卫国、功勋卓著的年轻人，统治者除了给予应该的荣誉和奖金外，还应该多多给予他们生育下一代的机会，以便后代继承他们的事业。

格：对得很。

苏：他们生下来的孩子应该安排专门官员抚养。我想男女都可以担任这种职务。

格：是的。

苏：那些优秀者的孩子，会被带到托儿所去，交给保姆抚养；保姆住在城中另一区内。至于那些品质低下的人，或者其他人生下的有缺陷的孩子，会由这些官员秘密处置，这样就不会有其他人知道下落。

格：是的，为了保持守护者这个等级的品质的纯正，需要这样做。

苏：他们还要监管给孩子哺乳的事，在母亲们有奶的时候，他们引导她们到育婴棚去喂奶，但要想方设法不让她们认清自己的孩子。如果母亲的奶水不够，他们就要另外找奶妈。他们将注意不让母亲们喂奶的时间太长，孩子在夜里醒来以及换尿布之类的工作，都交给奶妈和保姆去干。

格：你把守护者妻子的工作安排得这么轻松！

苏：这是应该的。现在让我们谈谈我们规划的第二部分。我们曾经说过，应该让年轻力壮的男女做父母。

格：对。

苏：你同意一个女人二十岁是最好的年龄，而男人是三十岁吧？

格：你要选择哪几年？

苏：女人应该从二十岁到四十岁为城邦抚养儿女，男人应当从他跑步速度最快的年龄到五十五岁。

格：这是男女在身心两方面都精力旺盛的时候。

苏：因此，如果不在我们说的这个年龄范围内生孩子，我们必须说这是不虔诚和非正义的。因为他们生下的孩子（即使是秘密生下来）得不到男女祭司和城邦在他们的正式婚礼上的祷告与祝福：这种祷告祈求上天让优秀的、对城邦有贡献的父母所生的下一代比上一代更优秀；而这种孩子是愚昧和淫乱的产物。

格：很对。

苏：同样的法律也适用于这样的情况：一个尚在壮年的男人与一个尚在壮年的女子苟合生子，未得准许。我们将说他们给城邦丢下一个私生子，是不合法的，亵渎神明的。

格：对极了。

苏：但是，我想女人和男人过了生育年龄，我们就给男人以自由，让他们同任何自己喜欢的女人建立关系——除了女儿和母亲，女儿的女儿以及母亲的母亲。至于女人，同样可以和任何男人建立关系——除了儿子、父亲，或父亲的父亲和儿子的儿子。我们一定要警告他们，无论如何不得让所怀的胎儿得见天日，如果不能防止，就必须加以处理，因为这种后代是不应该抚养的。

格：你讲的这些都很有道理。但他们将怎样才能辨别各人的父亲、女儿和你刚才所讲的亲属关系呢？

苏：他们是很难辨别。除非一个男人在结婚后，把所有在他结婚后第十个月或第七个月里出生的所有男孩都叫作儿子，拿在那之后出生的所有女儿都当作女儿，而这些男孩和女孩也都叫他父亲。他又把这些儿女的儿女叫作孙子孙女，这些孙子孙女都叫他的同辈为祖父祖母。所有孩子都把父母生自己期间出生的男孩女孩称呼为兄弟姐妹。他们不许有我们刚才讲的那种性关系。但是，法律准许兄弟姐妹同居——如果抽签决定而且特尔斐的神示也表示同意的话。

格：对极了。

苏：因此，格劳孔，这就是我们城邦守护者中妇女儿童团体的性质。这种性质不但是跟我们的政治制度中别的部分相一致，而且也是最好的办法。这一点我们要在下面加以论证。你认为呢？

格：诚然。

苏：因此，为取得一致意见，我们首先要问问我们自己什么是城邦制度，什么是立法者立法所追求的至善，以及什么是极恶；其次，我们是不是要考虑一下，我们刚才提出的建议是否与善的足迹而不是和恶的足迹一致？

格：必须这样做。

苏：那么，对于一个城邦来讲，还有什么比闹分裂更可恶的呢？还有什么比讲团结更善的呢？

格：当然没有。

苏：那么，当全体公民对于养生和送死尽量做到同悲欢时，这种同甘共苦是不是维系团结的纽带？

格：确实是。

苏：如果同处一个城邦，有着相同的遭遇，人们却有着不一样的情感，那么团结的纽带就会中断。

格：当然。

苏：这种情况的发生不是由于公民们"我的""非我的"以及"别人的"这些词语说起来不能异口同声？不能一致吗？

格：正是。

苏：那么，发生这样的情况，是不是主要由于一个城邦的最大多数的人，对同样的东西不能同样地说出"是我的""不是我的"，还有"异己这个词,是吗?

格:的确是这样。

苏:当一个城邦像一个人的时候,它是管理得最好的城邦。比如像我们中间某一个人的手指受伤了,整个身心作为一个人的有机体,在心灵的统一指挥下,尽管受伤的是某一部分,但身体的其他部位同样能感觉到伤痛。这个道理同样可以应用到人的其他痛苦或快乐上。

格:同样,有如你所说的,管理得最好的城邦和休戚相关的有机体一样。

苏:那么,在这样一个城邦里,任何一个公民的喜怒悲哀,都可以说是整个城邦的喜怒悲哀。在这样一个城邦里,人们应当是休戚与共的一个整体。

格:一个管理得很好的城邦必须是这样的。

苏:现在是时候了,我们应该回到我们这个城邦来看看,是否从这里可以看到我们所一致同意过的那些品质,而不是在别的城邦。

格:我们应刻这样做。

苏:好,那么在其他城邦也跟我们的城邦里一样,有治理者和人民,是吗?

格:是这样。

苏:他们彼此互称公民,是吗?

格:当然是的。

苏:在别的城邦里,老百姓对他们的治理者除了称他们为公民外,还称他们什么呢?

格:在很多城邦,民众称他们为君主,在民主的城邦叫统治者。

苏:在我们的城邦里对于治理者除了叫他们公民,还叫他们什么?

格:保护者与辅助者。

苏:他们怎样称呼人民?

格:纳税者与供应者。

苏:别的城邦的治理者怎样称呼人民?

格:奴隶。

苏:治理者怎样互相称呼?

格:同事。

苏：我们的治理者怎样互相称呼？

格：守护者同事。

苏：告诉我，在别的城邦是不是在统治者心里和嘴上都是把同事当作自己的附属品，当某些同事是外人？

格：是的，这很普遍。

苏：他们是把同事中的朋友看作自己人，把其他同事看作外人？

格：是的。

苏：你们的守护者呢？其中有人把同事看成或说成外人吗？

格：当然没有。他会把自己遇到的任何人都视为和自家有关系的，是兄弟、姐妹，或者父亲、母亲，要不就是儿子、女儿，或祖父、祖母、孙子、孙女。

苏：你的回答好极了。请再告诉我一点。这些对亲属的称谓仅仅是个空名，还是一定会有相适应的行为来配合这些称谓呢？对所有的父辈，需不需要根据习俗表达尊敬，并给予他们以照顾，顺从他们，既然与此相反的行为是违背人的天性，难道不会引起人神共愤吗？是否应该以这些规则来作为人们对待父辈和其他亲属应有标准，是来自全体人民的神谕呢？还是让别的某种教诲充塞孩子们的耳朵呢？

格：当然是这些规则。如果亲属称谓仅仅是口头上说说而已，并无实际行为加以配合，那简直就是荒谬的。

苏：那么，这个城邦不同于别的任何城邦，在这里，大家更将异口同声歌颂我们刚才所说的"我的"这个词。如果有任何人的境遇好，大家就都说"我的境遇好"；如果有任何人的境遇不好，大家就都说"我的境遇不好"。

格：很对。

苏：我们有没有讲过，这种信念和这种措辞能引起同甘共苦的感觉？

格：讲过。并且讲得对。

苏：那么守护者们将比别的公民多一种共有物，并称之为"我的"，而且因这种共有的事物，他们拥有共同的情感。

格：很对。

苏：那么，除了城邦的政治制度，在守护者之间，妇女儿童的公有不也是产生苦乐与共的原因吗？

格：这无疑是主要的原因。

苏：我们还曾一致说过，这是一个城邦的最大的善，我们还曾把一个管理得好的城邦比之于个人的身体，各部分苦乐同感，息息相关。

格：我们一致这样说过，说得非常对。

苏：我们还可以说，在辅助者之间妇女儿童公有对城邦来说也是最大的善，并且是这种善的原因。

格：完全可以这样说。

苏：这个说法和我们前面的话是一致的。因为我想我们曾经说过，我们的守护者不应该有私人的房屋、土地以及其他私人财产。他们从别的公民那里，得到每日的工资，作为他们服务的报酬，大家一起消费。真正的守护者就要这个样子。

格：你说得对。

苏：那么，我想说的是，我已讲过的和正讲的这些规定，就是为了使他们成为真正的守护者，防止他们因为私有财产把城邦弄得四分五裂，把原本是公有的东西异口同声说成"这是我的"，各人把不属于自己的东西占为己有，各自拥有属于自己的妻儿，把城邦共同的痛苦变成个人的事情，这样说对吗？我们说的是，他们最好还是对什么是自己的东西有一个共同的信念，有一个共同的目标，从而拥有同甘共苦的体验。

格：必须要这样。

苏：那么，在他们之间就不会发生相互指控的事情，因为除了自己的身体，他们没有任何属于私人的财产，所有的一切都是共有的，是吧？由于这个原因，我们可以说他们之间不会发生纠纷，因为人们之前的纠纷，大都是由于财产、儿女与亲属的私有造成的。

格：这样一来，他们之间将不会发生纠纷。

苏：再说，他们之间也不大可能发生行凶殴打的诉讼事件了。因为我们将布告大众，年龄相当的人之间，自卫是善的和正义的。这样可以强迫他们注意锻炼，增强体质。

格：很对。

苏：这样一项法令还有一个好处：一个愤怒的人通过自卫，怒气发泄了，争吵也就不至于走到极端了。

格：诚然。

苏：权力应赋予年长者，让他们去管理和督教所有比较年轻的人。

格：显然这样是最好的。

苏：理所当然，年轻人是不能对老年人动武或者殴打的，也不能以任何方式羞辱老者，除非统治者命令他们这样做。我认为年轻人也不大会对老年人有其他无礼行为，因为有两种心理在约束他们：一是畏惧之心，一是羞耻之心。羞耻之心阻止他去冒犯任何可能是他父辈的人；畏惧之心使他生怕有人来援助受害者，而援助者可能是他的儿辈、兄弟或父辈。

格：结果当然是这样。

苏：因此，我们的法律将从各个方面促使守护者们彼此和平相处。

格：这是一种伟大的和平！

苏：只要他们内部没有纷争，就不怕城邦的其他人制造分裂和闹纠纷。

格：是的。

苏：他们会摆脱一些微不足道的事情的纠缠的。因为这些事根本不值得他们去劳神费心，就我自己来说，都不愿去提到这些事。例如要去讨好富有的人，因为需要养活一家人，就要一会去借债，一会又要去还债。还要努力去挣钱照料妻子仆役的花销。诸如此类，你们都知道不该为这些事去操心的。

格：这个道理连瞎子也能看清。

苏：那么，他们将获得完全的自由，生活得比自认为最幸福的奥林匹克胜利者还要幸福。

格：怎么会的？

苏：一般来说，奥林匹克赛会的胜利者被看作是幸福的人，但跟我们这里所说的守护者的幸福无法相比。我们的守护者的胜利要更加光荣，因此公众给予他们的供养就更加全面丰富。因为拯救整个城邦是他们得到的最高嘉奖，他们本人和他们的子女会被在额头上扎上束发带。他们活着从城邦获得荣耀，死后得到哀荣备至的葬礼。

格：真是优厚。

苏：你还记得吗？在前面的讨论中，有人责怪我们没有使守护者们得到幸福，说他们掌握一切，自己却一无所有。我想我们当时说过，我们会在适当的时候对这个问题再做考虑的，因为当时我们关心的是使一个守护者成为一个名副其实的守护者，尽可能使城邦获得幸福，而不是只为某一个阶级谋取利益。

格：我记得。

苏：那么，既然我们的辅助者的生活看来比奥林匹克胜利者的生活还要好，那么，还有什么必要去和鞋匠或其他匠人以及农夫的生活比较呢？

格：我想没有必要。

苏：另外，我们可以把我在别的地方说过的一些话在这里重说一遍。如果护卫者一心追求的是一种不该是一名护卫者应有的幸福生活，不满足于一种适度安稳，在我们看来是最好的生活，反而被一种幼稚愚蠢的快乐观念所迷惑和驱使，以至利用手中的权力损公肥私，损人利己，那么他迟早会懂得赫西俄德所说的"在某种意义上一半多于全部"这句至理名言的真实含义！

格：如果要我来说的话，我认为他该去过原来的那种生活。

苏：那么，你同意女子也应该过我们所描述过的那种生活吗？女子要跟男子得到一样的教育、他们有共同的子女和共同保护其他公民的义务；无论是在国内还是外国出征打仗，女子都应该跟男人一样像猎犬似的去参与守卫和追逐；并且还要尽可能以一切方式共同拥有一切事物？你同意，只有这样做他们才能把事做得最好，既不违反男女性别间不同的自然特性，也不违反女子与男子间天然的伙伴关系？

格：我同意。

苏：现在还需要我们去探讨的是：这样的共同关系能否同在别的动物中那样，在人与人之间建立起来呢？如果可以，则我们还需要问：如何才能做到呢？

格：这正是我想提的问题。

苏：在战争中他们会怎么做我以为是不言而喻的。

格：怎么做？

苏：她们将和男子一同整队出发，带着她们的孩子，让孩子们好好见识一下将来长大后要做的事，象别的行业中让孩子见习一样。除此之外，这些孩子还要帮他们的父母干各种军中杂务，并侍候他们的父母。你有没有看到过那些技工，比如陶工的孩子在自己正式动手前，有过长期观察和实习的过程？

格：这我当然见到过。

苏：难道比起守护者，陶工倒更应该去教育他们的孩子，以便将来做好自己的工作吗？

格：这太可笑了。

苏：同时，我们都知道人跟动物一样，当自己的后代就在身边时，跟敌人作战也就会更加勇猛。

格：是这样。不过苏格拉底，这样冒的危险可能会很大！因为一旦打了败仗，他们的后代就会遭遇到跟他们一样的结果。

苏：你的话是对的。不过你想让他们永远避开所有危险吗？

格：我没有这个意思。

苏：如果危险非冒不可，那么通过冒险而取得胜利，不是更能锻炼一个人吗？

格：显然是的。

苏：一个长大了注定要做军人的人，少年时不去学习作战，以为这个险不值得冒，或者冒不冒差别不大，你觉得这样对吗？

格：当然不对。这个险冒与不冒对要做军人的人有很大区别。

苏：这样看来，我们是需要让孩子从小实地见习战争，同时我们也要尽可能采取措施减少危险，两害相权取其轻是吗？

格：是的。

苏：我们都知道，有关军事方面，他们的父辈总是会多少有些经验的，多少知道点战争的危险在哪，是吧？

格：是这样。

苏：因此他们可以带孩子去参加那些危险性小的战役，而让孩子们尽量避开那些危险性大的战役。

格：对。

苏：他们需要把孩子交给那些各方面都有资格做孩子领导者和教师的人，而不是交给那些滥竽充数的军官。

格：这非常有必要。

苏：可我们也要看到天有不测风云。

格：的确是这样。

苏：因此我认为，为了预防发生意外，我们应该一开始就为我们的孩子装上翅膀，必要时让他们可以振翼高飞。

格：什么意思？

苏：我们要让孩子们从小学会骑马，然后带他们骑马到战场感受战斗，但一定不要让他们骑那种劣马，而要让他们骑既跑得快而又容易驾驭的驯马。这样他们就既可以很好观察自己将来要做的事，一旦出现了危险的兆头，他们又能在率领他们的长辈带领下，迅速撤离。

格：你说的很对。

苏：现在说说关于军事纪律应该如何规定，行吗？关于士兵应该如何区别对待自己人和敌人，看看我的想法对不对。

格：请说说看。

苏：如果士兵临阵逃跑，丢下手中的武器，或者胆小害怕等等，他们是不是应该被军队驱逐，去做工匠或者农夫？

格：这是毋庸置疑的。

苏：任何士兵被敌人俘虏了，我们是否应该同意把他当作礼物送给敌人，随敌人去处置呢？

格：同意。

苏：一个士兵如果在战场上有着超人的勇气，他首先应该受到的是战友们的敬佩，然后是孩子们的致敬。这点你赞成吗？

格：赞成。

苏：他还该受到战友们向他伸出右手的欢迎吗？

格：应该。

苏：但我想你可能不会赞成我下面的话了。

格：什么话？

苏：他应该吻每个人，并且被每个人吻。

格：当然赞同！对这条法令我想补充一点：在该战役期间，他要爱谁谁都不能拒绝。理由是如果他心里正在爱着什么人（男的或女的），他会更热切想要赢得荣耀。

苏：很好。我们已经说过，应该把结婚的机会更多留给那些优秀人物，他们也应该尽可能多地生孩子。

格：是这样，我们说过这话。

苏：但荷马的诗篇里认为用下述方法给予年轻人中的勇士以敬意也是可以的。荷马讲述道，埃阿斯打仗非常英勇，在宴席上得到了整副里脊肉的待遇。这对年轻勇士既是荣誉,还可以增强他们的体力。

格:非常正确。

苏:这样看来,我们至少可以把荷马当做是我们的榜样。在祭礼及其它场合,我们表扬那些功勋卓著、智勇双全的人,唱给他们赞美诗,和上述我们提到的特殊礼遇,这样这些男女勇士既能增强体质,还得到了应有的荣誉。

格:你说得好极了。

苏:好,那么,那些战死沙场的如果死后有人英名扬,难道我们不能首先肯定他是名门望族的金种子吗?

格:绝对可以。

苏:我们要不要相信,赫西俄德诗篇里① 所说的黄金种子死后成为"置身河岳的精灵,保卫下民的救星"?

格:当然要。

苏:我们要去询问一下阿波罗,然后按照他所指示的方式隆重安葬这些超乎常人的勇士。

格:不然我们还能采用什么别的方式呢?

苏:而且,以后我们还要对他们的坟墓按时祭扫,尊崇死者有若神明。我们还要把同样的荣誉给予那些因年老或别的原因而死亡,但在其一生中表现得特别优秀的人物。对吗?

格:肯定对的。

苏:还有,我们的士兵应当怎样对待敌人?

格:在哪方面?

苏:首先在变战败者为奴隶方面。希腊人征服别的希腊城邦,把同一种族的人降为奴隶,你认为这样做是合乎正义的吗?还是预见到这样做有被蛮族征服的危险,不但自己不做希腊其他城邦的奴隶,而且还要按照习俗,饶恕其他希腊城邦?

格:我看最好还是宽恕其他希腊城邦。

苏:那么,他们自己不想要希腊人做自己的奴隶,同时劝告别的希腊人也不要希腊人做自己的奴隶吗?

格:当然。无论如何,这样可以让他们团结起来,一致外抗蛮族。

---

① 诗篇《工作与农时》。

苏：在战场上作为胜利者，对于被杀死的敌人，除武器外，不去剥取死者身上的其他东西，这样做是对的吗？搜剥敌尸财物，仿佛是理所当然的，这样岂不是让一些贪生怕死的胆小鬼找到了借口，促使他们不去追击活着的敌人了吗？不是有过许多军队曾断送于这种只顾抢劫的行为吗？

格：的确是的。

苏：你不觉得剥取死尸财物是卑鄙龌龊的行为吗？把死者的尸体看作敌人，而让真正的敌人丢下武器远走高飞，这不是女流之辈胸襟狭隘的表现吗？这种行为与狗冲着朝自己扔来的石头狂吠，却不知道过去咬那个扔石头的人有什么不一样？

格：没有区别。

苏：因此，我们一定要禁止剥取死尸物品，要埋葬死者。

格：对天发誓，我们一定要这样做。

苏：我们也不要把缴获的武器送到庙里，作为捐献的祭品，为了关心维护与其他希腊人的友好关系，尤其不要把希腊人的武器送去。我们倒真该害怕把这些武器作为祭品送到庙里去会亵渎神灵，除非神指示要这样做。

格：再对不过了。

苏：关于蹂躏希腊人的土地和焚烧希腊人的房屋问题，你的士兵们究竟应该怎样去对待呢？

格：我很高兴听听你对这个问题的意见。

苏：据我看，他们既不该蹂躏土地，也不该焚烧房屋。他们应该限于把敌方当年的庄稼运走。要不要我把理由告诉你？

格：要。

苏：我的看法是：正如我们有两个不同的名称——"战争"与"内讧"，它们所表达的本质上不是一回事。一个是内部的纷争，另一个是发生在外部的敌对行为。内部的我们称之为"内讧"，而外部的我们称之为"战争"。

格：你的话很中肯。

苏：如果我没说错，那么希腊人与希腊人之间是属于亲属关系，它们之间的纷争属于内部事务。但对希腊人来说，蛮族是外人，和他们之间的纷争是外部事务。

格：对。

苏：那么，当希腊人抗拒蛮族，或者蛮族侵略希腊人，他们是天然的敌人，他们之间的冲突必须叫作"战争"；如果希腊人同希腊人冲突，他们在本质上是朋友，只不过在这种情况下希腊民族不幸有病，由此兄弟不和，这种冲突叫作"内讧"。

格：我同意你按照你的习惯使用这些词语。

苏：那么，研究一下我们现在所说的"内讧"问题。当内讧发生，一个城邦分裂为二，互相蹂躏对方土地，焚烧对方房屋，这种荒谬绝伦的行为应该受到诅咒，制造这种行为的双方都不是爱国者，否则他们为什么要这样残酷地伤害自己衣食父母的祖国？但我们认为，如果胜利者仅限于把对手收获的粮食带走，那么他们的行为还是节制，甚至是合理的。因为这样表明他们希望言归于好，从而停止内战。

格：是的，这种想法还比较文明些，比较合乎人情些。

苏：好。那么，你要创建的城邦是一个希腊城邦吗？

格：一定是的。

苏：这个城邦的公民不都是文明的君子吗？

格：确实是的。

苏：他们要不要热爱所有的希腊人？要不要把全部希腊当作是自己的祖国，不会在全体希腊人共同的圣地放弃自己的信仰？

格：当然要的。

苏：他们会把同希腊人之间的不和看作内部冲突，称之为"内讧"而不愿称之为"战争"？

格：当然会的。

苏：他们虽然争吵，但还时刻指望有朝一日言归于好吗？

格：完全是这样。

苏：那么，他们的目的在于善意告诫，而不在于恶意奴役和毁灭。他们是教导者，绝不是敌人。

格：很对。

苏：他们既然是希腊人，就不会蹂躏希腊的土地，焚毁希腊的房屋。他们也不会把各城邦的希腊人（少数罪魁祸首除外）不论男女老少都当作敌人。由于这些理由，他们绝不会让对方的土地荒芜，更不会摧毁对方的房屋，因为对方大多数人都是他们的朋友。他们作为无辜者进行战争只是为了施加压力，使对方自知悔改，达到了这个目标，也就达到了目的。

格：我同意你的说法。我们的公民必须这样对待自己的希腊对手。至于对付野蛮人，他们则应该像目前希腊人对付希腊人那样。

苏：那么，我们要不要给我们的守护者制定这样一条法律：不准蹂躏土地，不准焚烧房屋？

格：如果我们认为我们刚才说的这些话，以及前面说过的那些话是对的，那么我们就应该立下这样的法律。但是如果我们让你这样滔滔不绝讲下去，亲爱的苏格拉底，我担心你将永远说不到那个你答应要解答的问题上来。这个问题是：我们所描述过的这样一种城邦是否可能存在？如果可能，又怎样才能实现？我承认，你的城邦如能实现，那是非常理想的，即使是有些遗漏，我还可以替你补足。这样的城邦在战争中也是成功的，因为公民们在战争中互不抛弃，彼此以兄弟、父辈、儿子相待。如果再加上女性也参战，同男人并肩作战，或是支援参战的男人，做她们力所能及的事情，那么我承认他们将是无往而不胜的。我还发现你没有提及种种平时在国内的好处。这些我都承认。如果这种城邦得以实现，还有其他说不尽的好处，你也不必再去细讲了。但让我们立即来只说明这个问题：这是否可能？如果可能，又怎么才可能？其余一切我们都免谈。

苏：你这是对我的理论发起了一次突然的攻击，一点也不体谅我的稍微犹豫。你或许不知道，我好不容易刚躲开了头两个浪头，你如今紧接着又向我掀起了第三个浪头，而且这也许是最大最厉害的一个浪头。等到你听到了我的解释，你一定会谅解我，承认我的担心和犹豫是有道理的，因为要提出来讨论的这个议论是如此奇特怪异。

格：你越是这样推诿，我们越是不能放你走。无论如何，你一定得告诉我们，这种政治制度怎样才能实现？因此，请讲下去，不要再浪费时间了。

苏：好吧，我们首先要记得，我们是从研究正义的本质才走到这一步的。

格：是的，那又怎样呢？

苏：没什么。问题只在于，如果我们真找到了什么是正义的话，我们是不是应该要求一个正义的人和正义本身毫无差别？或者说，只要求这个正义的人尽可能接近正义本身，我们就满意了呢？

格：对的，尽量接近就可以使我们满意了。

苏：那么，我们当初研究正义本身是什么，不正义本身是什么，以及一个绝对正义的人和一个绝对不正义的人是什么样的时（假定这种人存在的话），是为了我们可以有一个样板。我们关注它们，是为了我们可以按照它们所体现的标准，判断我们自身的幸福或不幸，以及幸福或不幸的程度。我们的目的并不是为了证明实现这些理想的可能性。

格：你的话是真的。

苏：如果一个画家画了一个理想的美男子，画得十全十美，只是还不能证明这种美男子能实际存在，难道这个画家会因此成为一个糟糕的画家吗？

格：我以宙斯的名义发誓我不会这样认为。

苏：那么，我们不是说过，我们是在尝试用词语创造一个城邦的样板吗？

格：确实说过。

苏：如果我们发现自己不能证明一个城邦能在现实中像我们描述的那样治理得良好，你会因此认为我们的描述是不好的吗？

格：当然不会。

苏：道理就在这里。但是，我为了使你高兴，会设法给你指出，在什么情况下和在哪个方面我所描述的这些东西最可能接近实现。还有，为了能做出这样的证明，请你也对我做出承诺。

格：怎样的承诺？

苏：即使有人反对，我也要表明我的观点——用语言表述的事情是可能在现实中实现的——尽管用语言表述的事情实行起来不免总会打折扣，但它毕竟存在着部分真理，难道不是吗？你是否同意我的看法？

格：同意。

苏：那么，你就不要老是要我证明，我用语言阐述的东西都必须分毫不差地在现实中得以实现。不，如果我们能够找到一个城邦治理得非常接近我们所描写的那样，你就得承认，你所要求的实现条件已经达到。要是得到了这样的发现，你会感到满意吗？反正我会。

格：我也会满意。

苏：第二件要做的事情是设法寻找和指出，在我们现存的这些治理得很差的城邦中，是什么在妨碍它们按照我们描述的理想城邦那样去进行治理，有什么小小的改动就可以使得一个城邦具有我们所建议的这种统治性质。如果只需要一项改变，那是最好的了，否则就改变两项好了。总之，改变越少越好。

格：确是如此。

苏：那么，我可以指出，有一项变动可以引起所要求的改革。这个变动并非轻而易举，却是可能实现的。

格：那是什么变动呢？

苏：哦！我想我已临近我们所说的那个最大的悖论之浪了。然而我还是要讲下去——就算为此把我淹没溺死在讥笑和藐视中我也愿意。好，现在听我讲下去。

格：讲下去吧。

苏：除非哲学家成为我们这些城邦的国王，或者我们目前称之为国王和统治者的那些人物，能严肃认真地追求智慧，使政治权力与聪明才智结合起来，而把那些如今只在意政治权术，而不去研究哲学的碌碌无为之辈驱逐出去。否则，我亲爱的格劳孔，我们的城邦就将永无宁日，全体人民也无法幸免于灾难。除非这件事能得以实现，否则我们所提出的城邦理论就不可能在可能的范围内得到实现。我犹豫了很久不敢说出的正是这点。因为我深知一旦我说出来了，人们就会把它称为奇谈怪论。因为人们很难看出，除此之外，还有什么别的办法能给个人与公众带来幸福。

格：哦，苏格拉底，你洋洋洒洒讲了这一大套道理，我怕大人先生们将要脱去衣服，赤膊上阵，顺手拣起一件武器向你猛攻了。假使你无法论证你说的，为自己辩护的话，你就会抵挡不住他们的进攻而落荒逃走，到那时你就会成为笑话，得到应有的惩罚。

苏：这都是你造成的。

格：这也是件好事，但我不会袖手旁观，我将尽我之所能帮助你。我可以用善意和鼓励帮助你，也许我还可以把你的问题答得比别人更恰当些。因此，在我的支持下，你就去试着说服那些怀疑派去吧，告诉他们真理的确是在你这边。

苏：有你这样一个坚强的朋友，我一定要试试。我觉得，如果我们要能避过你所讲的那种攻击，则我们必须告诉他们我们使用哲学家这个概念的真正含义，给出我们的明确定义。在这之后我们就可以无所畏惧地说必须要由哲学家来做我们的统治者。只有说明了这些，我们才可能为自己辩护，指出研究哲学跟从事政治领导天然属于这样一类人，让这类人担任统治者，至于其他那些不研究哲学的人，只知道跟随领导人也是合适的。

格：现在你就说出你的定义吧。

苏：那么，跟我来吧，我们也许有办法来说明我们的意思。

格：讲下去吧。

苏：那么，不必我提醒你，你一定还记得，如果我们说一个人是一样东西的爱好者时，那么他一定爱这个东西的全部？这样说当然不会是说他只爱这样东西的某一部分，而不喜欢这样东西的其他部分。

格：看来我需要你的提醒，我实在不太理解。

苏：格劳孔啊，你这样的回答对别人适合，对你并不适合。一个人要是不记得任何风华正茂的青少年总是能拨动人的心弦，引起他对美少年的欲望与关注，那么他就不可能成为一个懂爱的人。你对美少年的反应不正是这样吗？看见塌鼻子的，你会说他面容姣好；看到高鼻子的，你会说他英俊；看到鼻子不高不低的，你会说他恰到好处；看到肌肤黝黑的，你会说他有男子汉气概；而看到皮肤细腻白嫩的，你会说他神妙秀逸。你难道不知道"像蜜一样白"这个形容词本身就是为恋爱而发明的吗？可见人们并不会把青年发育时的面色苍白看作是灾难。总而言之，只要是青春焕发，那你就没有不能宽容的，也没什么优点会被你遗漏而不加赞赏。

格：如果你一定要我充当具有这种倾向的爱者的代表的话，为了便于论证起见，我愿意充当。

苏：再说，爱喝酒的人怎么样？你没有注意到他们也有这种情况吗？他们爱喝每一种酒，并且都有一番道理。

格：确是这样。

苏：至于爱荣誉的人，我想你看到过的大概也是这样。他们做不到将军，做队长也可以；得不到大人物的捧场，让小人物捧捧也过瘾。不论怎样，荣誉他们是少不得的。

格：不错。

苏：那你同意还是反对我的观点？我的问题是：当我们说某人爱好某某东西，不管是什么，他是爱好这个东西的全部，还是仅爱好它的一部分呢？

格：全部。

苏：那么，关于哲学家我们也可以这么说吗？说哲学家是智慧的爱好者，他不是仅爱智慧的一部分，而是爱它的全部。

格：是的，他爱全部。

苏：那么，一个不爱学习的人，特别是如果他还年轻，还不能判断什么有益什么无益，我们就不会说他是一个爱学习的人，或一个爱智的人。正像一个事实上不饿因而不想吃东西的人，我们不会说他有好胃口，只会说他挑食。

格：很对。

苏：如果有人对任何一门学问都想涉猎一下，不知餍足，这种人我们可以正确地称他为爱智者或哲学家吗？

格：如果好奇能算是爱智，那么你会发现许多荒谬的人都可以叫作哲学家了。有些人总是渴望听到各种新鲜事情，因此你也会把他看作是哲学家。但你不可能引导他们参与到任何严肃的辩论或研究里去，因为他们的耳朵像是早已租出去了的，但凡这块土地上有合唱表演，他们都会每场不落，不管是在乡下还是在城里，只要是举办酒神节的庆祝活动，他们都不会错过。那么我们要不要把这些人，还有那些从事很次要的技艺的人也都称为哲学家呢？

苏：绝不要。他们只是有点像哲学家罢了。

格：那么，哪些是真正的哲学家呢？

苏：那些眼睛盯着真理的人。

格：这话很对，不过你说的究竟是什么意思呢？

苏：和别人讲很难说得明白，但是和你讲，我想你会同意我下述论点的。

格：什么论点？

苏：美与丑是对立的，因此它们是二；高尚与卑鄙是对立的，因此它们是二。

格：哦，当然。

苏：它们既然是二，则各自为一。

格：是的。

苏：我们可以说其他表述也能成立，正义与非正义，善与恶，以及所有类似的"理念"。这也就是说，就它们本身而言，各自为一；但从它们与各种行为与物体相结合，以及它们相互间的结合而言，它们无处不在，各自呈现为多重的杂而多。

格：你说得很对。

苏：那么，我这里要画一条线把两种人分开来：在那一边是你说过的戏迷、艺术迷、干实务的人，在这一边是与我们的论证相关的人。只有这边的这些人才配叫作哲学家。

格：你说的是什么意思？

苏：一种人是声色的爱好者，喜欢美的声调、美的色彩、美的形状以及一切由此而组成的东西，但他们的思想不能认识并喜爱美本身。

格：确实如此。

苏：另一种人能够把握住美本身，就美的本身来领会美，这种人不是很少吗？

格：的确很少。

苏：那么，一个人能够认识许多美的东西，但不能认识美本身，又不能跟随他人去认识美本身，那么你认为他的一生是在做梦还是清醒的呢？请好好想想，一个人无论是睡着了还是醒着，只要他把相似的东西当作是事物本身，那岂不是就是在梦中吗？

格：我当然要说他的一生如梦。

苏：好，再说相反的一种人，这种人能认识美本身，能区分美本身和分享着美本身的具体事物，又不把美本身与含有美的具体事物混淆起来，那么在你看来，他的一生是清醒的吗？

格：他是清醒的。

苏：那么，我们说能有这种认识的人的心智状态是拥有知识，而把另一类人的心智状态称作是具有某种见解和看法，是这样吗？

格：当然是的。

苏：假使那个如我们所说的只有意见没有知识的人大发脾气，不服我们的说法，说我们是在欺骗他，那么，我们要不要好言相劝，然后婉转地让他知道他的心智不太正常呢？

格：我们应该婉转地让他知道这一点。

苏：那么让我们想想对他该说些什么吧。我们要不要这样说：他们有知识，我们非但不妒忌反而很高兴，然后再问他肯不肯答复下面这个问题：一个有知识的人，是知道某些事物还是一无所知？你来代他答复一下看。

格：我将这样答复：有知识的人知道某些事物。

苏：这个某些事物是存在还是不存在的？

格：是存在的。不存在的事物怎么能被知道呢？

苏：因此，从任何方面来看，我们都可以断言，完全存在的事物是完全可知的，完全不存在的事物是不可知的。

格：是的，可以这样断言。

苏：好，假使有这样一种东西，它处在既存在又不存在状态下，那么这个事物不就是处于绝对、无限的存在与不存在之间吗？

格：是的，它处在二者之间。

苏：那么，既然知识与存在相关，而无知必然与不存在相关，因此，如果无知与知识之间的状态有什么对应的东西的话，我们就要把它找出来。

格：是的。

苏：不是有一种我们叫作意见的东西吗？

格：有的。

苏：它和知识是同一种能力呢，还是不同的能力？

格：是不同的能力。

苏：意见与知识由于是不同的能力，它们必然有不同的相关者。

格：必然是这样。

苏：那么我们能否说，知识天生就跟存在相关，知识就是知道存在和知道存在者如何存在，是这样吗？但在论证前，我想我们应该做出下列区分。

格：什么区分？

苏：功能、力量、官能属于同一类，靠着它们，我们跟其他事物能够做各种能做的事情，你看这样说可以吗？如果你能理解我说的这个类，那么你就会明白我的意思。比如说视觉和听觉功能。

格：我理解。

苏：那么让我把我对这些功能的看法告诉你。我看不出功能有颜色、形状或其他类似的性质，在别的许多场合，我凭对这些性质的关注在思想上区分不同的事物。对功能我只注意一件事，即它的相关者和效果。我就是凭这个来把各种功能的每一种称之为功能。与同一事物相关，并能完成同一件事，我就称之为相同的功能；而与另一种事物相关，并能完成另一件事的，我称之为另一种功能。你以为怎样？你是不是这样做的？

格：同你一样。

苏：那么，我的好朋友，言归正传，我们再回到知识或真知这个问题上来。请告诉我，你以为知识是一种功能和力量吗？或者，你还有别的归类？

格：没有别的归类，知识是一种功能，是所有功能中最强大的。

苏："意见"怎么样？它属于功能之外的某种类别吗？

格：不行。因为使我们能发表见解的只能是形成意见的功能，而不能是别的什么东西。

苏：但刚刚你还说知识与意见不是一回事。

格：是的，因为没有一个明白事理的人会把绝对不会有错误的东西和容易有错误的东西混为一谈的。

苏：好极了。我们显然看法相同：意见和知识不是一回事。

格：它们不是一回事。

苏：因此，它们各有各的相关者，它们各有各的能力。

格：必然如此。

苏：据我看，知识与存在者相关，就是知识知道存在者的状况，是这样吗？

格：是的。

苏：至于意见，我们认为它不过产生见解。

格：是的。

苏：知识的对象与意见的对象相同，可认知的事物与可以产生看法的事物相同吗？或者说不相同？

格：根据我们一致认可的前提，它们不可能相同。如果不同的功能天然与不同的对象相关，而意见与知识是某种功能，各自有着不同的对象，那么就像我们说的，这些前提没有留下任何余地，使我们能把可知的与可产生意见的事物等同起来。

苏：如果某事物是可知的，那么它就不是可以产生意见的。

格：对的，它是可产生意见的事物之外的事物。

苏：那么意见这种功能的对象是非存在的吗？还是说想要对非存在产生意见是不可能的吗？想想，一个人有某种见解，但他的意见却不针对任何事物，或者我们改变自己的看法，承认意见的对象是非存在，对非存在产生意见是可能的吗？

格：不，这是不可能的。

苏：因此，具有某种意见的人就是对某个事物具有见解了？

格：是的。

苏：但非存在的一定不能说成是"某个东西"，只能称之为"无"才是正确的。

格：是的。

苏：那么，我们必须把跟非存在有关的功能称为无知，而把跟存在有关的功能称作是知识。

格：很对。

苏：也就是说非存在的跟存在着的都不是意见的对象。

格：的确。

苏：所以意见既非无知，亦非知识。

格：看来是这样。

苏：那么作为一种功能，意见位于无知与知识之外，超越了明晰的知识，也同样超越了晦暗的无知？

格：对，意见既不是无知，也不是知识。

苏：但你是否把意见看成是比知识昏暗，比无知明亮一点的呢？

格：我的想法和你的有些类似。

苏：是介于两者之间？

格：是的。

苏：因此，意见就是知识和无知两者之间的东西了。

格：绝对是的。

苏：我们前面说过：如果有什么东西显得既是有，同时又是无，那它就处于完全的有和完全的无之间，与之对应的能力就既不是知识又不是无知，而是处于这两者之间的一种能力。我们这么说过吗？

格：说过。

苏：我们刚才看到了，在知识和无知之间有一种被我们称之为意见的东西。

格：看到了。

苏：那么看起来，剩下来要我们做的就是去发现这个分别拥有二者的东西：既是存在又是不存在，不能无条件地说它是纯粹的存在，也不能说成是纯粹的不存在。如果我们能找到它,我们就相当有理由说这就是意见的对象,于是把两端的东西与两端相关联,把中间的东西与中间相关联。我这样说你能同意吗?

格:同意。

苏:这些原则已经确立了。那么我会说,现在让那位爱看景物的人来回答我的问题。他不相信有永远不变的美本身或美的理念,而只相信有许多美的东西,他绝对不信任何人的话,不信美本身是"一",正义本身是"一",以及其他东西本身是"一",等等。我们还要这样问他:我的好朋友,在这许许多多美的东西里,难道没有一点丑的东西吗?在许许多多正义的东西里,难道没有一点不正义的东西吗?在许许多多虔诚的东西里,难道没有一点不虔诚的东西吗?

格:不,必定有的。它们都会以某种方式显得美,也会以另一种方式显得丑。你涉及的其他事物也都如此。

苏:还有,许多事物是别的事物的两倍,却又显得是另一些事物的一半,是这样吗?

格:是的。

苏:大或小、轻或重也是一样,它们都可以接受与之相对立的性质,是吗?

格:都是可以的。任何事物都拥有或分享着对立的性质。

苏:那么,在如此众多的事物里,每个人所肯定存在的事物都可以看作是不存在的了?

格:这很像那些在宴席上用模棱两可的话逗趣的把戏,或小孩子玩的猜那个太监打蝙蝠的谜语——他用什么打,蝙蝠停在什么东西上面等等[①]。这些事物都太晦涩,无法确定它们究竟是还是不是;还是既是它又非它;或者既不是它也不是非它。

苏:那么,你有没有对付它们的办法呢?除了在"是"和"不是"之间,你还能找到什么更好的地方去安放它们吗?须知不可能找到比不存在

[①] 这个谜语是这样的:一个男人(又非男人)看见(又没有看见)一只鸟(又不是鸟)停在一根树枝(又不是树枝)上,它用一块石块(又不是石块)打它。谜底是:太监发现一只蝙蝠停在一根芦苇上,就用一块石片去打它。

更暗的地方，也不可能找到比存在更明朗的地方。

格：你说得极是。

苏：因此看来我们似乎已经为很多美丽、高尚的事物，还有其他很多别的事物的传统看法，找到了一个中间的位置，位于真正、绝对意义上的非存在与存在之间。

格：没错，我们找到了。

苏：但我们在前面已一致同意：如果我们找到了这类东西，那么就必须把它称之为可以对其产生意见的东西，而不能称之为对其可以产生知识的东西。这种东西游离于存在与非存在之间，由一种游移于知道与不知道之间的能力来把握。

格：是的，我们同意过。

苏：因此，那些只看到许许多多美的东西，许许多多正义的东西，许许多多其他东西的人，虽然有人指导，他们也始终不能看到美、正义等等的本身。关于他们，我们要说，他们对一切都只能有意见，却对那些他们具有意见的东西一无所知。

格：这是必定的。

苏：相反，关于那些能看到每一事物本身，甚至永恒事物的人们，我们该说什么呢？我们不应该说他们具有知识而不是具有意见吗？

格：必定说他们具有知识。

苏：我们不是还说过，一种人思考和关注的是作为知识对象的事物，另一种人思考和关注的是作为意见的对象的事物吗？你还记得吗，我们还曾说过有些人喜欢和关注声色之美，以及别的类似的事物，却绝对看不到美本身的真实存在？

格：是的，我还记得。

苏：因此，如果我冒昧地称他们为爱意见者，而不称他们为爱智者，不会有什么冒犯吧？如果我们这样说，他们会对我们生气吗？

格：他们如果听从我的劝告，是不会生气的。因为对真理生气是不合理的。

苏：那么对那些在各种场合以各种方式欢迎真正的存在者的人，我们是不是必须称他们为爱智者而不称为爱意见者呢？

格：当然是的。

第六卷

> 那么，当我们说，在哲学家成为城邦的统治者之前，无论是公民还是城邦根本就没有能力终止邪恶，我们用理论想象出来的制度也不能实现。

苏：那么，格劳孔，经过这么漫长而累人的讨论，我们最终明白了什么样的人才是真哲学家，什么样的人不是真哲学家。

格：要知道，有这样一句话——"欲速则不达"呀。

苏：你说得没错，但我还是觉得，如果我们仅仅只讨论这一个问题，而不是在区分正义与非正义的生活时留下了众多问题需要我们讨论，我们很可能把这个问题讨论得更加清晰。

格：那么你来说说，我们下面要讨论什么样的问题吧。

苏：我们只能循序渐进，除此之外别无他法。既然哲学家是能把握永恒不变事物的人，那么我就认为那些不光做不到这点，还在事物的多样性中迷失的人，根本就不是哲学家。那么，我们应该让哪一种人来成为城邦的领袖呢？

格：你觉得正确的回答是怎样的呢？

苏：我认为谁看来最能维护城邦的法律和事务，那就让谁做城邦的守护者好了。

格：不错。

苏：还有，看守事物的人应当是一个盲者还是一个视力敏锐的人，这样一个问题的答案是显而易见的吧?

格:当然是明明白白的。

苏:那么,你觉得一个瞎子跟下述这类人有什么显著不同吗?这类人从可以体验的事物中获取知识,但他们的心灵缺少事物鲜明的原型,因此无法像绘画者观察自己的模特那样全神贯注于对象;无法做到心中始终保有着对象的原型,对这个事物进行精确的思考;也无法思考美、正义和善的法则,并在需要时维护已建成的东西。

格:真的,这种人是和眼盲者没什么区别。

苏:还有一种人,每一事物的实在他们都知道,而且在经验方面也不少于上述那种人,并且在任何一种美德方面也不差于上述那种人,那么,我们有什么理由不聘用这样的人而要去选择那些类似于眼盲者的人担当城邦的守护者呢?

格:确实,如果我们不挑选这样的人简直就是荒唐了——如果他们在经验和别的美德方面都不差的话。因为他们懂得一切美德中最大的美德是懂得事物实在的知识。

苏:现在,我们应当来讨论这样的一个话题:同一个人怎么能真的具有这两个方面优点的?

格:这是必须要讨论的。

苏:那么,在讨论之初我们就已经说过了,我们首先必须要弄清哲学家的天性是什么。我还觉得,在这个问题上假使我们取得了一致的意见,我们也会在下列问题上取得一致的认识:同一个人如果具有两种不同的品格是可能的;以及,应当正是让这种人而不是让其他类型的人当城邦的统治者。

格:是吗?

苏:让我们一致默认这一点是哲学家天性方面的东西吧:即永远酷爱那种能让他们看到永恒的,不受生成与消亡这两极影响的实体的知识。

格:那就把这点当作大家一致的认识吧。

苏:下面让我们就这些问题达成一致看法:他们爱关于实体的知识其实是爱其全部,不会拒绝它的较大或较小、较为珍贵与较为不那么荣耀的部分。这完全像是我在刚才提到爱智者和爱荣誉者时所说过的那样。

格:你说得没错。

苏：那么接下来请考虑：符合我们给出的这些条件的人，在他们的天性里，除此种品质外，就一定不会有别的品质。

格：哪种品质？

苏：热爱真理，永远也不会接受虚假，并且对谬误深恶痛绝。

格：也许是的吧。

苏：我的朋友，不是"也许"，是"必定"。一个人天性爱什么，就会也珍惜一切与他所爱的东西相关的和类似的。

格：没错。

苏：你能找到比真实与智慧更接近的东西吗？

格：不能。

苏：那么，对于同一天性来讲，它能够既爱智慧又爱虚假吗？

格：无论如何也不可能。

苏：所以说，真正热爱知识的人，一定是最有可能从小开始就以各种方式追求真理的人。

格：你说的无疑是真的。

苏：再说，凭经验我们知道，一个人的欲望在某方面很强时，在其他方面就会弱，这完全像水被引导流向同一个地方一样。

格：的确。

苏：当一个人的欲望被引导流向知识及一切这类事情上去时，我觉得，他就会参与自身心灵的快乐，不去注意肉体的快乐——如果他不是一个冒牌的而是一个真正的哲学家的话。

格：这是一定的。

苏：这种人肯定是有节制，绝不会贪财的。因为，别的人热心追求财富和巨大花费所要达到的那种目的，是不会被他们看作重要事情来对待的。

格：没错。

苏：在判别哲学家的天性和非哲学家的天性上，还有一点是需要我们注意的。

格：哪一点？

苏：你可别疏忽了任何一点思想狭隘的毛病。因为哲学家的灵魂一直都在寻求人类事物和神的事物的全部整体性，因此没有任何品质比思想狭隘跟哲学家更加对立的了。

格：完全正确。

苏：一个人的心灵有着宏大的思想，他沉思并细致观察所有时代和一切实在，这样的人不会把此生看得很重大。

格：是的，不会。

苏：因此，连死他们都不怕，对吗？

格：绝对不会的。

苏：那么，由此可知，胆怯与狭隘是不会出现在真正哲学家的身上的，它们不属于哲学家的天性。

格：我完全同意。

苏：一个精神健全的人不贪财又不狭隘，不自夸又不胆怯，这样的人会不公正和待人刻薄无礼吗？

格：不会。

苏：因此，这也是识别哲学家或非哲学家的灵魂时需要注意的地方——这人从小就是公正温良的，还是粗暴凶残的？

格：确实。

苏：不过我想你也不会疏忽另外一点。

格：哪一点？

苏：在学习方面的聪敏和迟钝。或者你可以想想，要是一个人从事一项工作，但收效甚微，你认为他还会继续热爱这项工作吗？

格：不会。

苏：还有，一个人如果健忘，学过的东西记不住，他到头来是不是还是满脑空空呢？

格：当然是！

苏：因此，一个人如果劳而无功，最后他一定深恨自己和自己所从事的那项工作。

格：当然会这样。

苏：那么健忘的灵魂不能进入爱智者的行列，我们要拥有记忆力。

格：必须如此。

苏：我们还应坚定地认为，不和谐、不适宜的天性只能导致没分寸，不能导致别的。

格：绝对是。

苏：你认为真理合乎尺度，接近均衡，还是接近不均衡呢？

格：我认为接近均衡。

苏：因此，除了别的品质外，我们还得寻求天然有分寸而温和的心灵，它的本能使得它更容易接受引导，去关注一切事物的理想的实在。

格：当然是这样。

苏：那么怎样呢？我们的论证还存在着不足吗？我们不是已经证明了，要想充分、完整地理解实在，上述所说的品质对灵魂是必要的，是相互关联着的？

格：我认为这些品质是最必需的。

苏：综上所述，一个人如果天赋具有良好的记性，敏于理解，豁达大度，温文尔雅，爱好和亲近真理、正义、勇敢和节制，就可能去恰当地实践，由这样的人来从事某项事业，还有什么需要加以指责的呢？

格：对这样优质的品质组合，即使是莫墨斯①也无法挑剔。

苏：因此，像这样的人——在他们教育完成了，年龄成熟了的时候——你难道还不愿意把城邦托付给他们吗？

阿狄曼图斯：亲爱的苏格拉底啊，对于之前你所陈述的，没有人可以进行反驳，但是那些并不经常听你进行讨论的人还是会感到，由于自己缺乏问答法的经验，你的论证的每一个步骤都会把他们朝着错误的方向引导那么一点点。积少成多，那么结果就会是那个从中推导出的结论会让他们摔一个大跟头，使得他们的看法跟原先的看法截然相反。这就好比两个人下棋，棋艺差的那个最后总是被棋艺好的那个困住，寸步难行。而参与你的这场用语言展开竞技的人，也会哑口无言。可是真理并不会因为口才的高低就会被改变。我这样说是因为我注意到了刚才的讨论情况。因为人们可能会说，他们尽管不能口若悬河，无法用言语回答你的每个问题，但到了现实里，他们看到那些转向哲学的人并非是在年轻接受教育时，学一点哲学就不再继续了，而是把自己学习哲学的时间拖得很长，结果是其中的大多数都变成了怪人。我们不会说这些人成了坏蛋，只是他们中那些最优秀的人，却因从事你所推荐的事业，变成对城邦毫无用处的人。

〔听到他这番话，我作出了以下回答〕

---

① 莫墨斯：希腊神话中非难和指责之神，夜女神的儿子。

苏：你认为他们所看到的不是事实吗？

阿：我说不准，但是我想知道你对于哲学的确切看法。

苏：我可以告诉你我的意见，他们看到的是事实。

阿：那么，既然我们都是认为哲学家对城邦毫无用处，那么"在哲学家统治城邦之前城邦不能摆脱邪恶"——你的这个论断又怎能成立呢？

苏：你提出的这些问题，我想我只能通过一则故事来回答。

阿：那就请便吧。但是我并不认为你擅长使用比喻。

苏：这也是无可奈何的，你已把我置于进退维谷的境地，现在又这样来讥讽我。不过还是请你先听我的这个故事，之后你可以更清楚我的为人——尽管我不善于运用比喻，但我还是非常努力的。因为哲学家与城邦之间的关系令人痛心，以至于找不到任何与这种关系性质完全一样的事情。为了能找到一件与之类似的事情，以便达到为他们辩护的目的，就很有必要把很多事结合到一起，就像某位著名的画家正在画长着一颗羊头的鹿这样的怪物，他不得不拼凑一样。假设有一艘船上发生了这样一件事情：船上有一个船长，他身强体壮超过船上所有船员，但是他耳朵有些聋，并且眼睛也有些不好使，航海技术也不是那么高明。于是船上的水手们各怀鬼胎，想着如何才能取而代之。尽管他们都没有学习和掌握掌舵技术，但人人都想成为舵手，好控制整条船。并且这些水手还断言，掌舵这门技术根本无法教，要是有谁说可以教，他们就准备随时将其杀死。他们就那样纠缠船长，强迫或者想方设法想要从船长那骗取对船舵的控制。当他们中有人失败后，就会被扔下海去。而最终他们采取各种手段，比如用麻药或者酒之类的东西困住了船长，夺取了掌舵权，他们就开始毫无节制大吃大喝，消耗船上的储备，随心所欲地航行。而且那些参与了这个阴谋，狡猾地协助夺取船长权力的人，不管是出主意还是出力气的，都因此被授予航海家、舵手、船老大之类的荣誉称号。他们还成立了帮派，其中一伙占了上风之后，就把那些不愿意与之同流合污的人骂作是废物，肆意加以贬低与欺凌。然而我们都知道，真正的航海家必须掌握非常全面的航海方面的知识，尤其必须注意年份、季节、天空、星象、海风以及其他与技术相关的问题，并且必须具备做舵手的技术权威。对于哗变的水手们来讲，他们从来都没有注意过这些。那么，现在新的舵手篡位了，但他却比原船长差很多。你说说看，在发生这种变故后的船上，一名真正的舵手难道不会被那些篡权的水手称作是废物吗？

阿：当然会。

苏：那么我想你已经听懂我的意思了。真正的哲学家在城邦中的处境就像我们刚刚描述的那个舵手在船上的处境。我们已经没有必要再做详细的类比跟证明了。

阿：确实如此。

苏：那么现存就劳驾你将我讲的这个故事讲给那些抱怨哲学家在我们的城邦得不到尊重的人听，试着让他们相信，要是哲学家能得到尊重，那才是怪事。

阿：我可以照办。

苏：还要对他们说，哲学家最优秀的精神对于世人是无用的；但是，让他们受到谴责的不是这种优秀的精神，而是那些人根本不知道怎样发现哲学家的优秀并为我所用。因为，说船长应该恳求水手们接受自己的领导，以及智者也应该去叩开富人们的大门，都一样是不正确的。这类格言的作者是在撒谎。事实上，当一个人生了病的时候，无所谓贵贱了，任何人都没有理由不去请求医生的帮助。要是一位统治者确实擅长治理，那么需要治理的人应该去请求这位统治者接受要求，成为自己的统治者，而不是反过来。你要是把我们当前的政治领导人比作我们刚刚描述的水手们，是不会有错的，这些人正是在把真正的舵手称作是废物和星象迷。

阿：的确是这样的。

苏：因此，据此情况可知，在这样的人中，哲学这门学问纵然再高贵，也是不会得到真正尊重的。然而使哲学蒙受最为巨大、最为严重毁谤的还是那些自称为哲学家的人，因为很多自称是在过着哲学生活的人，实际上正是我刚刚说的那类坏蛋，即使是他们中间那些较为优秀的也一样。你说这些话的时候，你的心里的那些哲学家恰恰是这类冒牌货。而我当时承认你说得对正是出于这个原因。你觉得呢？

阿：是的。

苏：说其中比较优秀的哲学家无用，我们有把原因解释清楚吗？

阿：我觉得已经讲透了。

苏：那我们能否说，变坏是大多数哲学家不可避免的，很多事情都是如此。这种情况的出现不能够归咎到哲学这门学问的本身？

阿：我赞同。

苏：那好，现在就让我们采取问答的方式，从回忆我们前面描述的那个想要成为善者的人，从小就必须具备的天性开始吧。你还记得吗？真理是他时时处处要追随的领袖，否则他就是一个和真正哲学家无甚关系的江湖骗子。

阿：我记得你曾这样说过。

苏：这一点不是跟今人对哲学家的看法刚好相反吗？

阿：没错。

苏：我们是否有理由为他进行一系列的辩护，追求真实存在是真正爱智者的天性，他不会只停留在意见所能达到的无数个别事物上，在他的心灵中的那部分把握住事物自身的本质前，他的热情的锋芒不会变钝，愿望也不会降低。他心灵的那个部分实在是最接近，也是最能把握实在的。正是通过心灵的这一部分与事物的接近与互动，他由此产生出理性与真知，才真实地活着或成长着。到那时，也只有到了那时，他的灵魂的辛劳才会停止。是这样吗？

阿：没有比这还好的辩护了。

苏：那么，你认为这样的人会喜欢虚假吗？或正好相反，他们仇恨虚假？

阿：虚假正是他们所厌恶的。

苏：我想我们可以这样说，因为真理的指引，不会有任何邪恶混在队伍中。

阿：怎么可能呢？

苏：这样一支队伍一定是健全和正义的，是有节制伴随的。

阿：对的。

苏：我想实在没有必要再重复我们最开始就已经给出了的那些证明，去说明跟哲学家天性相伴随的那些品质了，是吧？因为，你一定还记得，勇敢、大度、聪敏、强力是这种天赋所必具的品质。尽管你曾提出反对意见，说尽管大家都不得不同意我们的陈述，但只有搁置这些言辞，把注意力集中到言辞所指的人那，大家才会说，他们看到这些人有些是没用的，有些是卑鄙小人，干尽了坏事。于是我们开始探讨坏名声的原因，这方面我们走到了这一步：下面要研究为什么其中大多数人是坏的这样的问题。

也正是因为这个原因，我们才会重提真正哲学家的天性是什么这一话题，并且确定它必须是什么。

阿：没错，是这样的。

苏：好了，下面我们就一起来讨论哲学家天性的败坏问题。为什么大多数人身上这种天性败坏了，而少数人没有？这少数人就是虽没被说成坏蛋，但被说成无用的那些人。我们如果再来考察一下那些模仿哲学家的、自称是在研究哲学的人，看看他们的灵魂属于哪种类型。其实哲学的生活方式对这类人来说是过高了，他们难以攀附，是远远超过他们的个人能力的。也正是这类人在四处以及人们中间的言行造成了很多不和谐与出格，才给哲学带来了你所说的坏名声。

阿：你这里说的败坏是指什么？

苏：如果对此我能向你解释，我会尽力而为的。我想每个人都会同意我们的看法，我们所要求的一名完美的哲学家应该具备的那种天性，是很难在一般人身上产生的，就算是出现了，那也只能是极少数人。你接受这种说法吗？

阿：这一点我认可。

苏：那么请你留意，有大量的事物足以摧毁少数拥有这种天赋的人。

阿：都是哪些？

苏：最让人吃惊的事实就是，我们称赞的这种天赋所具有的每一种品质，都有着败坏自己所属的灵魂的倾向，让其偏离哲学。我说的就是勇敢、节制，还有我们列举过的其他品质。

阿：这听起来就是一个悖论。

苏：此外，还有全部所谓的利益、美、财富、体能、城邦里的大家族之类，所有那些与此相关的，都有着这种败坏的天性，使之偏离哲学。你明白我的意思吗？

阿：我明白，但我希望你能说得更加具体些。

苏：好吧，如果你把问题作为整体去理解，它就会变得清晰。你也不会认为我刚才的陈述是一个悖论。

阿：那么对此我应该如何做呢？

苏：众所周知，任何生物的幼芽，如果得不到合适的养分、季节、地点，那么它愈是强壮，离达到应有的发育成长程度就会愈远。因为，恶与善的对立,要远胜过邪恶与非善良的对立。

阿:你说得太对了。

苏:因此我认为这样说是合理的,那就是:如果环境不适宜,最优秀的天赋要比较差的天赋所产生的结果更坏。

阿:的确。

苏:亲爱的阿狄曼图斯,我们现在是不是就可以说:最有天赋的人,如果受到坏的教育,就会变得比谁都坏?或者说,你认为巨大的罪行和纯粹的邪恶来自一种微不足道的本性,而不是来自一个具有强大生命力,但在成长过程里遭到了败坏的本性?你要知道,一个天性软弱的人,是永远也不可能干成任何大事的,无论是好事还是坏事都一样。

阿:我觉得你说得很有道理。

苏:我们所设定出的哲学家的天赋,如果得到了合适的教导,那么必定会成长而达到完全的至善境界。但如果被种在不合适的土壤中的话,那么结果就会完全相反,除非有某位神灵来搭救。或者你也像很多人那样相信,真有什么年轻人被诡辩家带坏了,这些诡辩家在私生活中造成了一些值得一提的危害。这样说的人,自己才是最大的诡辩家。他们富有成效地教育了男女老少,并且按照自己的意图塑造了这些人。你说是吗?

阿:在什么时候呢?

苏:每当许多人聚在一起的时候,法庭、剧场、兵营、或参加任何公共活动的时候,他们会利用这样的场合大呼小叫,指责或赞许人们正在做的事或正在说的话。但是他们无论说什么,总喜欢言过其实,大肆夸张,加上喧哗、鼓掌、起哄,还有岩壁和会场的回声,让他们的叫嚣变得更加声势浩大。在这种场合,你想,一个年轻听众的心,就像我们所说的一样,岂不随之跳动?你再细细想一下,有没有一种对个人的教育能真正抵制住众人观点的冲击,使他在这种情形下能不随波逐流,人云亦云,进而变成跟大家一样的人?

阿:苏格拉底,这是难以避免的。

苏:有一个最重要的"必然"我们没有提过。

阿:什么?

苏：这些"教育家"或诡辩家①利用自己的语言优势无法说服他人时，就采取行动强加于人。你难道没听说过他们用剥夺公民权利、惩罚或死刑来对付不服从他们的人吗？

阿：他们的确是这样做的。

苏：那么，你想有什么别的诡辩家或私人教师的教导有希望能在这种力量悬殊的对抗中取得胜利呢？

阿：我看是没有的。

苏：我认为不但是没有，甚至可以说，拥有这样的一个念头其实都是愚蠢的。因为想要用一种与之相对立的教育方式来造就品性和美德，这样的事过去、现在乃至将来都不会有。我的朋友，我这样说当然是就人力而言。如果是神力，也许不一样——如格言所说的那样，神力是无所不能的话。你可以确信，在当下的这种社会和政治状态下，如果有什么德性能得救，能有一个好的结果，那么只能是在神的旨意下了。我应该没说错吧？

阿：我没什么可说的了。

苏：其实，此外还有一点我希望你持相同态度。

阿：哪一点？

苏：这些被政治家叫作诡辩派加以敌视、收取学费的私人教师，其实他们并未教授什么别的东西，他们只是传授了一些怎样在公众场合发表自己意见的方法，并把这称作是智慧。这完全像一个饲养野兽的人在饲养过程中了解野兽的习性和要求那样。他了解如何可以同它接近，何时何物能使它变得最为可怕或最为温驯，各种情况下它惯常发出几种什么叫声，什么声音能使它温驯，什么声音能使它发野。这人在不断饲养接触过程中掌握了所有这些知识，把它叫作智慧，组成一套技艺，并用以教人。至于这些意见和要求的真实性，其中什么是美的什么是丑的，什么是善的什么是恶的，什么是正义的什么是不正义的，他全都一无所知。他只知道按猛兽的意见使用所有这些名词儿，猛兽所喜欢的，他就称之为善；猛兽所不喜

---

① 诡辩家：也称为辩士学派（sophists），亦称智者学派、诡辩学派，为公元前5世纪　前4世纪希腊的一批收徒取酬的教师、哲学家之统称。其基本主张为善良、真理、正义都与人本身需要的利益相关，所以没有绝对的真理与正义，即"相对主义"。

欢的,他就称之为恶。他讲不出任何别的道理来,只知道称必然的东西为正义的和美的。他从未看到过,也没有能力给别人解释必然者和善者的本质实际上差别是多么的大。说真的,你不觉得这样一个人是一个荒谬的教师吗?

阿:是的。

苏:有人认为无论在绘画、音乐,甚至政治上,他的智慧就是懂得辨别五花八门的人群集会时所表现出来的面部表情,那么你觉得他和上述饲养野兽的那种人又有何种区别?如果一个人把自己的诗歌、别的艺术作品或为城邦服务所做的事情拿去给民众看,由他们来做判断,并且承认民众对自己的作品拥有判断的权威,那么谚语所谓的"迪俄墨德斯的必需"①就会迫使他去迎合大众。然而大众喜欢的不一定就是好的和高尚的。你听过有谁想要证明这一点?他的辩解不是荒唐可笑的吗?

阿:我以前从未听说过,我想即使是在以后我也不会听到。

苏:那么,请你把所有这些话牢记心上,再回想前面的问题。能有许多人承认或相信真实存在的只有美本身,而不是许许多多的美的事物,或者说,有的只是任何事物本身②,而不是许多个别特殊的东西?

阿:绝对没有可能。

苏:因此,想要成为热爱智慧的哲学家对大多数人来说是不可能的。

阿:不可能。

苏:因此,那些哲学化了的人受到非难,就难以避免了。

阿:我也认为是必不可免的。

苏:那些跟众人混在一起讨取他们赞许的私人教师,他们非难哲学家也是必然的。

阿:确实如此。

苏:由这些情况,你看到天生的哲学家有什么办法可以坚持自己的研究一直走到底吗?请你考虑这个问题时不要绕过我们前面讲过的话。我们曾一致同意:敏于学习、强于记忆、勇敢、大度是哲学家独有之天赋。

---

① 迪俄墨德斯:佛理基亚的国王。传说他曾强迫俘虏跟自己的女儿同居。
② 希腊文的"本身"(αύτό)这个词作为哲学术语时,常指某事物的抽象意义,即事物的本质、实体或理念。

阿：是的。

苏：这种人从童年起不就一直是孩子中的佼佼者吗？尤其是他的身体素质也能和灵魂的天赋相匹配。

阿：怎么会不是这样呢？

苏：我想，他的亲友和本城邦的同胞，都会打算等他长大后能承担重任。

阿：确实。

苏：因此，他们因为预见到了他的未来，从而讨好他，甚至跪在他的脚下祈求他，向他致敬。

阿：这是常见现象。

苏：那么，在这种情况下你觉得这个年轻人会怎样呢？尤其是他要是属于一个大的城邦，出身高贵又高大英俊，他的灵魂难道不会因此被难以自制的野心淹没？难道他不会认为自己不仅有能力管理希腊人的事物，还认为自己有能力管理希腊之外的野蛮人的事物，并为此妄自尊大，骄奢淫逸吗？

阿：他肯定会这样。

苏：处于此种状态下的这样一个人，如果有人轻轻走来告诉他真理，你认为在这样的恶劣环境下，他会听得进去吗？我想这样的时候他根本不想听到这些。

阿：是的，他不想听到。

苏：即使我们假定这个青年由于素质好容易接受忠言，听懂一点，动了心，被引向了哲学之路，我们可以设想，这时他原来那个圈子里的人由于预感到自己将不再能得到他的帮忙，他们会如何动作呢？他们就不说任何话、做任何事来阻挠他被说服，并使任何想说服他的人都无能为力——不光用私人的阴谋，而且还用公众的控诉来达到自己的目的？

阿：这是必然的。

苏：那么，像这样的一个人还会继续研究哲学吗？

阿：绝对不会。

苏：所以你应该明白我们刚刚说的是不错的吧：构成哲学家天赋的那些品质如果受到坏教育或坏的环境的影响，就会成为背离哲学研究的原因，跟所谓的美观、富裕以及所有这类生活福利一样？

阿：说得对。

苏：我的朋友，我们论证过最优秀的天赋在任何情况下都是难得的，它最适宜于从事最高尚的事业，但也同样因为我们所说的上述原因，而很容易遭到败坏与毁灭。对城邦和个人带来最大伤害的也恰好是这类人。如果他们能改变自己转向为善，那么也一样能造福于城邦和个人。反之，那些天赋平庸的人，无论是对于城邦还是对于个人而言，其作用都是非常小的。

阿：完全正确。

苏：那些最配得上哲学的人就是这样背离了哲学的，使她孤独凄凉，他们自己也因而过着不合适并且也是极为不真实的生活。与此同时，那些卑劣的追求者看到哲学没有亲人保护，便乘虚而入，玷污了她，而且如你们所说，她的反对者把那样一些恶名强加在她身上，声称某些从事哲学的人毫无用处，而更多从事哲学的人则罪大恶极。

阿：是的，这些话的确有人说过。

苏：这些话看起来似乎有道理，因为还有一种小人，他们发现这个地方没有主人，里面却满是美名和荣誉，他们就像一些逃出监狱进了神殿的囚徒，放弃了自己的技艺，进入了哲学的神殿。须知，哲学的名声尽管每况愈下，但依然还保持着比其他技艺更为高超的尊严。许多不具天赋的人就这么被吸引了过来，虽然他们的灵魂已因从事粗俗的技艺和职业而变得畸形与残废，正像他们的身体受到他们的技艺和职业损坏一样。他们被哲学吸引过来也是必然的吗？

阿：是的。

苏：他们的所作所为很像这样一幅景象：一个因为造假币刚从监狱中被释放出来的癞头铁匠交上了好运，他洗了个澡，穿了件新外套，打扮得像个新郎，去和他师傅的女儿结婚——这个姑娘由于家境贫寒而被遗弃。

阿：很像。

苏：这样的结合会生出怎样的后代呢？难道不是劣等的下贱货吗？

阿：肯定是的。

苏：因此，当那些不适合学习知识的人接触到了哲学，不相称地和哲学结合起来的时候，我们说他们会"生出"什么样的思想和意见呢？他们难道不会"生出"确实可以被恰当地叫作诡辩的，其中没有任何真实性可言，配得上或接近于真正理性的东西来吗？

阿：确实如此。

苏：因此，阿狄曼图斯，剩下来能够称得上是研究哲学的人，也就屈指可数了。他们或是出身高贵又受过良好教育，由于处于流放之中而没受到腐蚀，依然在真正地研究哲学；或者也可能是伟大的灵魂却出生在一个小小的城镇上，他不屑于关注这个小地方。还有极少数的一些人也许是因为天赋优秀，脱离了他所应该藐视的别的技艺，而改学了哲学。另外还有一些人也许是因为有我们的朋友塞亚革斯[①]那样的缺陷而受到限制。因为对塞亚革斯来说，放弃哲学的别的条件都具备，但他多病的身体使得他没法从事政治，不得不转回来重新从事哲学。至于我自己的情况则完全是例外，那是神迹，是以前很少有别人遇到过的，或者压根就是很少有人曾经碰到过。属于这个群体中极少数的尝到了拥有哲学的甜头和幸福，并充分看到了群众的疯狂，知道在当下的城邦事务中没有什么可以看作是健康的，也没有一个可以作为正义战士的盟友，以便去援助他们，使他们免于毁灭的人。这极少数的真哲学家像一个人落入了野兽群中一样，他们既不愿意去作恶，又不能够单枪匹马地对抗所有的野兽，因此，大概只好在能够对城邦或朋友有所帮助之前，就对己对人都无贡献地早死了。——因为这些原因，所以哲学家都保持沉默，只关注自己的事情。他们就像一个在暴风卷起尘土或雨雪时，躲避在一墙之下的可怜人，看别人干尽坏事，只求自己可以一生都不去沾染不正义和邪恶，最后怀着善良的愿望和美好的期待而逝世，也就感到很心满意足了。

阿：噢，就算这样，他生前的成就也不算最小呀！

苏：要是这样的人不能碰巧生活在一个合适的国度里，是不可能有很大成就的，因为只有在一个合适的城邦里，哲学家本人才能得到充分的成长，从而有知识、有能力、有作为去保卫自己的正当利益以及公众的正当利益。哲学受到非议的原因以及非议的不公正性，我觉得我已经解释得很充分了。你还有什么要说的没有？

阿：我没有什么其他要说的了。但是请问，以你的经验来看，如今的政治制度适合于什么样的哲学发展呢？

---

① 塞亚革斯：苏格拉底的学生，见柏拉图的《申辩篇》。

苏：一个也没有。我之所以要抱怨，是因为其中没有一种是适合哲学本性的。也正是因为这样的缘由，哲学的本性才会变得堕落变质。正如种子被播种在了异乡土地上，结果被当地水土影响而蜕变，或者完全不能生存。哲学如果能找到如它本身一样最善的政治制度，那时可以看得很明白——哲学确实是神圣的，而其他技艺的本性和实践都不过是人事而已。到这里我知道你下面要问的是什么——这个最优秀的政治制度是什么？

阿：这下你可错了。我要问的是另一个问题，即，这种优秀的政治制度是我们建立城邦时已经描述过的那种制度，抑或还有另外一种制度？

苏：其实从别的角度去看，它就是我们描述过的那一个；但是有一点我们一定要注意，也是我们前面说过的，在这样的一个城邦，一定要有人对政治制度的看法跟你作为立法者存立法时所想的一样。

阿：是的，之前说过这一点。

苏：但是，对它的解释其实还是不够充分，你当时的反驳曾使我害怕，可要证明这一点确实困难，需要很长时间。除此之外，剩下来要加以解释的这个部分也一样不容易。

阿：你是什么意思？

苏：是这样一个问题：一个受哲学主宰的城邦，怎样可以做到不毁灭呢？因为伟大的事业都有风险，俗话说"好事多磨"。

阿：还是让我们把这个问题弄清楚了，以便结束这一讨论吧。

苏：我并不是缺乏愿望，如果真是要说起缺乏什么的话，是缺乏能力阻碍了我。但是你会亲眼看到我的热忱。还要请你注意到，我将多么热忱和勇敢地宣称，这个城邦应该用和当前完全相反的方式来从事哲学事业。

阿：怎样的方式？

苏：当前，人们一般从青年时期开始学习哲学，这个时候人刚从儿童变成成人，要从事各种营生，还要成家立业。在这个时候他们接触到了哲学最困难的部分，然后放弃了哲学。他们把这些内容看作是哲学的典型，也就是我们说的哲学的讨论。再往后他们认为自己已经学够了哲学，如果没有受到邀请，他们是不会参与讨论的。他们认为这种事是应该在业余的时间做的。到了老年，他们很少例外地比赫拉克利特的太阳更加彻底地熄灭掉，以致再也不能重新亮起来了。

阿：那么，应该怎样呢？

苏：其实应该是完全相反。当他们年少时，他们应当接受适合青少年的教育和文化。当长成大人时，他们主要应该做的就是好好注意身体，为哲学研究做好身体准备。随着年龄的增长，当他们的灵魂开始达到成熟阶段时，他们应当加强对心灵的锻炼。当他们的体力转衰，过了应当为政治、军事服务的年龄，如果我们想让他们在这个世上过得幸福，并且在死亡降临后仍然能在另一个世界里过上同样幸福的生活，就应该给他们机会，让他们悠闲自在起来，不再承担繁重的工作，而把时间用在研究哲学上。

阿：我相信你怀着无限热忱，苏格拉底。不过，我觉得你的大多数听众甚至会更热忱地反驳你，永远不会被你给说服，尤其是塞拉西马克。

苏：请你别挑拨我和塞拉西马克之间的关系，即使我们只是刚刚成为朋友，我们以前也不是敌人。我们将做出努力，直到说服他和别的人，或是达到了某种成果，以便在他们重新投胎做人，并且碰上此类讨论时，能对他们有所帮助。

阿：你所预言的这个时间还真是不短呢。

苏：不，其实和时间的永恒性比起来，它确实是并不算什么。不过，如果我们说服不了大众，也没什么好奇怪的，因为他们从来没有把我们在这里谈论的事当作是真实的事。他们以为我们不过是在玩弄辞藻，而所说的事情根本不会同时发生在这里。然而，一个在言行两方面尽可能和美德本身完全相合，而且统治着一个合乎美德的城邦，这样的事情在他们的经历中是闻所未闻的，更谈不上多见的。你觉得呢？

阿：的确是的。

苏：我的好朋友，他们也并没有足够认真听过公正而自由的讨论。这种讨论的唯一目的在于，想尽一切办法为得到知识而寻求真理，而那种只能在法庭和私人谈话中引起意见分歧和争端的争论，完全是另一回事。

阿：他们的确没听到过这种论证。

苏：正是由于这样的缘故，且由于预见到这一点，所以我们尽管害怕，但还是迫于真理的力量不得不宣称：只有在某种机缘下，当前被称为无用的那些极少数尚未腐败的哲学家被推上统治地位，出来掌握城邦的权力，无论是不是出于自愿，并使得公民去服从他们的管理时，或者说，只有在神的激励下，那些当权者的儿子，要不就是那些君主自己对哲学产生了热忱，城邦才能得到完善。我认为没有理由一定说，这两种前提（或其中任何一种）是不可能的。假如果真不可能，那么我们受到讥笑，被叫作梦想家，就的确应该。不是吗？

阿：当然。

苏：所以，如果曾在极遥远的古代，要不就是目前正在某一我们所不知的遥远的蛮族城邦，或者有朝一日，某种必然的命运迫使这位哲学缪斯来统治城邦，那么我们准备竭力主张：让哲学家来统治我们描述的这种体制，或者相信这种愿望能够实现。这种事不是不可能发生，我们也不是在谈论某种不可能的事情。不过我们还是承认，这非常困难。

阿：我也是这样认为的。

苏：你的意思是说，大众其实并不这样认为，对吗？

阿：也许吧。

苏：我的朋友，请别把什么都归咎给民众。你如果不是好斗地而是和风细雨地劝告和潜移默化消除民众对学习的厌恶，向他们说明你说的哲学家是指什么样的人，像我们最近做的那样给他们说明哲学家的天性和追求，从而使得他们看明白了你说的哲学家其实并非他们所认定的那些人，那么，他们一定能改变看法。或者，即使他们按照老样子考察哲学家，你不认为他们还是会改变自己的看法和认识吗？或者，你认为一个人一定会用粗暴的方式去对待温文尔雅的人，用嫉妒对待不嫉妒的人吗？让我来替你回答：这样粗暴的态度或者很坏的脾气只会出现存极少数人身上，绝大多数民众是不会这样的。

阿：你可以相信，我赞同你的看法。

苏：你不同样赞同这一点吗：很多人对哲学的恶感的根源在于存在伪哲学家。这些人闯进了本来就不属于他们的领域里，他们互相争吵，充满敌意，而且总是进行人身攻击。这个世界上再没有一种行为像这样与哲学家不相配的了。

阿：是这样的。

苏：阿狄曼图斯啊！你必须知道，一个专心致志的人是根本无暇关注那些与其不相关的琐事的，也不会参与充满嫉恨和仇恨的争斗。他的注意力放在了那些有着永恒不变的秩序的事物上，看到这些事物不会伤害别的事物，也不会互相伤害，而是按照理性的要求保持和谐，他因此竭力模仿这些事物，尽最大努力让自己与它们相仿。你觉得一个人不会去模仿自己尊崇的事物吗？

阿：当然会。

苏：因此，和神圣的秩序有着亲密交往的哲学家，在人力许可的范围内也会使自己变得有序和神圣。但毁谤中伤是无所不在的。

阿：是这个样子的。

苏：那么，如果有某些力量迫使他把在彼岸看到的原型，用来作为塑造公共和私人两方面的人性的楷模，而不仅仅只用来塑造自己，你认为他会证明自己在塑造节制、正义以及公民美德上，是一个不称职的工匠吗？

阿：绝对不会的。

苏：但是，假如群众知道了我们所说的关于哲学家的都是真的，他们还是会粗暴对待哲学家，会不相信我们的话吗？我们可不可以这样说，如果不经过艺术家按照神圣的原型加以描画，任何城邦都不可能拥有幸福呢？

阿：如果知道了这一点，他们就不会粗暴对待哲学家了。但请你告诉我，这个图画应该是怎样描绘出来的呢？

苏：他们看待城邦和人的品质就像拿起一块画板，首先做的事是将它擦干净，这当然不是一件容易的事。但是无论如何，你知道在这里他们便已显露出了和别的改革家的第一个不同之处：在得到一个干净的对象或自己动手把它弄干净之前，他们是不肯动手描画个人或城邦的，并且也是不肯为之立法的。

阿：他们是对的。

苏：擦净后，你认为他们下面要做的事难道不是着手绘制政治体制的草图吗？

阿：当然是。

苏：我想，他们在工作过程中大概会不时地反复观看，看绝对正义、美、节制等等，看他们根据这些性质努力在人类中复制出来的种种摹本。他们不断添加一些东西，用各种办法使之活起来。最后，他们判断这些摹本有了荷马所说的与人形相似的东西了，当这种东西在人身上显现时，人的形象就是神的形象，人就跟神相似。

阿：对。

苏：我想，他们大概还要涂改，直至尽可能把人的特性画成神所喜爱的样子。

阿：那么，无论如何这幅画也该是最好的画作了。

苏：到此，那些你本来以为要倾全力攻击我们的人，是不是有点相信我们了呢？我们是不是能使他们相信：这位制度画家就是我们曾经称赞过的，当我们建议把城邦委托他治理时曾经使他们对他生气的那种人呢？当听到我刚才关于画家所说的这些话时，他们是不是态度会温和点呢？

阿：如果他们是明白事理的，那他们的态度一定温和多了。

苏：他们还能有什么理由来反对呢？他们能否认哲学家是热爱实在和真理的吗？

阿：那样就显得很荒谬可笑了。

苏：难道他们能不认同我们所描述的这种天性是至善的近亲吗？

阿：也不能。

苏：那么，他们能否认那些受到过合适的教养的人，只要存在，就会是至善的哲学家吗？或者，他们宁可认为我们所反对的那种人是至善的哲学家呢？

阿：绝对不会。

苏：那么，当我们说，在哲学家成为城邦的统治者之前，无论是公民还是城邦根本就没有能力终止邪恶，我们用理论想象出来的制度也不能实现，当我们这样说时，他们对我们的话还会生气吗？

阿：或许怒气会小些。

苏：我们是不是可以说，他们不单单是怒气小些了，而且他们的整个人也变得温和了，完全信服了，以至单是羞耻心（如果没有别的什么的话）也会使他们同意我们的论断了呢？

阿：绝对的。

苏：因此，就让我们先假定他们都已赞同这个论断。那么还会有人反对另一论断吗：国王或统治者的后代，生而有哲学家天赋是可能的事情？

阿：应该是没有人会反对了。

苏：这种哲学天才既已诞生，还会有人论证他们必定腐败吗？虽然我们也承认使他们免于腐败是件困难的事，但又有谁能够自信地断言，在全部时间里，所有这些人之中就永远不能有哪怕一个人能免于腐败吗？

阿：怎么可能会有人得出这样的断言呢？

苏：是啊，的确，有一个这样的人就够了，如果有一个城邦服从他，他就可以在那里实行其全部理想的制度——虽然存现今条件下这个制度尚未有人相信。

阿：是的，有一个这样的人就够了。

苏：因为，他既然成了那里的统治者，就能把我们描述过的那些法律和惯例制定出来，公民们心甘情愿去服从——这绝不是不可能的。

阿：的确。

苏：那么，别人赞同我们的看法，难道说这还成了什么奇怪的、难以理解的事情不成？

阿：我认为不是。

苏：再说，既然是可能的，那么我认为这已经充分证明，这些事情实际上是最善的。

阿：我认为也是充分表明了这一点。

苏：因此，我们关于立法的结论看来是：我们的计划如果可以实现，那它无疑就是最善的；虽然实现会有一些困难，但是那并不是什么不可实现的。

阿：结论是这样。

苏：既然这个问题好不容易解决了，我们下面应该接着讨论剩余的问题了：作为这种学习和追求的产物，保护这种制度的人将成为我们城邦的一部分，他们应该以怎样一种严格的方式，或者说该在什么年龄开始学习每一门课程？

阿：是的，必须讨论这些问题。

苏：我在前面故意规避了娶妻生子和任命统治者这样的一个难题，因为我知道完全绝对的真理会引起忌恨并且很难实现。但是回避并没什么好处，因为事到如今还是照样得讨论它。妇女儿童的问题已经处置了，对于与统治者的教育相关的问题，我们还必须从头开始进行考察。如果你记得的话，我们曾说过：他们被放在苦和乐中经受考验，证明自己是爱国的，证明无论遭到怎样的艰难险阻，都不改变自己的爱国心，不能保持这种信念的人就该被淘汰。而对于那些经受住了任何考验而不会变化的人，像真金不怕烈火那样，他们就该被任命为统治者，让他生时得到尊荣，死后得到褒奖。这一类的话我们曾讲过，但当时由于担心会引发一场争论，我们才悄悄把讨论转变了方向。

阿：你讲的我记得。

苏：我的朋友，我们当时没有敢像现在这样大胆说出这些话。现在让我们勇敢地主张：必须确定哲学家为最完善的守护者。

阿：好，我们应该提出这一主张。

苏：你要知道，他们人数肯定很少，因为我们说过，这种本性由好多部分组成，一个人很难同时具备，但是我们希望能通过教育帮助他们具备。在大多数情况下，这些品质是分散着的。

阿：你是什么意思？

苏：敏于学习、强于记忆、机智、灵敏、豁达以及其他诸如此类的品质，还有进取心，从某种角度来讲，它们是很难同时出现在一个人身上，并且这些品质还要能有序、安宁、稳定地结合在一起，这简直就是罕见的。就算有这样一个人，也会因为他的敏捷而反应灵敏，就像是受着偶然性支配，变得缺乏稳定性。

阿：这倒是真的。

苏：有些人天性稳定，人们愿意相信这种人。他们在战争中不容易为恐怖所影响而感到害怕，在学习时，当有学习任务摆在面前，他们不会一遇到困难就放弃，仿佛麻木了似的，没完没了打瞌睡打哈欠。

阿：是这样的。

苏：但我们曾经主张，一个人必须兼具这两个方面的优点，并且结合妥当，否则就不能让他受到最高教育，得到荣誉和权力。

阿：对。

苏：难道你不认为其实这种人是不可多得的吗？

阿：当然是不可多得的。

苏：因此，他们必须经受我们前面说过的劳苦、恐怖、快乐的考验，我们现在还需让他们经受更多学习的锻炼，观察他们的天性是否有能力承受伟大和艰苦的学习，看看他们是否退缩，就像有人畏惧体育锻炼一样。

阿：这样做是对的，但你所指的伟大的学习是什么呢？

苏：你或许还记得，我们在辨别了灵魂里的三种品质之后，曾比较研究了关于正义、节制、勇敢和智慧的相关定义。

阿：如果不记得了，那我就没资格再听下去。

苏：你也记得这之前说的话吗？

阿：什么话？

苏：我们曾经说过，想要完善认识这些美德，需要另走一条更长的路，这样有可能为我们前面的讨论添加一个相应的证明。当时你曾说没有这个必要，正因为这样，我们后来说的在我看来还是缺乏精确性。但你要是觉得满意，那你就这样说好了。

阿：我感到满意，在场的人显然都很满意。

苏：不。我的朋友，对这样的事情，哪怕一点不满意也都意味着不满意。任何有缺陷的事物都不能用来作为尺度衡量别的事物——尽管有些人有时候会认为自己已经够了，不想再做进一步的研究。

阿：其实每个人都具有这样的惰性。

苏：但对于城邦和法律的守护者来说，这是最要不得的。

阿：是的。

苏：因此守护者必须走一条更加曲折漫长的道路，还必须付出比身体锻炼更大的努力去学习；或者如我们方才所说的那样，他们绝不可能把这种属于他们的最伟大的学习进行下去。

阿：为什么？难道说我们谈论的这些还不是最伟大的吗？还有什么比正义，比其他的美德更伟大的吗？

苏：是的，不仅有更加伟大的事业，即使是对这些事业，我们也一定不能满足于像现在这样只看到草图，而是必须看到对它们最详尽的解释，任何细节都不能遗漏。要是说对一些微不足道的小事情我们都不惜耗费精力，力求做到最精确、最清晰，而对这些最伟大的事情反倒不要求对它的认知具有最大的精确性，那难道不很荒唐吗？

阿：的确。但你认为我们会放过你，不想问你"什么是这种最伟大的学习，还有你认为它和什么相关吗"的问题？

苏：我知道不会有人想要放过我，我有这个思想准备，你随便问吧。但是我觉得你现在要么是没听懂，要么就是存心和我过不去，想要对我的论证发起攻击。因为你多次听到过，善的理念是人们要学习的最伟大的事物，与之相关的是正义的事物和其他所有有益的事物。现在我差不多深信，你知道下面我要论述的，而我们对善的存在形式并不具备充分的知识。如果我们不清楚善的存在形式，缺乏有关善的深度知识，那么，即使是我们知道其他所有的知识，对我们的用处也不大。这就好比拥有所有一切，唯独少了善。要不这样说也可以，除了善，什么都拥有，什么都理解，唯独不理解善。你认为这样有用吗？

阿：真的，我认为是没有什么好处。

苏：再说，你也知道，众人都认为善是快乐，而更加高明的人则认为善其实是理性或者知识。

阿：的确如此。

苏：我的朋友，你也知道，持后一种观点的人因为无法说出这是一种什么知识，最后不得不说这种知识是善的知识。

阿：这很可笑。

苏：他们先是谴责我们不懂善，然后在继续讨论时又把我们看作是了解善的，这怎么能不可笑呢？因为他们说这种知识是有关善的知识，就像我们明白他们说的"善"这个词的意思似的。

阿：你说得对极了。

苏：好吧，定义善为快乐的人，也是犯了同样的思想混乱的错误。他们不也一样会用同样的方式不得不承认存在着恶的快乐吗？

阿：肯定的。

苏：我想，这样的结果只能是他们承认同一事物既恶又善。你说对吗？

阿：的确。

苏：那么，在善的问题上显然存在着很多重大的争论，是吧？

阿：确实如此。

苏：那请问，大家不还看到了下列情况吗？在正义和荣耀的问题上，大多数人宁可要貌似的东西，也不要真正的实在，在行动、占有、意见中都是这样。而在善的问题上，就没有人满足于拥有貌似的善，而是都在追求真实的善，貌似的东西在此无法令人满意。

阿：是这样的。

苏：每一个灵魂都追求善，都把它作为自己全部活动的目的。人们直觉到它的确是存在的，但又确实没有万全的把握，难以恰当理解它的本质，无法像对待别的事物那样，对它建立起稳固的信念。由于这个原因，人们也无法像从其他事物中得到好处那样，从善那里获取好处。我要问的事情是，我们能容许城邦的最优秀人物——我们要把一切都委托给他的——也这么昏庸糊涂吗？

阿：绝对不行。

苏：总而言之，我认为，一个人如果不知道正义和荣耀与善的关系，那么正义和荣耀的事物就没法保证无知的守护者能高尚。因而我猜测，没有人在知道善之前就能足够了解正义和荣耀。

阿：你的猜测很好。

苏：因此，只有当我们有了这样一位知道了这些的守护者来监督我们的城邦，这个城邦才是体制健全的。

阿：这是必然的。但是苏格拉底啊，你认为知识是善还是快乐，或者是别的什么？

苏：我了解你这个人，我知道你是不会对只是知道别人的看法满足的。

阿：苏格拉底啊，轻易接受别人的观点在我看来是不对的。在一个人经过长期的思考后，他应该拥有自己的看法。

苏：可是，一个人对自己不懂的东西，你认为他有权夸夸其谈，好像懂了一样吗？

阿：那当然不应该。但一个人将他的想法作为自己的意见跟大家谈谈总是可以的。

苏：难道你没有注意到，脱离知识的意见通常都是丑恶的吗？就算是那些最好的意见也是盲目的；或者说，你认为某人拥有某种正确的意见，却没有理性，这样跟瞎子走对路有什么不同吗？

阿：没什么不同。

苏：所以，当你可以从别人那儿听到光明和美的事物时，你还宁愿去思考那些丑陋、盲目、被歪曲的事情吗？

格劳孔：说真的，我是不会这么做的。但苏格拉底，我们好像就要到目的地了，你可别折回去呀。哪怕你能像解释正义、节制和别的美德的本质那样解释一下善，我们也会很满足。

苏：我的朋友，如果我能做到，我也会跟你们一样满足。问题是我担心自己的能力有限，尽管充满热情，却很可能画虎不成反类犬，被人笑话。亲爱的朋友，还是让我们先搁置一下善的本性的问题吧，这不是今天我有能力说清楚的。但我们可以谈一下善的儿子，尽管它看上去很像善本身。

如果你们不反对,我很愿意谈谈,要不就算了。

格:行,你就讲儿子吧,反正你下次还要还债,给我们讲父亲的。

苏:难道我不希望能马上偿清债务,而不是像现在这样只付利息讲儿子,让你也可以连本带利两个方面都听到?可无论如何,你还是把这个善的儿子①当利息收下吧。但是还得请你们小心,别让我无意间算错了这笔利息,结果把你们骗了。

格:好,我们会小心的。你只管讲吧。

苏:好。但我必须要和你在某些方面达成一致,提醒一下你们我在前面说过的话,还有我在别的场合多次表达过的意思。

格:你有什么想对我们说的?

苏:就是我们说有多种美和善的事物,并且说它们"存在",在我们的语言中对它们做出了界定。

格:的确是这么做的。

苏:另一方面,我们也说过美本身,唯一的善本身,相对于纷杂的万事万物,我们说每一类众多的事物都有一个单一的"理念"或者"类型",假定它因为是一个统一体而被称为真正的实在。

格:我们这样说过。

苏:我们说,纷杂繁多的事物可见却不可思,单一的"类型"可思不可见。

格:确是这样。

苏:那么,看那些可见的事物,我们靠的是我们的哪一部分,用的是哪一些能力呢?

格:用视觉。

苏:我们不是还用听觉来听可以听见的东西,用其他的感官来感觉其他可以感觉的东西的吗?

格:没错。

苏:但不知你是否注意到,感觉的创造者在使我们能看见和使事物能够被看见上,花费了很大的力气?

格:我完全没注意过这一点。

---

① 这里的"儿子"和"利息"的希腊原文都是 τókoc,属于双关语。

苏：那么，就让我们来研究一下这个问题吧。听觉和声音是否需要另外的媒介，才能够使听觉能听？要是缺少这个第三者的媒介，我们的听觉是否就无法听到声音？

格：当然是不需要的。

苏：我想，许多其他的感觉——我们不说所有其他的感觉——都是不需要这种东西的。可是你知道有什么感觉是需要这种东西的吗？

格：我不知道。

苏：难道你没有注意到，视觉以及可看到的东西是有这种需要的吗？

格：怎么会？

苏：你知道，尽管眼睛有视觉功能，拥有视力的人也企图运用它，并且由颜色呈现，但要是没有专门适合这一目的的第三者出现，视力什么也看不见，颜色也不存在。

格：你说的是什么东西呀？

苏：我所说的就是你叫作光的那种东西。

格：你说得很对。

苏：所以说，如果光是可敬的话，那么把视觉和可见性联结起来的这条纽带，比起联结别的事物的纽带，就显得更加重要。

格：这样看来的确是很珍贵的。

苏：你能说是天上的哪个神创造了光，使我们的视力能够很好地看见，使事物可以很清晰地被看到吗？

格：大家会一致认为是太阳。

苏：那么视觉和这个神的关系是怎样的呢？

格：什么关系？

苏：不管是视觉本身也好，或者说视觉这种感官所在的那个叫作眼睛的器官也好，都不等于就是太阳。

格：当然不是。

苏：可是我觉得，在所有的感觉器官中，眼睛最像太阳。

格：是的，它像太阳。

苏：眼睛能释放出一股射线，这种射线不就是来自太阳吗？

格：是的。

苏：所以说，太阳不是视力，但作为视力的原因又被视力所看见，这不也是事实吗？

格：的确是。

苏：因此我们说善所生的儿子与善本身具有某种关系。就好比善作为理性的原因，在理性的领域里与理性具备某种关系。同样，善作为视力的对象在可见世界里与视力具备某种关系。

格：为什么是这样？再给我解释解释。

苏：你知道，当事物的颜色不再被白天的阳光所照亮，而只被夜晚的微光所照的时候，你用眼睛去看它们，物体的轮廓会变得模糊。那些在白天的阳光照耀下明显可见的颜色消失了，这个时候眼睛就像瞎子一样，视觉已经不复存在。

格：的确是这样。

苏：但我想说，当你的眼睛朝太阳所照耀的东西看的时候，你的眼睛就会看得很清楚，同是这双眼睛，却有了视觉。

格：是的。

苏：人的灵魂其实就是像人的眼睛一样。当灵魂凝视着真理与实在所照耀的区域时，灵魂就能认识和理解，好像是拥有了理性。但当它转而去看那个黑暗的区域，那个明灭变换的区域时，因为物体变得模糊了，因此只能产生摇摆不定的意见，又显得像是丧失了理智。

格：确实是这样的。

苏：好了，现在你必须要说，这个将真理给予知识对象的实在，这个使认知者获得认知能力的实在，就是善的"理念"，你必须把它看作是知识以及迄今为止所知的一切真理的原因。真理和知识都是美的，但善的"理念"更美。至于知识和真理，你不能认为它们就是善，就像我们刚刚提到的光和很像太阳的视力，但绝不能认为它们就是太阳本身。因此，在这里我把知识和真理比作是善的相似物是可以的，但却不能把它们看作是善本身。善的领域和善的行为具有更高的荣耀。

格：如果善是知识和真理的源泉，又在美这一方面超过二者的话，那么你所说的是一种多么妙不可言的存在啊！因为你一定不可能把善看作是快乐。

苏：我绝没有这个意思。但还是请你进一步以这种方式来考察一下这个比喻吧！

格：那又该怎样考察？

苏：我假定你会说，太阳不仅使可看见的事物可见，而且还使得它们出生、成长，为它们提供所需的营养——尽管太阳自身不是被产生的。

格：当然不是。

苏：同样，你也会说，知识的对象不仅从善得到它们的可知性，而且从善得到它们自己的存在和本质，但善本身不是本质，而是比本质更有尊严、更加威严的东西。

格：〔面带讽刺〕天哪，没有比这更夸张的了！

苏：这全都怪你，是你逼迫我说出来的。

格：那就别停，至少把那个太阳的比喻说清楚，不要有任何遗漏。

苏：是的，我承认省略了不少。

格：那你就全都说出来好了。

苏：我想，有许多东西将不得不略去。但到了这一步，我实在不想再省略了。

格：千万别省略①。

苏：那么请你这样设想，正如我所说过的，有两样真实存在的东西：一个统治着理性的秩序和区域，一个统治着视觉所见的世界。我们用这个词，而不说"天界"，这一点我们就算是已经同意了。你一定理解这两类事物：可见的和可理解的。

格：我懂。

苏：那么请你画一条线来表示它们，把这条线分成不等的两部分，然后把它们按照同样的比例再分别分成两部分。假定原来的两个部分中的一个部分相当于可见世界，另一个部分相当于可知世界，然后我们再根据其清晰程度来比较第二次分成的部分，这样你就会看到可见世界的一部分表示影像。所谓影像，我指的首先是阴影，其次是在水里或表面光滑的物体上反射出来的影子或其他类似的东西。你懂得我的意思吗？

格：我懂。

苏：至于第二部分表示的是实际的东西，即我们周围的动物和植物，

---

① 本卷这一段是柏拉图著名的"线喻"。有关图示，请参阅范明生的《柏拉图哲学述评》一书。

以及一切自然物和人造物。

格：就这样假定吧。

苏：我想，你是否愿意说，可见世界的这两个部分的不同比例表示真实性的不同程度，因而其中的影像跟实物之比，正像意见世界与知识世界之比？

格：我当然愿意这么说。

苏：请你再考察一下理性世界的划分方法。

格：怎样划分？

苏：我觉得应该是这样划分的。将这个世界划分为两个部分，在第一部分里，人的灵魂被迫把可见世界中那些本身也有自己影像的实物作为影像，从假设出发来进行考察，但不是从假设上升到原则，而是下降到结论；而在另一部分里，灵魂朝着另外一个方面进发，从假设上升到非假设的原则，并且不用前一部分所使用的影像，而是用"类型"，完全依据"类型"来获取系统的进展。

格：我不能完全理解。

苏：那就让我再试试，我想做一些预备性的解释，然后你能理解得好一些。你知道，研究几何学、算学一类学问的人，首先要假定偶数与奇数，还有各种图形、三种角以及其他各种诸如此类的东西。他们将这些东西当作已知的，当作是绝对的假设，不想对他们自己或其他人进一步解释这些事物，而是把它们看作是不证自明的。从这些假设出发，他们通过首尾一贯的推理，最后得到他们想要的结论。

格：是的，这些我当然是知道的。

苏：你也知道，虽然他们利用各种可见的图形和谈论一些可见的图形，但他们真正思考的不是这些图形，而是这些图形所模仿的那些事物，不是他们画出来的某个特殊的正方形，某条特殊的对角线等等，而是正方形本身，对角线本身。是这样吗？各种场合都是如此。他们模仿和绘制出来的图形也有自己的影子，存水中也有自己的影像，但他们真正追求的是只有心灵才能"看见"的那些实在。

格：是的。

苏：因此这种东西确实属于我所说的可知的一类，但是有两点限制：第一，在研究它们的过程中人的内心必须要用假设，灵魂由于不能突破与超出这些假设，因此不能向上活动而达到一种原理；第二，在研究它们的过程中，人的心灵利用在它们下面那一部分实物作为影像——虽然这些实物也有自己的影像，并且比自己的影像来得更清楚、更有价值。

格：我明白你所说的是那些地位在几何学之下的学科，以及与之相关的技艺。

苏：至于我们所讲的可知世界的另一部分，你要明白，我指的是逻各斯本身凭着辩证的力量而达到的那种知识。在这里假设不是被用作原理，而是仅仅被用作假设，即，被用作一定阶段的起点，以便从这个起点一直上升到一个高于假设的世界，上升到绝对原理，并且在达到绝对原理之后，又回过头来去把握那些以绝对原理为根据提出来的东西，最终下降为一种结论。在这样一个过程之中，人的理性不使用任何感性事物，而只使用事物的理念，就这样从一个理念到另一个理念，最后归结为理念。

格：我想我明白你的意思了，但不完全懂，因为你所阐述的这个过程，在我看来不是一件简单的事情。但是我总算懂得了，你的意思是要把辩证法所研究的可知的实在和理性，看作是比那些技艺和科学的对象更加真实、精确的东西，因为这些技艺和科学使用的假设是被一些人当作起点的。尽管这些技艺和科学在思考自己的对象时，也会使用理智而不是感觉，但由于这些研究是从假设出发而无法返回到真正的起点，所以在理解这些对象跟第一原则的关系时，你认为尽管它们的研究对象是可以被理解的，但从事这种研究的人并不拥有真正的理性。我想你会把几何学家和研究这类学问的人的心理状态叫作理智而不是理性，因为你把理智当作是处在理性与意见之间的东西。

苏：事实上你的解释很充分。我们现在来假定灵魂相应于这四个部分有四种状态：最高一部分的是理性，第二部分的是理智，第三部分的是信念，最后一部分的是想象。请你把它们按比例进行排列吧，从而给予每一个和各部分相当程度的真实性。

格：我明白了，我赞同你的观点，并且愿意按照你的吩咐把它们排列一下。

第七卷

> 我不敢假定任何一种学习都是让灵魂朝上看的,除非这种学习涉及的是存在和不可见的事物。

苏:接下来,让我们把受过教育与没受过教育的人的本质比作下述情形。请想象一下有这样一个洞穴,有一条长长的通向地面的通道,和洞穴等宽的光线能照到洞底。有一些人从小就住在这个洞穴里,他们的脖子和腿脚被捆住了,无法走动,也无法扭头去看,只能朝前看到洞穴的后壁。我们来想象一下他们背后远处高的地方有些东西在燃烧着发出火光。火光跟这些被囚禁的人之间有一堵矮墙,沿着这堵墙有一条道路。矮墙的作用就好比木偶戏演员和观众之间的那道屏障,演员正是通过把木偶举到屏障上来表演的。

格:我好像看见了。

苏:现在你看,有些人举着各种东西从矮墙后经过,这些东西是用木头、石块或者别的材料制成的假人和假的动物。我们再假定这些人中有些人在说话,有些人闷不吭声。

格:你这真是一个奇特的比喻和一群奇特的囚徒。

苏:事实上他们和我们是一样的。你说说,除了火光投射到他们对面洞壁上的阴影,这些囚徒还能看到自己或同伴们的什么吗?

格:要是他们的脖子被捆住了无法动,他们也只能看到这些阴影了。

苏:那么,囚徒们除了能看到他们身后经过的人举着的那些东西的阴影外，还能看到什么？

格：当然什么也看不到。

苏：那么，我们假定这些囚徒能够彼此交谈，你难道认为他们会断定自己所看到的阴影就是真实的物体吗？

格：当然是这样。

苏：再设想一下，假如一个过路人发出声音，使囚徒对面的洞壁产生回声。你难道不会认为，囚徒们会断定这个声音是对面的洞壁上移动的那些影子发出的？

格：我想他们定然会这么认为的。

苏：那么，这样一来，这些囚徒会认为实在无非就是这样一些阴影。

格：是的。

苏：那么，假使有一天发生了突然的变故，这群囚徒被解除了禁锢，矫正了迷误，你认为那将会是怎样一种情景呢？我们再来假定其中有一个人被松绑，于是他挣扎着站起来，转动自己的脖子四下环顾，并来回走动。这时他抬头看到了那堆火。他这样做的时候，一定异常痛苦，并且无法看清原来只是看见阴影的实物，因为他的眼睛因为突然的光亮而暂时性失明。如果在这样的时候，有一个人告诉他，他之前所看到过的那些东西全都是虚幻的，是种欺骗，而现在他看到的才真正接近事实，开始变得真实些了，你说说看，他听到这些话会怎样回答？再假设一下，如果有人把那些从矮墙上经过的东西一一指给他看，并且要求他回答都是些什么时，他难道不会不知所措，同时认为自己以前看到的东西比现在指给他看到的更真实吗？

格：我想他一定会这样想。

苏：如果强迫他看火光，他的眼睛就会感到不适。他当然会转身逃开，逃回那些他能够看清，而且认为比指给他看的实物确实更清晰、更精确的地方。难道不是这样吗？

格：说得对。

苏：如果有人强行拉着他走上那条崎岖陡峭的通道，一直把他带到洞外，见到了外面的阳光，难道他不会为被迫行走而感到痛苦并因此恼火？而一旦他来到阳光下，他会因强烈的光线刺激而视力受损，两眼冒金花，根本不可能看清任何被我们称作是真实事物的对象。

格：的确如此，他没法立刻看见什么。

苏：所以我认为，我想需要一个适应的过程，那样他才能够在洞外看清东西。首先，他最容易看到的是阴影，其次是那些人和其他事物在水中的倒影，再就是这些事物的本身。经过这样一个渐进的过程，他会继续观察天空以及天空中的天象，他会感到，观察月光和星光比起在白天观察太阳和阳光要容易很多。

格：这是不言而喻的。

苏：如此一来，我觉得他最终能观察太阳本身，看到太阳的真相，而不是通过水中的倒影或者影像，也不需要借助媒介，而是直接观察在本来位置的太阳本身。

格：没错。

苏：于是，他会做出推论来，认为是太阳造成的四季交替，带来了岁月的轮转，并主宰着可见世界的所有事物。要知道太阳也是他们过去看到的那些事物的原因。

格：这是再明显不过的了，他接下去就会做出推论了。

苏：如果他回想自己当初的穴居，想起那时的智力水平以及还在禁锢中的伙伴们，他会为自己的改变而感到庆幸，也会为同伴们感到遗憾。你不这样认为吗？

格：我当然也会这样认为。

苏：如果囚徒们之间也有某种荣誉和奖励，那些敏于识别影像、能记住影像展现的通常次序并且能最准确预判后续影像的人就会得到奖赏。但你认为这个侥幸逃离了洞穴的人还会渴望得到这种奖赏吗？他还会妒忌那些得到囚徒们尊敬，并因此成为囚徒们的领袖的人，跟这些人争夺权力、地位吗？要不就像荷马所说的那样，宁愿做一个穷人的奴隶，做一个没有家园的人，即使活着受苦受难，也不愿再过囚徒的生活，有着囚徒的感受与看法。是这样吗？

格：是的，我想他宁愿忍受痛苦也不愿意再过不见天日的囚徒生活。

苏：再进一步假设，如果这时候那些被终身监禁的囚徒要跟他一起"评价"一下洞中的阴影，而他因为需要重新适应洞内的环境，视力还很模糊，他难道不会因此遭到别的囚徒的嘲笑吗？那些囚徒会不会说他上去走了一趟，结果眼睛坏了，因此他们连上去走一趟的念头都不会有呢？要是这个想要解救并把他们带出洞穴去的人被抓住了，这些囚徒难道不会杀掉他吗？

格：毫无疑问，他们会。

苏：亲爱的格劳孔，我们现在必须把这个比喻整个地应用到前面讲过的事情上去，地穴囚室就像是可见世界，而火光比作太阳的力量。如果你把从地穴上升到上面世界并看见地面世界的事物看作是灵魂上升到可知世界，你就领会了我这一解释。至于这一解释本身是不是对的，这是只有神才知道的。但无论如何，我觉得在可知世界中最后看见的，而且是要花很大努力才能最后看见的东西，是善的理念。我们一旦看见了它，就必定能得到这样的结论：它的确是一切正义的、美好的事物的原因，它在可见世界里产生了光，是光的创造者，而它本身在可知世界里就是真理和理性的源泉。任何能在私人生活或公共生活中行事合乎理性的人，必定是看见了善的理念的。

格：以我的理解能力，我同意你的看法。

苏：那么，你就试着和我一起进一步思考，而且看到下面这种情况千万不要惊奇！那些已达到这一高度的人不愿意做那些琐碎俗事，他们的心灵永远渴望着飞升，渴望在高处飞翔。如果我们可以如此想象，那么这样说我觉得是合适的。

格：是啊，完全可以这样说。

苏：再说，假使有人从神圣的凝视转回苦难的人世间，以猥琐可怜的面貌出现，当两眼昏花，还不习惯黑暗的环境时，他就被迫在法庭或者别的什么地方与人争论正义的影子或者影子产生的偶像，并且他的对手从未见到过正义本身，那么你不觉得这一切都很奇怪吗？

格：这没什么奇怪的。

苏：但是，有头脑的人都会记得，眼睛会有两种不同的暂时失明，主要由下述两种原因造成：一是由明亮处来到黑暗处；另外就是反过来，由黑暗处来到光明里。聪明的人相信灵魂也会有类似的情形，因此在看到某个灵魂因为发生眩晕看不清时，不会不假思索就去嘲笑，而是会观察这种情况产生的原因，弄清灵魂的视力会产生这种眩晕究竟是因为离开了较为光明的世界，还是离开了无知的黑暗，进入了较为光明的世界。所以他一定觉得一种经验与生活的道路是值得庆贺的，而另一种经验与生活道路是可悲的。假使他真想要嘲笑，那么他也该去嘲笑从光明下降到黑暗，而不是相反。

格：非常有道理。

苏：假如这样是正确的，那么关于这些事我们就会得出如下看法：教育实际上并不像某些人在自己的职业中所宣称的那样。他们大肆宣称，他们把真正的知识灌输到原本不拥有知识的灵魂里去，就好像他们把视力塞给瞎子一样。

格：他们确实曾有过这样的说法。

苏：但是我们现在的论证表明，灵魂的这种力量是人们用来理解事物的器官，确实可以比作灵魂的眼睛。但要是无法转过整个身子，眼睛是没法离开黑暗看到光明的。同样，思想的这个器官一定要跟整个灵魂一起转离这个变化的世界，就像舞台上旋转的布景，直至灵魂能承受直视最根本、最明亮的存在。而这就是我们所说的善。难道不是吗？

格：没错。

苏：也许有一种技能，能最迅速、最有效地实现灵魂的转向或转换。它不是要在灵魂中创造视力，而是假定灵魂本身就有视力，但认为它不能正确地把握方向，或不是在看该看的方向。这门技艺正是为了促进这样的转变的。

格：看起来是这么一回事。

苏：因此，灵魂的其他所谓美德近乎身体的优点，身体的优点确实不是身体本来就有的，而是后天教育和实践培养起来的。但心灵的优点似乎有较为神圣的性质，是一种永远不会丧失能力的东西，因所取的方向不同，它可以变得有用而有益，也可以变得无用而有害。难道你没留意过，有种通常被说成是机灵的坏人？你有没有注意过，他们的目光是多么敏锐，他们的灵魂是小的，但是在那些受到他们注意的事情上，他们的视力是尖锐的。他们的"小"不在于视力贫弱，而在于视力被迫服务于恶，结果是，他们的视力愈敏锐，恶事也就做得越多。

格：这种情况我的确注意到了。

苏：如果这种灵魂从儿童时代就已经受到了锻造，在我们出生的这个多变的世界里身受重负，被那些比如贪图吃喝的感官快感所拖累，它因此无法不朝下看。我们假定现在这种重负突然被拿掉，灵魂转而朝向真实的事物，这样一来，这些人灵魂因具有同样的那些功能，也会利用同样敏锐的视力去看到较高级的事物，跟灵魂没有被拿掉重负转向之前一样。

格：这是有可能的。

苏：从我们以上所讨论的来看，我们可以得出这样一个必然的结论：

没有受过教育和不懂得真理的人，不适合治理城邦；而那些被认可终身从事教育文化事业的人，也同样不适合治理城邦。原因是没有受过教育的人缺乏生活的目标来指导自己的行为，无论是公共的还是私人的；而那些从事教育和文化事业的人通常都不愿意采取实际行动，因为他们还活着时就相信自己已死了，去了福岛①。

格：感觉是这样。

苏：所以说，作为这个城邦的建立者，我们的责任就是促使最优秀的灵魂得到我们所说的这类伟大的知识，使之具备能看见善的视力，从而上升到那个高度。但等这些灵魂到了那里，并且看够了，我们一定不能允许他们待在那里。

格：这是为什么？

苏：因为要是让他们待在那里，他们会拒绝返回下面的世界，更不愿跟那些囚徒一起分担劳动，分享荣誉——不管这些是否有价值。

格：你是说我们要在他们能过较高级生活的时候委屈他们，让他们过较低级的生活吗？

苏：朋友，难道你不记得了，我们的立法不涉及城邦的任何一个阶级的具体幸福，而是在为整个城邦打造一个环境，通过说服和强制的手段，使得全体公民能彼此协作，要求他们把各自能为集体提供的利益与他人分享？这样的环境在城邦里造就这样的人，不是为了让他们随心所欲各行其是，而是为了让他们来凝聚这个共同体的。

格：对不起，这点我给忘了。

苏：那么，格劳孔，你得看到，我们这样做不会损害那些从我们中间产生的哲学家，我们可以公正地强迫他们出面管理城邦，做城邦的守护者。我们要和他们说：产生于其他城邦的哲学家有理由不参与辛苦的城邦管理工作，因为他们是自发产生出来，而不是由政府有意识、有目的培养出来的。一个完全自力更生的人不亏欠任何人情，因此也没有报恩的热情。但在我们的城邦，我们已经把哲学家们培养成了蜂房里的蜂王，这既是为了他们自己，也是为了城邦的公民。哲学家接受的教育要好于他人，同时也

---

① 希腊神话中，人死后灵魂会下到地狱接受审判，然后正义的灵魂会被送去福岛。

更加完整，他们更有能力同时过两种不一样的生活①。因此他们每个人都必须轮流跟别人在一起生活，好让自己习惯于观察那里那些模糊的事物。一旦习惯了，他们就会比原来就住在那里的人还要善于观察，他们能清楚每个影像所表示的跟哪些原型相似，因为他们已经看到过美本身，看到过正义本身，看到过善本身。就这样，我们的城邦将会由我们和他们一起来治理，我们的心灵是清醒的。而如今大多数的城邦和国家都被一些昏庸无能的人所统治，为了争夺权力，他们尔虞我诈，权力成了他们心中最大的善，就像是在梦里和影子搏斗似的。而事实上，如果由那些最不热衷于权力的人来统治城邦，能治理得更加好，更加稳定。以此类推，反之亦然。

格：一定是这样的。

苏：那么，当我们的学生听到我们的这种话后，他们会不会接受呢？他们会拒绝轮流分担治理城邦的辛劳吗？当然，在绝大多数时间里，他们被允许生活在一个较为纯净的世界里。

格：他们是绝对不会拒绝的。因为我们是在向正义的人提出正义的要求。他们会把承担这项工作看作是自己义不容辞的义务，这一点恰好跟我们现在这些城邦的统治者相反。

苏：事实上，亲爱的朋友，只有当你能为你们未来的统治者寻求到一种比统治城邦更好的生活方式时，治理良好的城邦才可能出现。因为在这样的城邦，统治者是真正富有的。他们的富有不是拥有多少黄金，而是拥有一种善和智慧的幸福生活。但如果未来的统治者是一些乞丐和食不果腹的家伙，一旦由他们来治理，他们首先想到的就会是怎样从中为自己捞到好处，这样一来，城邦想要治理好是绝无可能的。要是职位和统治成了竞赛的奖品，那么相互残杀就不仅会毁掉竞争者，也同样会毁掉城邦。

格：非常正确。

苏：除了真正的哲学生活外，你还能举出别的什么生活方式是蔑视政治权力的吗？

格：的确没有了。

苏：但我们就是想要不爱权力的人掌权，否则就会出现热衷权力的人相互间的争斗。

格：那是肯定的。

---

① 即哲学家的哲学生活和一般人的政治生活。

苏：那么，除了那些最知道如何治理城邦的人，除了那些有其他报酬可得，过着一种比政治生活更好的生活的人，你还能迫使什么人来担负城邦守护者的职责呢？

格：再没有别的人了。

苏：那么，你是否愿意我们现在就来考虑，怎样在一个城邦中产生这样的人，怎样把他们引领向光明，就像故事说的那样，从冥府上升到诸神那里，愿意吗？

格：愿意至极。

苏：这看来不像游戏中翻贝壳那样容易，这是心灵从朦朦胧胧的黎明转到真正的大白天，上升到我们称之为真正哲学的实在。

格：无疑是的。

苏：那么，我们是不是需要考虑一下，怎样的学习才能带来这样的影响？

格：当然应该。

苏：那么格劳孔，是什么学习把灵魂引领着从多变的世界转向存在的世界呢？说到这里，我有了一个想法：之前我们说过，这种人年轻的时候必须是战场上的斗士。

格：是这样说过。

苏：因此，我们正在寻找的这种学习还必须附加上一种性质。

格：是什么？

苏：它应该对士兵有用。

格：对，假如可能的话，当然必须有。

苏：前面我们曾说过他们要受体育和音乐教育。

格：是的。

苏：体育和有生灭的事物相关，因为它影响到身体的成长与衰退。

格：这是很显然的。

苏：因此，它不是我们所寻求的那种学习。

格：不是。

苏：那么，我们所说的音乐教育呢？

格：假使你没忘记的话，我们是把音乐和体育这两种学习对应起来的。音乐通过习惯的养成来培养卫士，用曲调培养一种并非知识的和谐精神，用节奏培养分寸感和优雅得体，用故事的语言和更接近于真实的语言来培养与之相近的品质。但音乐不包括足以实现你现在所寻求的善的学习。

苏：如此说来，你记得非常清楚。事实上音乐的确不包含这样的学习。不过，格劳孔，我要以神的名义发誓，这种学习到底是什么样的呢？因为所有那些工艺在我们看来都是低等、机械的。

格：的确如此。可除去音乐、体育和手艺，还有什么别的学习？

苏：这样吧，如果除此之外我们再也想不出其他的，那我们就来举出一个所有的学习都要涉及的东西吧。

格：那是什么？

苏：例如一个共同的东西——它是一切技术、思想和科学的知识都要用到的，它就是每个人首先必须学习的东西之一。

格：那它究竟是什么呢？

苏：一个平常的东西，即分别"一""二""三"，总的来说，就是数数和计算。一切技术和科学都必须做这些，事实不是这样吗？

格：确实是这样。

苏：战术不也要做这些吗？

格：那是必然的。

苏：因此，戏剧里的帕拉墨德斯① 每次在舞台上出现，都会让阿伽门农成为一个可笑的将军。帕拉墨德斯宣称他发明了数字，因此能把特洛伊城下的希腊大军排成战斗队形，他还清点了船只和别的东西，而这些东西以前好像从没有谁统计过。要是阿伽门农不会数数，那他也就不可能知道自己有多少士兵。你难道没注意到这点吗？你认为在这样的情况下，阿伽门农是一个什么样的将军呢？

格：如果那确实是事实的话，我觉得他就是一个可笑的将军。

苏：那么，我们要不要把计算和数数定为军人的必修课呢？

格：这当然就是一种必不可少的本领了——如果他想要指挥军队，甚至只是为了做一个普通人。

苏：那么，关于这一点，你是不是同我想的一样呢？

格：什么？

苏：它似乎就是我们正在寻找的那种学习之一，通过这种学习，能使

---

① 帕拉墨德斯：特洛伊战争中希腊的勇士，后被奥德修斯陷害而死。帕拉墨德斯的父亲为他报仇，弄沉了希腊人的船只。

人的思路清晰；尽管它确实能把心灵引导向事物的本质和实在，却没人使用过它。

格：你是什么意思？

苏：我会努力说清我的想法。你需要注意，我在心里区分了两种事物：一种有助于我们的目的，一种无助于我们的目的。不管你是否同意，我这样做都是为了能更清晰地看出我们的前提是否正确。

格：请说吧。

苏：好。我们的有些知觉并不需要求助于理性的思考，仅仅靠感官就似乎能做出恰当的判断；而有一些知觉总是需要求助于理性，因为感官对它无法做出可靠的判断。要是你能明白这一点，那么我就继续说下去。

格：我觉得你肯定是指的远处的形象和画中的影像。

苏：看来你完全误解了我的意思。

格：那么，你指的究竟是什么？

苏：不需要求助于理性思考的东西，是指那些不会同时引起相反知觉的体验。如果会有这样的作用，那么我会看作是需要求助于理性的。因为这时会出现相反知觉，而无论这冲击来自远近，其结果都一样。我来举个例子说明一下好了。我们说，这里是三根手指：小指、无名指、中指。

格：好。

苏：假如我们谈论它们，说可以看见它们，并且很近。这不正是你刚才考虑的问题吗？

格：你说的是哪一点？

苏：它们都同样是手指，在这点上不存在区别。无论看上去在中间还是两边，是黑还是白，粗或者细。因为在这种情况下，大多数人的灵魂都没有受到推动，需要去追问它们的原因或者思考到底什么是手指，也因为视觉器官绝不会同时对灵魂发出信号，告诉说这根手指不是手指。

格：的确不会。

苏：那么，我们可以指望这种知觉不会要求或者唤醒理性的思考。

格：肯定的。

苏：但涉及手指的大小时，结果会怎样呢？要区别它们的大小，我们的视觉能胜任吗？手指在中间还是两边，还有与触觉相关的那些，它们是粗还是细，软还是硬，在认识这些性质时，我们的视觉都足够吗？在诸如此类的问题上，我们的其他器官不也一样存在缺陷吗？或者说，各种感官都会以这样的方式来判断：首先是感到硬的感觉必定跟软的有关，然后向心灵报告说，它感受到的同一事物具备硬和软两种特性，是这样吗？

格：是的。

苏：如果感官向心灵报告说，同一物体既硬又软，那么在这种情况下，心灵一定会感到困惑，就会想要追问硬是什么。对吗？同样，如果感官报告说重的东西是轻的，或者反过来，心灵是不是也会追问轻重的意思？

格：没错，心灵收到的这些信息让它迷惑，需要加以考虑。

苏：那么在这种情况下，心灵自然首先要召集计算的理性来帮助自己，它需要考虑感官报告的每样东西的数量。

格：的确。

苏：如果答案说是两个，那么这两个中的每一个都是不同的个体。

格：是的。

苏：因此，如果各自都是一，一共是二，那么，这"二"的意思就是说心灵得把它们当作不同事物来看待。因为不这样的话，就不可能被看作是"二"，而只能当作"一"来看待。

格：对。

苏：我们说视觉也看见大和小，但大与小是合在一起的而不是分离的，是吧？

格：当然。

苏：为了弄清楚这一点，理智不得不对大与小加以思考，但不是把它们看作是合在一起的东西，而是把它们分别对待，这种方式与感觉的方式刚好相反。

格：真的。

苏：在此情形下，首先呈现的是大与小究竟是什么，是这样吗？

格：肯定是。

苏：那么现在清楚了，之所以要把一类事物称作是"能够理解的"，把另一类事物称之为"可见的"，原因就在这里。

格：对。

苏：这正是我刚才想要做出解释的，我当时说有些事物要求思考，有些事物不要求，还将那些同时能给予感官相反刺激的事物定义为要求思考的事物，将那些不会同时造成相反刺激的事物定义为不要求思考的事物。而不要求思考的事物不会唤醒思考。

格：现在我理解了，我同意你的看法。

苏：那么，你认为数和"一"应当属于这两类事物中的哪一类呢？

格：这我不清楚。

苏：那你就依据我们已说过的话进行推理吧。因为，如果一个事物能被它自己和其他感觉所看见和理解，那么它就不会吸引心灵去思考它的本质，我们刚刚以手指为例做的解释，正是这种情形。但要是与之相反的事物也总是跟它同时被看到，以至于它显得比与之相反的事物更加不像是一个事物，那么就需要立刻对它做出判断，这样造成的困惑就会要求心灵去进行考察，在自身内部引起思考，询问这个事物究竟是什么。这样的结果就是，对某个事物的研究，会引导心灵去关注真正的存在，使得心灵转向。

格：视觉的确跟你指出的这种情况有关。因为我们看待同一事物时，既可以把它看作是"一"，同时也可以把它看作是"无限多"。

苏：如果对"一"可以这样说，那么对任何数字就都能这样说，是吧？

格：当然。

苏：还有，算术和算学这门知识是关于数的。

格：没错。

苏：数的性质看起来能导向对真理的认知。

格：是的。它超过其他任何事物。

苏：那么看来，计算和算学就是那个我们在寻找的学习了。因为一位军人必须学会它，才能更好地统帅他的军队。哲学家也应学会它，这样才能使他们从可变的世界脱离出来，去把握世界事物的本质，否则他们就永远不会成为真正合格的计算者。

格：没错。

苏：我们的守护者事实上既是军人又是哲学家。

格：是的。

苏：因此，格劳孔，这门知识用法律规定下来是合适的。我们应当劝说那些将来要在城邦里身居要职的人学习计算，但是我们所要求的并不是学些皮毛，而是要深入下去学，直到能用纯粹理性去沉思数的本质。这可不是为了做买卖，好像他们准备去做商人或者小贩；而是为了能在战争中使用，以及便于灵魂本身从生灭的世界转向本质的世界。

格：你说得好极了。

苏：我们既然说了学习计算不是为了做买卖，而是为了追求知识，那么这种学习对于实现我们的目的就能以各种方式起到好的作用。

格：在哪方面？

苏：在我们刚刚讲过的那个方面。这种学习努力向上提升灵魂，迫使灵魂去讨论纯粹的数。要是在讨论数的时候，有人附加上可见、可触摸的物体，那么它绝不会苟同。因为你一定知道，如果有人试图在理论上分割"一"，那么那些精通算术的人就会讥笑这个人，并且不允许他这样做。你如果想要用除法把"一"分成部分，他们会用乘法来对付你，绝不会让"一"在任何时候显得不是"一"，而是部分的组合。

格：你说的没错。

苏：格劳孔，如果有人问他们："我的好朋友，你们此刻存讨论中主张论述'一'和其他每一个'一'都相同，而且不能划分成部分，这是一种什么样的数？"对此你认为他们会怎样回答？

格：我认为他们会说这种数只能靠思想去把握，其他办法不行。

苏：看到了？我的朋友，这种学习对我们的确是不可或缺的，因为它显然是在促使灵魂使用纯粹的思想面对真理本身。

格：的确是这样。

苏：还有，不知你是否注意过，那些天性擅长算术的人，往往在学习其他学科时成绩斐然。而那些反应迟缓的人，如果接受了这方面的训练，不谈别的好处，至少他们的反应会得到改善，变得比以前灵敏，对吧？

格：是这样的。

苏：另外，我相信找不到比起算术学习与实践起来更难的学问了，这样的学问也不会有很多。

格：的确如此。

苏：正是因为这些原因，我们一定不要疏忽了对这门学科的学习，要用它来教育我们当中那些天赋最高的公民。

格：我赞成。

苏：那么，在某种程度上我们算是将这一门学科定下来了。下面让我们再来考虑一下紧随其后的学科吧。

格：哪一门？你是说几何学吗？

苏：你说对了，我说的正是它。

格：很显而易见的是，它在军事方面的作用很是突出。因为，事关安营扎寨、划分地段、作战和行军队形，还有很多其他的队形，学过几何与没学过几何的指挥官，差别很大。

苏：不过，为满足军事方面的实际需要，一小部分几何和算术知识也就够了。这里需要我们考虑的问题是，几何学中较为重大和高深的部分，能否对把握善的理念有所助益。我们肯定这种趋势可以在各类学习中看到，都在迫使灵魂把它的视线转向实存所居住的最神圣的区域，而这种实存是灵魂必须要看到的。

格：你说得没错。

苏：如果一种学习可以促使灵魂观察实在的话，那么它就是有用的。如果它迫使灵魂看流变的世界，它就是无用的。

格：我们也是这样认为的。

苏：几何学的性质正好和那些所谓行家使用的语言完全相反，这一点即使是那些对几何学只有粗浅了解的人也将不会反对。

格：怎么会这样？

苏：虽然他们不得不这样说，但他们的话是十分可笑的。因为他们在谈论几何学的时候，总像是在干活，他们说的话都像是跟直接的行动有关。比如他们总是谈论平方、绘图、延长等等，而实际上学习这门学问的真正目的是为了获取纯粹的知识。

格：非常正确。

苏：我不知道下面我们将要谈论的观点，我们是否还会具有一致的结论。

格：哪一点？

苏：几何学的知识乃是永恒的，是不会生灭的。

格：我接受你的看法，几何学正是关于永恒的知识。

苏：因此，我的好朋友，几何学能把灵魂引向真理，并能使哲学家的灵魂转向上方，而不是像今天这样错误地朝下。

格：这是确定无疑的。

苏：所以，你必须得要求你那个理想城邦的公民重视几何学，而且它还附带有一些别的重大好处。

格：哪些附带的好处？

苏：你说过它对战争有用。我们也清楚，它对学习其他课程有很大帮助，学没学过几何学，对学习别的课程影响是很明显的。

格：我发誓，确实不一样。

苏：那么，我们可以把几何学确定为青年们必须要学的第二门课程了，可以吗？

格：没问题。

苏：让我们把天文学定为第三门课程，你认为怎样？

格：我十分赞同。如果我们能了解年、月、四季，不单单对农业有好处，对航海、军事也大有好处。

苏：你太有趣了，你明显是怕众人指责你正建议一些无用的学习。但这的确不是件容易的事：相信人的灵魂里有一个知识的器官，它能在被习惯毁坏迷茫了之后，为重新被建议的这些学习清除尘垢，恢复明亮。（维护这个器官比维护一万只眼睛还重要，因为它是唯一能看得见真实存在的器官。）和我们一样相信这点的那些人，他们一定觉得你刚刚那番话太正确不过了；但那些对此浑然不知的人，自然会认为你说的是废话，因为他们看不到这些学习能带来任何值得一提的好处。现在请你自己决定愿意跟哪一方交谈，要不就说你不愿跟哪一方探讨，因为讨论这些只是为了你自己，当然你也不会反对别人从中获益，对吧？

格：我选择：我主要为自己发言、提问、回答。

苏：那么你就得稍微退回去一点，因为我们还没能明确那个几何学后该学的课程。

格：我们的选择不对吗？

苏：我们在讨论过了平面之后，还没涉及纯粹立体，就开始讨论运动的立体事物了。正确的做法应是从第二维依次进到第三维。我认为，第三维是立方体和一切具有厚度的事物所具有的。

格：是这样。可是苏格拉底，这个学科似乎还没得到很好的发展。

苏：没有得到发展的原因有两种：一是没有城邦重视它，人们都不会把荣誉给予研究天文学的人，但天文学却是难度很大的研究对象，因此大多数人都会望而却步。其次，天文学的研究需要有人指导，否则不能成功。而首先是导师难找，其次，即使是找到了，按照如今的社会风尚，研究者也不见得能虚心接受指导。但如果整个城邦一起来倡导对天文学的研究，并给予这种研究以荣誉，那么那些研究者就会听从建议，持之以恒地去努力工作，从而发现真理。虽然现在许多人轻视它，学生的无知也阻碍它的发展，但由于它自身内在的魅力，这些障碍都能得到克服。这也就是说，如果某天这门学科的真理找到了，我们也没必要大惊小怪。

格：它的确很吸引人和有魅力。可你能不能把刚才的话说得更清楚些？你刚才说几何学是用来研究平面的。

苏：是的。

格：然后你先是谈天文学，却又退了回来。

苏：必需的，欲速则不达。本来在平面几何之后应当接着谈立体几何的，但由于它还欠发达，我在匆忙中忽略了它。而天文学是讨论运动中的立体事物的。

格：是的，你是这样做的。

苏：假定被忽略了未加讨论的这门学科城邦也需要的话，那么，让我们把天文学作为第四门要学习的课程吧。

格：这很好。另外，苏格拉底，你刚才抨击我，说我把天文学实用化、庸俗化了，我现在要用你的原则来赞美它。我想，大家都知道，这个学科的研究一定是迫使心灵向上看，引导心灵离开这里的事物去看高处事物的。

苏：除了我，可能大家都这样想，但我并不这样想。

格：那你是怎样想的？

苏：我认为，要是像现在那些鼓励我们学哲学的人那样对待天文学，天文学是会迫使灵魂朝下看的。

格：为什么？

苏：我觉得，你对"学习较高的事物"的解释似乎很随意。因为如果有人抬头看天花板上的那些装饰，你也会认为他是在用理性而不是眼睛思想。当然你的想法也许没错，但我的考虑却比较简单。因为我不敢假定任何一种学习都是让灵魂朝上看的，除非这种学习涉及的是存在和不可见的事物。但要是涉及可感知的事物，那么不管他是张着嘴巴朝上看，还是眨着眼朝下看，我都不会认为他是真的在学习，因为他所看的那些事物并不包含真正的知识。无论他是在海上还是在陆地上，即使他是仰卧着在学习，我也不会认为他的灵魂是在朝上看。

格：你说得很有道理，我认错就是。但你认为学习天文学不应该像如今这样学，那么你主张怎么个学法呢？

苏：这些星辰装饰着天空，虽然我们确实该把它们看作是最美丽、最精确者，但由于它们是可见者，所以是远不及真实者。所谓的真实，是事物之间存在的真正的快、慢，是事物所蕴含着的数和形式。事物就像是运载着数和形式的车辆。真实者是仅能被理性和思想把握的，是眼睛看不见的。对此你有其他想法吗？

格：一点也没有。

苏：因此，我们必须把天空这幅图画用作帮助我们学习这些实在的一个模板，就像是恰巧看到了戴德罗斯或者别的艺人、画工精心绘制的设计图一样。因为任何具有几何知识的人看到这种图画，虽然都会称羡画工的巧妙，但如果见到别人真的信以为真，想从上面找到关于相等、成倍或其他比例等绝对真实，也会认为这是非常荒谬可笑的。

格：怎么可能不荒谬可笑呢？

苏：一个真正的天文学家在举目观察天体运动时，你不认为他会有同样的感觉吗？他会认为天的制造者已经把天和天里面的星体造得不能再好了，但如果他看到有人认为，有一种恒常的绝对不变的比例关系存在于日与夜、日夜与月或月与年之间，以及其他星体周期与日、月、年之间，还有星体相互间的周期关系中，他也会认为这种想法是荒谬的。因为它们全都与物体有关，是可见的。而他难以遏制去探索的是这些事物的实在，难道不是吗？

格：我也可能这样想，但现在听到你这样说，我不敢确定了。

苏：因此，如果我们要真正研究天文学，并且正确地使用灵魂中的天赋理智的话，我们也就应该像研究几何学那样来研究天文学，提出问题，然后解决问题，而不去管天空中的那些可见的事物。

格：你这是要将研究天文学的工作搞得比现在难度高许多倍啊！

苏：我想，如果我们要起到作为立法者的任何作用的话，我们就还要再提出其他一些类似的要求。关于别的适合的学科，你有什么样的建议吗？

格：我一下子说不上来。

苏：依我看来，运动其实并非只有一种，而是有许多种。列举所有运动种类这或许是哲人的事情，但即使是我们，也能说出其中两种来。

格：哪两种呢？

苏：刚才说的这个天文学是一种，另一个是和它成对的东西。

格：那是什么？

苏：我认为正如人的眼睛是为天文而造，耳朵则是为和谐之声而设置的。正如毕达哥拉斯^①派所主张、我们也赞同的，这两个学科是兄弟学科，对吗格劳孔？

格：是的。

苏：既然事关重大，那么我们需要去问问毕达哥拉斯派学者们，看他们有何高见，是否还有别的主张？当然，在这里我们还是要始终关注我们自己的事。

格：什么事？

苏：让我们的学生不要企图去学习任何与我们的目标不符，学习的结果也总是不能抵达那个应该看作是所有事物之目的的东西，就像我们刚才讨论天文学时说的那样。或者，你还不知道，他们研究和音问题时就是在犯跟研究天文时一样的毛病。他们像那些天文学者一样，辛辛苦苦花费很多时间和精力去听音，并把可听音加以比量。

格：他们也真荒谬。他们谈论音程，并像听隔壁邻居谈话一样聚精会神。有的说自己能区分出两个音之间的另一个音来，说那是最小的音程，该当做计量单位。可另外一些人却坚持说这些音没什么差别。问题是他们都是在用耳朵而不是心灵在倾听。

苏：你指的是那些名人，他们把琴弦绞在弦柱上想拷问出真话来。本来我可以继续比喻下去，说说这些音乐家是怎样拷打琴弦的，以及他们对琴弦的指控和琴弦所作的无耻抵赖，但我还是要先抛开这比喻，因为我对这些人不像对毕达哥拉斯派（我们刚才说要问他们关于和音问题的）那么重视。因为他们正是在做天文学家们做过的事：他们寻求可听见的音之间数的关系，却不深入去考察什么数之间的关系是和谐的，什么数之间的关系是不和谐的，以及这样的原因。

格：要知道这不是一般人能办到的。

苏：如果目的是为了寻求美者和善者，我说这门学问还是有益的；可要是为了什么别的目的，我就说它根本没什么好处。

格：这是很可能的。

苏：我还认为，如果研究这些学科深入到能够弄清它们之间的相互联系和亲缘关系，并且得出总的认识，那时我们对这些学科的辛勤研究才有一个结果，才有助于达到既定目标，否则就是白辛苦一场。

---

① 毕达哥拉斯：公元前6世纪古希腊哲学家，毕达哥拉斯学派的创始人。

格：我和你想的一样。但苏格拉底，这意味着大量的工作呀！

苏：你此时所指的是前奏吧①？难道你不明白，所有这些学习不过是我们要学习的法律正文前面的一个序言，是我们必须要掌握的主要乐曲的前奏吗？我想你是不会把精通上述学科的人当作辩证法家的。

格：我的确不会的，除非被我碰到几个。

苏：你认为，一个人如果不能对自己的观点做出逻辑的论证，那么他能获得我们主张他们应当具备的任何知识吗？

格：不能。

苏：到此，格劳孔，这不已经是辩证法所陈述的法律正文了吗？它虽然属于可理解的，但我们可以在前面说过的那个视觉变化过程中看到它的摹本：从看见阴影到企图看见真的动物，然后能看得见星星，最后看得见太阳本身。②与此类似，当一个人企图靠辩证法通过推理而不通过任何感觉以求抵达每个事物本身，并且一直坚持到靠纯粹思想而认识善本身了，他就达到了可理解的事物的极限，正如我们比喻中的那个人达到可见世界的顶峰一样。

格：的确是的。

苏：那又会怎么样？难道说，你不想把这个思想的过程叫作辩证的过程吗？

格：当然想。

苏：一个人从桎梏中挣脱出来，从看阴影转向看投射阴影的影像，再转向火光，然后从洞穴上升到地面的阳光下，这时他还不能直接看动物、植物和阳光，只能看见水中神创的③幻影和真实事物的影子（不是那个不如太阳，但却是真实的火光所投射的影像④的阴影）。我们已经描述过的技艺和知识的全部过程表明，它们能把灵魂的最优秀部分向上引导，以便去观察最优秀的实在，就好像在我们的寓言里，身体中最清晰的器官⑤转向考察

---

① 柏拉图把上述各种学习都比作辩证法的前奏曲，认为它们只是学习辩证法的前期准备。
② 参阅本卷开始的"洞喻"。
③ 也就是非人造的。
④ 比喻中的物体。
⑤ 这里的器官指眼睛。

这个可见的物质世界最明亮的部分[1]。

格：我同意这个说法。虽然我觉得一方面很难完全赞同，但另一方面又很难不赞同。不管怎么说——既然我们不是只许听这一次，而是以后还要多次重复听讲的——让我们假定这些事就像刚才说的那样吧，让我们往下进入到讨论法律正文，并且讨论它的时候像讨论序文一样吧。那么请告诉我们，辩证法有什么能力？它主要分为哪几种？并且各自使用什么样的方法？因为这些问题的答案看来或许可以把我们带到休息地，达到旅程的终点。

苏：亲爱的格劳孔，你不能跟着我再往前了，这倒不是因为在这一方面我不希望如此，而是因为现在我要你看的将不再是我们用作比喻的影像，而是事物的实在本身，当然是尽它能让我看见的——虽然我们无法断定所看见的正好就是实在，但可以肯定，我们必须要看见的实在就是这一类事物。

格：当然。

苏：我们是否还可以宣布，只有辩证法有能力让人看到实存，也只让学习过我们所列举的那些学科的人看到它，别的途径是没有的？

格：对此我们可以肯定是对的。

苏：这一点无论如何是不会有人和我们唱反调，认为还有任何别的研究途径，可以做到系统地在一切情况下，确定每一事物的真实本质的。而一切其他的技术科学，则完全或是为了人的意见和欲望，或是为了事物的产生和制造，或是为了在这些事物产生出来或制造出来后照料它们。至于我们提到过的几何学和与之相关的各学科，虽然对实在有某种认识，但我们可以看到，它们也只是梦幻似的看见实在，只要它们还在原封不动地使用它们所用的假设，而不能给予任何说明，它们就不能清醒地看见实在。因为，如果前提是不知道的东西，结论和达到结论的中间步骤就也是由不知道的东西组成的，这种情况下结果的一致又怎能变成真正的知识呢？

格：这是无论如何也不可能做到的。

苏：因此，辩证法是唯一的这种研究方法，能够不用假设而一直上升到第一原理本身上去，以便在那里找到可靠根据。当灵魂的眼睛真的陷入

---

[1] 这里指的是太阳。

奥菲斯教①神话中的那个野蛮无知的泥潭时，辩证法能轻轻把它拉出来，引导它向上，同时用我们所列举的那些学习或知识来协助它们完成这一转变，这些学习和知识我们习惯上称之为科学，然而实际上我们需要一个更准确的名称来表示它们的性质，因为这些东西比意见清晰，比知识晦涩。我相信我们前面使用过的"理智"这个词足以表示这些东西。但我还是觉得，在考虑我们面临的这些如此重要的问题时，没必要就一个名称去纠结。

格：的确没有必要。

苏：那么我们仍可以满足于前面使用过的那些名称，把第一部分叫作知识，第二部分叫作理智，第三部分叫作信念，第四部分叫作猜测或想象。又把第三部分和第四部分合称为意见，把第一部分和第二部分合称为理性。意见所针对的是生成的，理性所处理的是本质，二者的关系可以表达为：理性与意见的关系就如同本质与生成的关系，知识与信念、理智与想象或猜测的关系就像理性与意见的关系。至于与之对应的那些对象之间的关系能否把这些事物分作两个部分，也就是分作能产生意见的部分，和能产生理智的部分，还有就是能否把它们各自再分成两个部分，这些问题，格劳孔，我们还是别去碰它，免得像我们一开始那样，卷进一场更长时间的辩论中去。

格：行，但是要在我能跟着你的范围内，关于其余部分的看法我赞同你。

苏：一个能正确论证每一事物的真实存在的人，你不赞成把他叫作辩证法家吗？一个不能这样做，即不能对自己和别人做出正确论证的人，你不赞成说他没有理性，不知道事物的实在吗？

格：我怎么会不赞同呢？

苏：这个说法不也同样适用于善者吗？一个人如果不能用论证把善者的理念和其他事物区分开来，并给予定义，不能像在战场上经受攻击那样承受得住各种考验，并竭力用实在而不是用意见去考察、研究事物，在正确的方向上将论证进行到底，并且不出现任何的失误，如果说他缺乏这样的能力，你就会说他并不真的知道善本身和任何特殊的善。但如果他只是触及了善的轮廓，他便对它只是有意见而不是用知识与之接触，他这一辈子便都是在睡梦中度过，在还没醒来时便进入阴曹地府长眠。是这样吗？

---

① 奥菲斯教：希腊的一个神秘宗教，得名于它的教主奥菲斯，又译为俄尔浦斯。

格：真的，我完全赞成你的说法。

苏：然而，如果你事实上一直都在教育你的孩子，那么我想你一定不会容许他们去统治邦国，处理邦国大事。因为这个时候他们是非理性的，就像几何学里所说的那种不合理的线①。

格：我当然不会允许。

苏：因此，你得制定法律，要他们特别注意这门科学，以便使他们能学会运用最科学的方式提问和回答。你会这样吗？

格：我一定会跟你合作来制定法律的。

苏：那么，你是否同意，辩证法像墙头石一样，被放在所有学科的最上面，没有任何学科能比它更高。而我们关于学习课程的讨论到辩证法也就完成了？

格：我赞同。

苏：那么，现在剩下来你要去做的事就是选谁去研习这些功课，以及如何选法。

格：确实如此。

苏：那么，你是否记得，我们前面选择作统治者的那种人？

格：当然记得。

苏：就大多数方面而言，你得假定，我们必须挑选那些具有同样天赋品质的人。必须挑选出最坚定、最勇敢、在可能范围内也最有风度的人。此外，我们还得要求他们不仅性格高贵，而且还要具有适合接受这类教育的天赋。

格：你想要说的是哪些天赋？

苏：我的朋友，首先他们必须热爱学习，还要不感到学起来困难。因为灵魂对学习中的艰苦比对体力活动中的艰苦更加容易产生畏惧并退缩。因为这种学习更加辛苦，而承受这种辛苦的只能是灵魂，身体在此毫无用处。

格：是的。

苏：我们还要他们强于记忆，勤奋努力，并且百折不挠，否则你怎能想象，有人既能忍受肉体上的痛苦，又能完成如此重大的学习和训练？

---

① 这里指的是几何学中的对角线。对角线的长度是一个无理数，无法用分数表示。

格：除了那些幸运拥有了这种天赋的人，没人能做到。

苏：我们当前的错误以及由此而产生的对哲学的轻蔑，正如我前面说过的，是由于哲学的伙伴和追求者的不合时宜导致的。他们不该是螟蛉子，而应当是真正的儿子。

格：你这是什么意思？

苏：首先，有志于哲学者一定不能持瘸子走路式的态度，不能一面爱哲学，一面又害怕艰辛。就好比一个人爱体育、打猎以及各种体力活动，但不喜欢学习、研究，还痛恨这类工作。持相反态度或者片面态度的人当然也可以说是瘸子。

格：你说得很对。

苏：事关真假也一样，我们不也要把下述这种人的灵魂看作是残废吗？他痛恨别人撒谎，也无法容忍自己这样做；看到他人有这种毛病就会愤怒，却心甘情愿接受无意的虚假。当明白自己缺少知识时，他不会着急，而是泰然自若，就像是一头在泥水里打滚的猪。

格：完全应该把这种人的灵魂看作是残废。

苏：关于节制、勇敢、宽宏大量以及所有各种高尚的美德，我们也必须一样警惕地注意假的和真的。因为，如果个人或城邦缺乏这种辨别真假所必需的知识，他就会无意中错用一个跛子或假好人做他个人的朋友或城邦的统治者。

格：是会这样的。

苏：我们必须时刻留心，以避免一切这类的错误。如果说我们挑出了身心健全的人并且让他们长期受到我们的教导和训练的话，正义本身就不会怪罪我们了，我们就是维护了我们的城邦和社会制度。如果我们挑选了另一种人的话呢，结果就会是完全相反的情况，我们将使哲学遭到更大的嘲弄。

格：听起来那的确会是一件很可耻的事情。

苏：虽然事情的确如此，但我认为这一刻我正在使自己显得有点可笑。

格：为什么？

苏：我忘了我们只是在开玩笑，可我居然严肃起来了。你要知道，我在说话的过程中一眼看见了哲学，可当我看到它受到不应有的毁谤时，心中产生了反感；在谈到那些应对此负责的人时，我说话太严肃，像在发怒。

格：但说真的，我听起来并不觉得很严肃。

苏：但作为说话的人我自己觉得太严肃了。不过我们一定不能忘记，以前我们总是选举老年人，但是这里却行不通。梭伦曾说人老了能学很多东西，可我们一定不要信他这话。老人不能多学，胜过不能多跑。繁重劳累的事只有年轻人能胜任。

格：是这个道理。

苏：那么，算学、几何以及一切凡是在学习辩证法之前必须先行学习的预备性科目，都必须趁还年轻时用非强迫的手段教给他们。

格：为什么？

苏：因为一个自由的灵魂是不应该被迫进行任何学习的。被迫辛劳不会伤身体，但被迫学习就会什么也学不到。

格：的确是这样。

苏：所以说，我的朋友，不要强迫孩子们学习，要用游戏的方法。因为你可以在游戏中更好地了解孩子的天性。

格：很有道理。

苏：你还记得吗，我们曾经讲过要让孩子骑马去战场观看打仗，把他们带到靠近前线的安全的地方，使他们像小野兽那样尝尝血腥味？

格：当然记得。

苏：在所有这些劳苦的身体锻炼、学习和战争恐怖中总是表现得最能干的那些孩子，应当被挑选出来。

格：什么年纪？

苏：在他们完成规定的体育训练后的年龄。因为这段时间里——两年或三年——他们主要接受的是体育训练，没法做更多别的事。极度的疲劳和长时间的睡眠是学习的最大敌人，另外，在身体锻炼中，他们是否表现得勇敢也是我们考察他们的一个较为重要的项目。

格：当然应该这样。

苏：在此阶段后，从二十岁起，被挑选出来的那些青年将得到比别人更多的荣誉和嘉奖，他们将被要求把小时候分散学习的各种课程内容加以综合，并且研究它们相互间的联系以及本质。

格：这是我可以想得到的获得永久性知识的最好途径。

苏：这也是检验一个人有无辩证法天赋的最主要试金石。因为能在事物的相互关联中认识事物的人，就是一个辩证法者，不然就不是。

格：同意。

苏：将这些品质记在心中，要对那些在学习、战争和履行各种义务中表现优异与稳定的青年做第一次选择，在他们年满三十时再对他们做一次选择，提拔并给予荣誉。用辩证法改进和考察他们，看看他们有谁能轻视眼睛和感官，能追随真理到达存在本身。不过在这一点上要格外小心。

格：为什么？

苏：难道你没注意到，当前我们对待辩证法的方式引起了多大的危害？

格：什么危害？

苏：有些实施辩证法的人堕落且违反法律。

格：确有其事。

苏：你会认为这种心态很奇怪，并可以原谅吗？

格：请你说明白点行吗？

苏：打个比方。例如说有个人从小就被大户人家收养，周围全都是一些阿谀奉承的人。在他成年后，他知道自己并非这家人的亲生儿子，但他自己没法找到亲生父母。想想看，在知道自己是被收养的后，他对那些阿谀奉承的人，还有自己的养父母会有怎样的想法和感受？或者你想听听我的推测吗？

格：当然愿意。

苏：下面就是我的推测。在他还不知道真情时，比起对身边的那些谀媚之徒，他会更多尊重他所谓的父亲、母亲以及其他的亲属，更多地关心他们的需要，更少想对他们做非法的事、说非法的话，或在重大的事情上不听从他们的劝告。

格：这是很有可能的。

苏：然而，在他发现了真情之后，我想，他对父母、亲人的尊重和忠心将会日益衰退，最终他会关心起那些谀媚之徒来。他将比以前更多注意后者，并开始按他们的规矩生活，和他们公开结合，同时对养父和收养他的其他亲人变得完全不关心——除非他的天性特别正，才不会这样。

格：你说的是很有可能发生的。但是这个比喻如何和从事哲学辩证的人联系起来呢？

苏：说明如下。什么是正义的？什么是光荣的？我们从小就已有了对这些问题的观念，我们就在这种观念中长大，好像在父母哺育下长大成人一样。我们就要服从它们，尊重它们。

格：没错。

苏：但是此处还另有与此相反的习惯风尚。由于它们能给人快乐，因而对人的灵魂具有诱惑力和吸引力——虽然它不能使得任何正派的人屈服，但对于父亲的教诲，正派人仍然尊重和服从。

格：的确有这种习惯和风尚。

苏：那么，"什么是光荣的？"当一个人遇到这样的问题，并且根据从立法者那里学得的道理回答时，他在辩论中遭到反驳。当他多次被驳倒并且在许多地方被驳倒，他的信念就会动摇，会变得相信光荣的东西不比可耻的东西更光荣。而当他在关于正义、善以及一切他们主要尊重的东西方面都有了相同的感受时，你试想，此后在尊重和服从这些传统方面，他会怎样行事呢？

格：他绝对不会还跟以前一样尊重和服从了。

苏：当他不再觉得以前的这些信条必须受到尊重和恪守，但真理又尚未找到时，他会转而采取哪一种生活呢？他难道不会去选择那些会诱惑到他的生活吗？

格：会的。

苏：于是我们将看到他会从一个守法者变成一个违法者。

格：那是必然的事情。

苏：然而所有这一切乃是这样地从事哲学辩论的一个自然的结果，并且，正如我刚刚所讲的那样，这也是可以原谅的事情。是吗？

格：是的。而且也是很可怜的。

苏：为了你可以不必觉得你的那些三十岁的学生很可怜，值得同情，在你如何引导他们进行这种辩论的问题上就必须非常小心谨慎。是吗？

格：没错。

苏：不让他们年纪轻轻就去尝试辩论，这难道不是一个很重要的预防措施吗？我认为你一定注意到了，年轻人一开始尝试辩论，因为觉得好玩，便喜欢到处跟人辩论，开始模仿他人的互驳，自己也开始反驳别人。就像小狗喜欢拖咬所有走近的人一样，喜欢用言辞咬人。

格：的确是这样。

苏：当他们许多次地驳倒别人，自己又许多次地被别人驳倒，便很快陷入了对从前以为正确的一切的强烈怀疑中。结果是损坏了自己和整个哲学事业在世人心目中的信誉。

格：再正确不过了。

苏：但是一个年龄大些的人就一定不会如他们这样疯狂，会宁可效法那些为寻找真理而进行的辩驳，而不会效法那些只是油嘴滑舌的人。因此他本人会是一个做事很有分寸的人。他能使他所研究的哲学信誉提高而非降低。

格：是这样的。

苏：我们说出上面所有这些话正是为了预防这一点。我们要求被允许参与这种讨论的人，必须是具有适度和坚定品格的人，而不能像现在那样是随便什么都不合格的人。是这样吗？

格：完全是的。

苏：那么，正如相应的体育训练一样，坚持不断专心致志地学习辩证法，用两倍于体育训练的时间够不够呢？

格：你是说用四年或者六年？

苏：暂且将其定为五年吧。因为，在这之后你还得派他再下到地洞里去，迫使他们负责指挥战争或其他适合青年人干的公共事务，让他们可以在实际经验方面并不比别人低；还必须让他们在这些公务中接受考验，看他们是否能在各种诱惑面前坚定不移，或者，看他们是否会因此而畏畏缩缩。

格：这个阶段你给多长时间？

苏：十五年。到五十岁上，那些在实际工作和知识学习的一切方面都以优异成绩通过了考试的人必须接受最后的考验。我们将要求他们把灵魂的目光转向上方，注视着照亮一切事物的光源。这时候他们就看到了善本身，他们得用它作为原型，管理好城邦、公民个人和他们自己。他们用剩下的岁月里面的大部分时间来进行哲学的研究。但是在轮到值班时，他们每个人都要不辞辛苦管理烦冗的政治事务，为了城邦而走上统治者的岗位——不是为了光荣而是考虑到必要。因此，当他们已经培养出了像他们那样的继承人，可以取代他们充任守卫者的时候，他们就可以辞去职务，进入乐土，在那里定居下来了。城邦将为他们建立纪念碑，像祭神那样地祭祀他们——如果庇西亚的神示能同意的话。否则也得以神一般的伟人规格祭祀他们。

格：啊，苏格拉底，你已经像一个雕刻师那样以最完美的方式结束了你塑造统治者形象的工作了。

苏：格劳孔啊，这里谈的统治者也包括妇女在内。你必须认为，我所说的关于男人的那些话，同样适用于那些出生于他们身边的、具备必要天赋的妇女们。

格：对，如果她们要和男人一样参与一切活动，像我们所描述的那样。

苏：我说，我们关于城邦和政治制度的那些意见其实并不全是空想主义。它的实现虽然困难，但是那还是有可能的，只要路子走得对，像我们前面说过的那样做。只要让真正的哲学家，或多人或一人，掌握这个城邦的政权。他们把今人认为的一切光荣的事情都看作是下贱的、无价值的，他们最重视正义和由正义而得到的光荣，把正义看作最重要的和最必要的事情，通过促进和推崇正义使自己的城邦走上轨道。你看我说得对吗？

格：那应当如何做呢？

苏：他们将要求把所有十岁以上的、有公民身份的孩子送到乡下去，他们把这些孩子接收过来，进而改变他们在与自己父母共同生活时候的生活方式，用自己制定的习惯和法律（即我们前面所描述的）培养他们成人。这是我们所述及的城邦和制度借以建立起来，得到繁荣昌盛，并给人民带来最大福利的最便捷的途径。

格：这确是非常便捷之径。我认为，苏格拉底啊，如果说我们要成功建立这样一种城邦的话，你已经把它的实现方法说明得很好了。

苏：至此我们不是已经充分地谈过了我们的这种城邦以及与之相应的那种人了吗？你需要知道，我们会提出需要什么样的人，这无疑是一清二楚的。

格：我觉得我已经回答完了你的问题了。我认为这也是很清楚的事情。

第八卷

> 这些就是民主制度所展现的特征。它看起来似乎是令人喜悦的政治形式，实际上却是一种无政府的混乱状态。它把某种平等不加区分地给予了所有人，也不管他们实际上存在的差异。

苏：格劳孔，这里我们已经达成了共识：一个治理得合理的城邦必须将妇女、儿童公有，由城邦来掌管教育。不论战争还是和平时期，男女要共同承担责任，统治者或者国王应该由那些证明了自己擅长战争与哲学的人来担任。

格：这是大家的一致看法。

苏：其次，我们也曾达成过一致意见：治理者被任命后，就要带领部队驻扎在我们之前描述过的那种营房里；这里的一切都是公有的，不存在私人财产。除了上述营房外，你是否还记得，我们同意过他们还可以有些什么东西吗？

格：当然记得。我们之前认为他们不应该有一般人现在所拥有的那些东西。但由于他们既要训练作战，还要做护法者，所以他们需要每年从别人那里得到一年的供养，以便能把全部精力用在护卫城邦上。

苏：很对。关于这一点我们已经讨论完成，现在我们来回忆一下，当时我们是从什么地方开始偏离的，好让我们回到最初的主题上。

格：要返回主题并不难。当时我们就像现在这样，假定自己已经完成对城邦的描述，接着开始讨论对应于这个城邦的合适人选。我想你当时本来可以把他们描述得更好一些的，但无论如何，只要我们认同这种城邦是最好的，那么其他类型的城邦就是错误的。我还记得在提及别的政治体制时，你一共说了四种值得考察它们的缺陷和对应的人的类型。目的是为了弄清这些制度，对最好和最坏的人取得一致看法后，来确定最好的人是不是最幸福的，最坏的人是不是最不幸福的，或者刚好相反。当我问起这四种政制在你心里是指哪四种时，玻勒马霍斯和阿狄曼图斯插嘴了，结果就偏题讨论到现在。

苏：你的记忆很准确。

格：那就让我们像摔跤一样，再来一局吧。我来问你当时想要问的问题，你要接着当时的回答继续下去。

苏：我会尽力而为的。

格：我本人的确非常想知道，这四种政制是什么？

苏：很简单。我所指的四种制度就是下列有通用名字的四种。第一种被叫作斯巴达和克里特政制，它们受到了普遍赞扬。第二种被叫作寡头政制，也就是少数人的统治，在荣誉上位居第二，但有很多害处。第三种被叫作民主政制，是在寡头政制之后产生的，特性刚好跟前者相反。最后，第四种，是与前述所有这三种都不同的非常高贵的僭主政制，是城邦的最后的祸害。对此你还能说出别的什么类型来吗？我这里所指的是与上述类型明显不同的政治体制。毫无疑问，还存在着世袭制的王国和买来的王权，加上那些介乎这些政体间的类型，一般来说，在野蛮人中比在希腊人中能看到更多兼具各种政体特点的类型。

格：我记得传说中的确有很多古怪的政体。

苏：所以，你肯定知道，有多少不同的政体，就有多少种不同类型的人的性格。千万不要以为政治制度是从木头或石头里产生出来的。政治制度一定是从城邦公民的习俗习惯中产生的。习惯的倾向决定了其他事物的方向。

格：制度正是从习惯中产生，不可能来自别的。

苏：所以，如果有五种政治制度，那么就应有五种个人心灵。

格：对。

苏：我们已经描述过了与贵族政治或好人政治相对应的人，我们还正确地说他们是善者和正义者。

格：是的，的确描述过了。

苏：那么，接下来我们要考察一下相对较差的几种。一种是争强好胜、贪图荣耀的人，他们相对应的是拉科尼亚的斯巴达类型，然后依次下来：喜欢独裁的贵族，喜欢民主的人和僭主。这样我们在考察了最不正义的人后，就可以把他和最正义的人进行比较，最后弄清楚纯粹的正义与纯粹的不正义和各自的拥有者的幸福、痛苦的关系。最后，我们就可以做出决定，是听从塞拉西马克的建议，去追求不正义，还是依据当下的论证去追求正义。难道我们不应该这样做吗？

格：当然应该这样做。

苏：我们先来考查一下城邦制度中的道德品质，接下来再考查个人的道德品质，因为城邦的品质比个人品质容易看清。所以，现在让我们先来考察喜欢荣誉的那种政体，在希腊文中我们找不到其他名词，我们只能称它为荣誉统治或是荣誉政体。接下去我们就联系这种制度去考察其中的个人。再就是考察寡头体制和寡头式的个人，然后是民主体制和民主式的个人，之后我们来到僭主统治的城邦进行一番考察，看一看僭主式的个人的心灵是怎么样的。最后尝试正确判断我们所面临的问题。你说这样做行吗？

格：我至少要说这是符合论证程序的研究方法和判断方法。

苏：那好。我们来探讨一下有关荣誉体制是怎样从贵族政体里演变出来的。我想，有件事很明显：领导阶层的不和，是导致政治制度发生改变的主要原因。要是他们能团结一致，即使是很少一点的一致，政治制度也不可能发生改变。

格：的确如此。

苏：那么，格劳孔，动乱是怎样发生的呢？我们的统治者和辅助者相互间为何会发生矛盾冲突呢？我们是不是要像荷马那样去请求缪斯女神来告诉我们"第一次内讧是怎样在他们中间发生"的，然后责备这些女神把我们当小孩，一本正经用悲剧的腔调跟我们说话呢？

格：什么意思？

苏：差不多是这样子。要动摇颠覆一个按照这种方式建立起来的城邦是很困难的，但由于所有产生出来的事物都会走向毁灭，所以这种社会结构也不可能永存，它最终都会解体。下面我就来说明一下它解体的方式。土地长出来的植物和在地面生活的动物，它们的灵魂和躯体都有一个生育期和一个不育期，二者结合就形成一个周期。在寿命很短的生物那，这个周期很短，而在长寿的生物那里这个周期很长。那些被你们当作统治者培养出来的人，由于他们的理性和感性纠缠在了一起，因此很难保证在所有事物中都能准确无误地作出判断。尽管为了种族繁衍可以制定有关生育的法律，但他们总是会违反这些法律，不合规则地生孩子。神圣事物的生育周期可以用一个完美的数来表述，而表示可朽事物生育周期的数，则是不完善的。这类可朽事物最初都有三个向度，然后达到同类或不同类事物的四面极限，是乘法支配着它们的成长与衰落，也使得它们变得可以谈论和度量。这也就是在说，以四分之三为基础，与5结合，在第三次相乘的时候得到两个不和谐的结果：一个是等长的边乘以100，另一个是长方形不相等的边长乘以100。这也就是说，在一种情况下，最后的结果或者是有理数（各减去1）的对角线乘以100，或者是无理数（各减去2）的对角线乘以100。还有一种情况的结果，是3的立方乘以100。这种完整的几何数决定了生育，决定了是优生还是不优生。如果我们的守护者不懂得这种几何数，总是不合时宜地让新郎跟新娘结婚，那么生育出来的后代就会难以控制是好是坏。尽管上一代会从这些后代里挑选出最优秀的来治理城邦，但他们实际上并非优秀，因此他们从父辈手中接管了权力后，就会开始蔑视我们这些人，最开始是轻视音乐，然后是轻视体育。这样的结果必然是我们的年轻人越来越缺少教养，从他们中间选出的统治者也没法改善自己，丧失了真正守护者的识别能力，无法识别人的不同能力。按赫西俄德的话说，就是人种是分为金、银、铜、铁四个类别的。铁和银、铜和金的混杂会导致不一致而失去平衡，最终产生不和谐。要知道哪里有不和谐，哪里就有战争与仇恨。"看看你们这个世系的人"，无论何时何地发生了冲突，我们都要明白，它正是由于血统的不一致导致的。

格：缪斯们的答复是正确的。

苏：既然是女神，她们的答复自然正确无疑。

格：那么缪斯接下来会说些什么呢？

苏：一旦冲突发生，铜铁集团趋向追求私利，攫取土地房屋，敛聚金银财宝；金银集团则由于其自身心灵里拥有真正的财富，进而想把铜铁集团拉回它们原有的美德和品性里去。这样一来他们就会相互斗争，最终取得某种妥协，把土地、房屋等在他们中间分配了，据为己有，把之前的朋友和供养人变成了下属和奴隶。守护者本来是保卫后一类人的自由的，现在却反过来变成奴役和压迫他们的人了。

格：在我看来，变动因此产生。

苏：那么，这是不是介于贵族制和寡头制之间的一种制度呢？

格：的确是。

苏：变动如上所述。那么变动之后会发生什么呢？既然这种制度介于贵族制和寡头制之间，那么显而易见，在有些事情上它就会像前一种制度那样，而在另一些事情上它又会像后一种制度。除此之外，它会有自身的某些独特的特点。是这样的吧？

格：不错。

苏：尊敬统治者，完全不让战士阶级从事农业、手工业及那些商业活动，规定公餐，以及统治者终身从事体育锻炼、竞技和战争等等——所有这些方面使它像前一种城邦制度，不是吗？

格：是的。

苏：然而，不敢再让智慧者执掌城邦权力（因为城邦现有的这些智者的品质已经混杂，他们不再单纯而忠诚），而宁可选择较为单纯而勇敢的人来统治城邦，这是一些不适于和平而更适于战争的人，他们擅长战略战术，多数时间都在研究和从事战争事业。——这些特征大都是这种城邦所特有的。难道不是吗？

格：的确如此。

苏：这类统治者喜欢财富，这与寡头制度下的统治者类似。他们暗自在心里贪图得到金银，他们有收藏金银的密室，居住的房子四面都是围墙；他们有其真正的私室，供他们在里边通过挥霍财富来取悦妇女以及其他宠幸者。

格：非常对。

苏：他们爱钱但是又不被许可公开捞钱，所以他们花钱也会是很吝啬并且小心翼翼，但是他们很乐于花别人的钱来满足自己的欲望。因为他们轻视了真正的文艺女神，这些哲学和理论之友，重视了体育却忽视了音乐教育，因此他们接受的不是说服教育而是强制性的教育，所以他们暗地里寻欢作乐，规避法律的监督，就像孩子逃避父亲的监督一样。

格：你极其精彩地描述了一个善恶混杂的政治制度。

苏：是的，已经混杂了。但是在这种制度里勇敢占主导，因而仅有的最为突出的一个特征就是好胜和爱荣誉。

格：一点都没错。

苏：这种制度的起源和本性如上所述——如果我们可以仅仅用几句话勾勒一种制度的概貌而不必详举的话。而这样的概述已经足以让我们看清哪种人是最正义，哪种人是最不正义的了。想将各种形式的制度和各种习性的人列举详尽也不是切实可行的。

格：是的。

苏：与我们刚才概述的这种制度相应的个人是什么样的？怎么产生的呢？又有哪些性格特征？

阿狄曼图斯：在我看来，这种人在好胜这方面上，和格劳孔很像。

苏：可能在这方面是相似的，但是在下述方面，我认为他们的性格有很大差距。

阿：哪些方面？

苏：那就是他有点自以为是，但缺乏教养，不过他还算喜欢音乐、对话、演讲。当然这不表示他就是一个修辞学家。他对奴隶会很严厉，不像一个受过良好教育的人那样只是责备他们，但他会对自由民很温和，对上级很温顺。他迷恋权力和荣誉，但不愿意依靠能言善辩谋取职位，而是想靠战功和自己的军人素质达到目的。对了，他还热衷于锻炼和打猎。

阿：是的，这是和那种制度相适应的习性。

苏：这种人年轻时一开始未必重视钱财，但是随着年龄的增长，就会愈来愈爱财。这是因为在年龄的增长过程中，他们开始有了爱财之心，由于失去了最初的善良纯真的保障，向善之心也就变得不纯了。

阿：这个最初的善良纯真的保障指的是什么？

苏：指的是有教养的理性。这是人一生的唯一保障，它存在于拥有美德的心灵里。

阿：讲得不错。

苏：相对应于城邦的爱荣誉，爱荣誉的年轻人的性格就是这样。

阿：一点都没错。

苏：是因为如下所述，所以才产生了这种性格。比如说有个年轻人，他的父亲很善良，但住在一个政局混乱的城邦里。他不要荣誉、权力，也不爱诉讼，他不喜欢无事生非，宁愿采取放弃自己的一些权利的方式来减少麻烦（但他的儿子正相反）。

阿：他的儿子如何变成喜欢荣誉的呢？

苏：刚开始他听到他母亲抱怨说，他的父亲没有成为统治者，导致她在妇女中被别人轻视。当她看到丈夫不大注意钱财，在私人诉讼和公众集会上与人无争，把所有这类事情看得很轻；当她看到丈夫全神贯注于心灵的修养，对她不卑不亢时，面对这些，她只能无奈地对儿子说，他的父亲缺乏男子汉气概，过于懒散。当然还会有那些妇女在这类情形下惯常的怨言。

阿：这些怨言确实容易产生。

苏：你知道这种人家有些仆人尽管看起来忠实，但也会在背地里向孩子讲这类话。主人看见欠债的或是为非作歹的人不去揭发，一些仆人便鼓励孩子等到长大后要惩罚那些人，要比他们父亲更像男子汉。孩子在外面的所见所闻大都如此。大家瞧不起安分守己的人，把他当作笨蛋，反而是到处奔走专管闲事的人得到大家的赞扬。于是这个年轻人一方面耳濡目染于外界这种情形，另一方面习惯了父亲所说的，但发现自己父亲的言行与他人的言行完全不同。于是两种力量奋力争夺青年：父亲灌输培育他心灵上的理性，别人的影响增强他的欲望和激情。他因为不是天生的劣根，只是受到了外界不好的影响，两种力量对他的争夺使得他成为一个折中的人，自制变成了好胜和激情之间的状态，他逐渐变成一个喜好虚荣，傲慢自大的人。

阿：我觉得你对这种人的产生过程描述得极为准确。

苏：这样说的话，我们可以先暂停对第二类型政治体制和第二类型个人的描写了。

阿：没错。

苏：那么，接下来要不要像埃斯库罗斯说的那样，谈论与另一种城邦对应的另一种人呢？或者还是按照我们的计划，先谈论城邦，后说个人呢？

阿：肯定要把城邦放在前面。

苏：在我看来，第三类的制度是寡头政治。

阿：你把寡头政治理解为一种什么政体？

苏：这是一种由财富来决定资格的制度，富人掌握政治权力，穷人遭到排除。

阿：我明白了。

苏：我们需要先说明一下寡头政治是怎样从荣誉政治中产生出来的吗？

阿：当然要。

苏：老实说，瞎子也能把这个产生过程看得清清楚楚。

阿：为什么这样说？

苏：私人拥有大量的财产时，总是会摧毁荣誉体制的，因为他们会尽可能挥霍金钱，无视法律。不单单他们自己这样做，他们的妻子也这样做。

阿：这是有可能的。

苏：在我看来，他们之间互相影响，互相效仿，最终导致大多数人也都想要这样。

阿：是这样的。

苏：长此以往，发了财的人，越是想要拥有更多的财富，他们会越来越看不起美德。财富和美德就像是天平的两端，一头下沉，另一头必然上升。

阿：的确是这样。

苏：当一个城邦推崇财富和有钱，美德和善就很难有市场。

阿：很明显是这样。

苏：人们总是会去践行受到推崇的事物，忽略那些不受推崇的。

阿：没错。

苏：然后，人们由热爱胜利变成热爱金钱，开始赞美财富，崇拜富人，把权力交给富人，而看不起穷人。

阿：完全正确。

苏：这时法律便成了他们确定寡头政制的标准，规定一个最低限度的财产数目，数目大小与这个城邦的寡头制程度相一致。法律规定，财产数达不到规定标准的人禁止从政。而他们用武力强行通过这条法律，用恐怖手段建立起的统治则被用来推行这条法律。这就是寡头政体的基本方式，是吧？

阿：的确是。

苏：那么，可以说寡头政制就是这样建立的。

阿：是的。但是这种制度的特点是什么？有什么缺陷？

苏：我的回答是，首先，我们需要考虑这种制度构成的原则。假定人们需要根据他们拥有的财产来确定舵手的资格的话，那么一个穷人无论是不是最好的舵手，都不可能成为舵手出海航行。

阿：这样的话，航行的安全就会变得非常不确定。

苏：对任何形式的统治来说，道理不也都是一样吗？

阿：我想是这样的。

苏：城邦政治可以例外吗，或者说不能例外？

阿：城邦政治更加如此。因为这种类型的统治是所有统治形式中最困难，也是最重大的。

苏：所以，这是寡头政体一个最大的缺陷。

阿：是这样的。

苏：那么，另一个缺陷会小点吗？

阿：是什么？

苏：这样的城邦实际上不是一个整体，它分成了富人和穷人的两个城邦，尽管他们住在一起，但总是相互猜忌、算计，随时都想着要对付对方。

阿：以宙斯的名义起誓，这可不是一个小的缺陷。

苏：我们可以进一步证明，在这种制度下无法进行战争。因为一旦要进行战争，就必须要武装民众，但那里的统治者最害怕的恰恰是民众，要远远超过害怕自己的敌人。这样说吧，如果统治者不武装民众，而是自己亲自上阵，那时候他们就会发现自己是孤家寡人，接受他统治、愿意帮助他的人真是太少了。还有一个原因，就是他们对金钱的热爱，而战争是需要花费大量金钱的。

阿：那这可是不光彩的缺陷。

苏：不仅如此，还有一种我们在前面已经发现了的错误，那就是在一个城邦里，一个人兼任农民、商人、士兵等多种不同的职业，你觉得这样是正确的做法吗？

阿：显然不对。

苏：我们有必要思考一下，这种政体是不是存在允许这种万恶之源的政治制度？

阿：你指什么？

苏：允许一个人出卖自己全部产业，同时允许他人购买。他们把自己的财产卖光后，还是住在这个城邦里，但不再是这个城邦的一部分，因为他们既不是商人，也不是匠人，更不是骑兵和步兵，他们只能算是一个所谓的穷人和依附者。

阿：是的。最早出现这种情况的就是这种政体。

苏：在寡头政体城邦中，确实不会禁止这种情况的发生。不然就不会有些公民变成富人，而有些公民变成穷光蛋。

阿：对。

苏：还有一点值得注意。当一个人挥霍完了自己的财富，就会在我们所谈论的这些事物中对城邦毫无用处，或者说他只是看起来像是属于统治阶级，实际上并不参与统治，也不能帮助城邦，而仅仅是一个资源的消耗者。

阿：没错，就是这样。

苏：要知道那些从小在蜂房里长大的雄蜂，最终会成为蜂房的祸害。对此我们能不能这样说，这类人在自己的家里长大，最后会变成城邦的祸害呢？

阿：完全可以这样说，苏格拉底。

苏：阿狄曼图斯呀，任何天生会飞的雄蜂都没有蜇刺。但是人类的雄蜂则不然，他们会四处流窜，有些没有刺，但有些有很可怕的刺，是这样吗？那些没有刺的老了就会成为乞丐，而那些有刺的就会变成恶棍。

阿：这就是结果。

苏：很明显，在城邦里，但凡有乞丐成群结队出没，周边就会隐藏着大量的小偷、扒手和抢劫神庙的强盗，以及各种为非作歹的家伙。

阿：对，就是这样。

苏：那么在寡头制的城邦，你看到乞丐吗？

阿：可能除了统治阶级外，那里的所有人都是叫花子。

苏：这样我们可不可以说，那里有着大量的带着毒刺的雄蜂，统治者需要对这些罪犯严加防范呢？

阿：我们必须这样想。

苏：你认为为什么会出现这种情况呢？是教育与训练的缺失吗？是因为政治制度的不足吗？

阿：都是吧。

苏：无论如何，这就是寡头制城邦的特点。刚刚说的那些缺点，也许还不止这些，使得城邦成为罪恶之地。

阿：你基本上说全了。

苏：那么，关于这种以财富作为资格来决定统治者的寡头政体，我们就想说这些。接下去我们需要考虑与之相对应的人了，讲讲这种人的产生以及他们的性格。

阿：好。

苏：爱好荣誉的青年转变成寡头类型，大体上是这样一个转变过程。

阿：具体是怎样的？

苏：打个比方。爱好荣誉的儿子起初模仿父亲的足迹去做任何事，但是后来发现父亲无法成为自己的依仗了，落得人财两空的下场（比如他父亲可能是一个当官的，后来因为被人告发有罪，被法庭审判，并且没收了所有财产），于是，他就感到迷惑了。

阿：这类事情发生的几率很大。

苏：当这个人目击这一切，又丧失了家产时，我想他会变得胆小，于是他灵魂里原有的对荣誉的期待也会动摇，他会因羞于穷困而开始追逐金钱，变得贪婪、吝啬，也会变得节俭并努力聚集财富。你不认为这种人这时候会把欲望和财富看作是神圣的，看作是帝王，为之戴上黄金的冠冕，佩戴上波斯的宝刀吗？

阿：你说得很对。

苏：当他的理性和精神原则从政治转变为金钱时，他会不得已放弃所有的激情和智慧，转而安分守己。因为他的理性和激情只用于研究如何挣更多的钱。除此之外，毫无用途。

阿：我想贪婪在人的所有改变中最为迅速，又最为无耻。

苏：那你说这种青年不就是寡头政治的典型人物吗？

阿：不管怎么说，我们这里所说的这种年轻人，反正是从和寡头政治所赖以生存的那种制度相对应的那种人转变来的。

苏：那么，让我们来看看他们之间还有哪些相似之处。

阿：好的。

苏：第一个相似之处就是崇拜金钱。

阿：是的。

苏：第二个相似之处是不是节俭而又勤奋？生活上都只满足于基本的需求，其他的欲望都被看作是无用的而加以抑制。

阿：是这样。

苏：他们是那种钻到钱眼里了的人，完全克制不住自己的敛财欲望，却得到人们的赞扬。这种人的性格刚好与寡头政体趋向一致。

阿：是的，我也赞同财富是这类城邦或国家以及这种人最在意的东西。

苏：在我看来，是因为这类人从没有注意过自己的文化教育。

阿：我想是的，要不然他们就不会选一个瞎子做他们的合唱队的领队[①]，并给予最高的荣誉。

苏：没错。既然这样，你看我们能不能这样形容，由于缺乏文化素养，他们的心中萌发了雄蜂的欲念，有的像乞丐，有的像恶棍，不过因为一般还能自我控制，因此这些欲念还能受到压制？

阿：可以这样说。

苏：既然他们压制住了恶，那么我们如何发现他们身上的恶呢？

阿：你是怎样看的？

苏：我认为从他们为非作歹却不受惩罚和孤儿监护这两件事上可看出来。

阿：没错。

苏：在很多事情上他们似乎有着正义者的好名声，那是因为在这种时候，他们身上好的那部分在起作用，压制了他们内心里的恶念。但要注意，这种压制不是来自委婉的劝说——"最好不要这样"，也不是来自理性的力量，而是来自强制和害怕，是为了财产的保全。这点是不是很明显？

阿：是这样的。

苏：我以宙斯的名义发誓，他们中的大多数只要有机会，就会乱花别人的钱财，从这上面你完全可以看到他们雄蜂般的贪婪。

---

① 古希腊神话传说，财神是瞎子。见阿里斯托芬的《财神》一剧。

阿：是的，他们的真面目的确如此。

苏：这种人内心时刻充满矛盾，并且具有某种双重性格。但总体上他们好的方面能战胜邪恶的一面。

阿：是的。

苏：因此，我以为这种人要比很多人都体面，值得尊敬。但他们的心灵的和谐基本不存在，离他们很远很远。

阿：没错。

苏：再谈论一下吝啬节俭。这类人通常都是软弱的竞争者，难以在城邦里取得胜利和荣耀。因为他们过于看重金钱，所以在竞争中就不会轻易去挥霍。因为他们担心花钱会滋长奢侈和欲望心，他们只愿意按照贵族的习惯从事，花费很少的金钱来作孤家寡人的奋斗，但大多数情形下都会是失败者。当然，他们的财产也因此得到了保全。

阿：你说得极好了。

苏：对这些吝啬的守财奴跟寡头制城邦的相似，我们还有什么好怀疑的呢？

阿：没有，完全没有。

苏：下一步我们看来需要讨论平民政治的起源和本质了。然后进一步讨论与之相类似的个人的品格。我们还要通过把他们跟其他类型的人相比较，来得出我们的判断。

阿：这至少是一个前后连贯的不错的研究程序。

苏：你看从寡头政体过渡到平民政体是不是这样一个过程，也就是把贪婪看作是善，对财富的最大化追求？

阿：以怎样的方式呢？

苏：在我看来，统治者既然明白自己的政治地位来自财富，那么就不会愿意用法律来限制年轻人对来自先辈的家产的挥霍。他们会把钱借给这些败家子，但要他们用财产来做抵押，或者收购他们的产业，从而使得自己越来越富有，同时也得到了更大的尊重。

阿：真的是这样的。

苏：追求财富与朴素节制的生活无法共存，只能二选一，这对一个城邦的人民而言道理相同。

阿：的确如此。

苏：这样一来，一方面是不能自制，另一方面是对金钱的崇拜，是奢侈无度。寡头政体社会鼓励这种懒散和放荡，其结果往往是使得那些世家子弟成为无产贫民。

阿：这种事非常常见。

苏：这些落败的贵族子弟负债累累，有些甚至失去了公民的资格。他们一旦被武装起来，就像雄蜂一样，跟那些跟自己住在一座城内的、吞并了自己的产业的人，还有那些富有的人相互猜忌、仇恨，急切渴望着发生革命。

阿：没错。

苏：但那些商人却从不在意这些，他们全部的心思都在怎样赚取钱财上。他们只管把金钱像毒针一样放出去，到处寻找容易受骗的对象。他们放高利贷，收取高额利息，像一对多产的父母，使得城里的雄蜂和乞丐越来越多。

阿：就是这样的。

苏：当邪恶的烈火已经燃起，他们还不愿意废止高利贷的法律，或者用另一项有利于消除这种恶行的法律来取代。

阿：这个法令是什么？

苏：这项法律不算是最好的，但可以迫使公民尊重道德。如果有一项法令规定自愿订立的契约，由订约人自负损失，则一国之内唯利是图的无耻风气可以稍减，我们刚才所讲的那些恶事，也可以少些了。

阿：会少得多。

苏：但是作为实际情况，由于上述这一切原因，在寡头制的城邦里，统治者使人民处于水深火热之中，他们自己养尊处优。他们的后辈不就变得娇惯放纵，四体不勤，无所用心，苦乐两个方面都经不起考验，成了十足的懒汉了吗？

阿：一定会的。

苏：他们养成了习惯，除了赚钱别的什么也不会在意。对于道德更是不闻不问，跟一般穷人一样。难道不是这样吗？

阿：的确是这样。

苏：统治者和被统治者平时存在非常微妙的关系，一旦他们碰上在一块儿的情况，比如说一道出行，一同去参加庆典，或者是一块儿在部队服役，与敌人厮杀，当他们彼此观察对方时，穷人就会扬眉吐气了。与此相反，你很可能会看到这样的情形：在战场上一个瘦而结实的黝黑的穷人，站在一位白胖的富人身边，而后者气喘吁吁，一副无可奈何的模样，你会不会相信，这时那个穷人会这样想：是因为我们穷人胆小，这些富人才能保住靠不义之财得来的财富。然后当穷人到一起了，大家会议论说："这些富人真是饭桶。"你难道不认为他们会这样想吗？

阿：我当然知道他们会这样想。

苏：如身体素质差，一点小麻烦就会引起一场大病，有时没有任何刺激也会生病。每个人生病都像是身体里发生了一场内战，城邦也一样是如此。而这类城邦只要有一点风吹草动，比如某个党派从寡头制的城邦引进了盟友，要不就是另一个党派从民主制的城邦引入了盟友，这个时候城邦就会生病，会发生内战。而有时候完全不需要外患，就会发生内乱。是这样吗？

阿：没错，是这样。

苏：党争会出现下面的结果：穷人获得胜利时，敌对方的精英就会被处死，其余的将会被流放到国外。而那些原来被压制的穷人会被允许去涉猎政治，通过抽签，每个人都有机会获得同等的公民权及担任公职。我想，民主制就是这样产生的。

阿：对，这就是民主制。不管是通过武装斗争，还是通过恐怖手段建立起来的，最后的结果都会是一样，都是反对党的被迫退出。

苏：那么处于这种制度下的人民过的是什么样的生活？这种制度的性质将是什么样的？因为按说跟这种性质的政府相对应的显然应该是具有民主性格的人。

阿：这一点毋庸置疑。

苏：首先，我们看看，这些人不自由吗？这座城邦难道不是充斥了自由的言行吗？它不是允许每个人都可以随心所欲吗？

阿：据说是的。

苏：既然能够随心所欲，那么，在生活中，显然每个人都会有一套自己的生活计划，想怎样过就怎样过。

阿：很明显是这样的。

苏：于是跟别的政体比，这种政体下就会出现各个人物类型和状况。

是不是这样？

阿：没错。显然会是这样。

苏：我说，这很可能是最美好的一种政体，很像是那种五颜六色的衣服，上面绣了各种的花卉，点缀着各种类型的性格，看上去眼花缭乱。很多人会因为这个原因，断言这种政体是最美好的，很像是妇女小孩看见色彩鲜艳的东西了，就会觉得很美一样。

阿：的确如此。

苏：亲爱的朋友，在这样的城邦最适合寻找各种制度了。

阿：为什么？

苏：因为在这个城邦中一切都是自由的，所以可以允许各种制度存在，每个人只要想建立自己的城邦，就如同我们现在正在做的一样，就必须到这种民主城邦里去，选择自己喜欢的模式，然后确立起一种制度。这就好像是去市场选购自己喜欢的商品一样。

阿：就是这样，他们不会找不到自己喜欢的模式。

苏：另外，在这样一个城邦，如果你有资格掌权，你也可以不去掌权；要是你不愿意服从命令，你就完全可以拒绝服从，除非你自己愿意服从；假如别人在打仗，你可以参战，也可以不参战；别人想要和平，你可以不要和平，也可以要和平。一切都可以随心所欲。如果法令阻止你得到某种你想要的职位，你完全可以不顾法律去得到你想要的职位。就此来看，这样的生活简直无比美妙啊。

阿：也许是吧。

苏：那些罪犯也有了机会被原谅和饶恕。被放逐到国外的人也就会觉得自己的旅程像旅游般有趣。你难道没见过这样的城邦，那里的那些被判处死刑或者流放的罪犯像亡灵一般自由来去，如入无人之境，谁也不会去在意他们吗？

阿：我见过很多这样的情况。

苏：然后，不仅如此，这种民主制还具有宽容性，对我们在此建立理想城邦所提出的这些细小的要求不屑一顾，无视我们宣布的庄严的原则。我们强调过，极少数天赋极高的人除外，大多数人只有在一个正常的、良好的环境里接受良好的教育和娱乐，最后才能成为一个善人。但民主制度却以轻薄的态度践踏这些理想，完全不问一个人的本来，他的品行如何，只要他喊着"与民为友"的口号，就能得到他想得到的尊敬和荣誉。

阿：看来这种制度真的蕴含着崇高的精神了。

苏：这些就是民主制度所展现的特征。它看起来似乎是令人喜悦的政治形式，实际上却是一种无政府的混乱状态。它把某种平等不加区分地给予了所有人，也不管他们实际上存在的差异。

阿：对，大家都知道这一点。

苏：那么，我们可以来考察一下适应这种社会的人的性格。我们要不要像考察这种体制一样，首先考虑这种类型人的产生根源？

阿：应该这样做。

苏：这种人是不是通过这种途径产生的？我的意思是我们的寡头极为吝啬，会按照他自己的样子培养他的儿子。

阿：很可能是这样。

苏：这些年轻人也会尽量控制自己的欲望，控制那些必须花钱而不能赚钱的让人快乐的事。

阿：没错，很明显会这样。

苏：那么，我们为了便于辩论，我们是否应先来区分一下必要的欲望和不必要的欲望呢？给它们下一个定义，你看如何？

阿：我们要这样。

苏：有些欲望无法避免也很难克服，我们可以将它们称之为"必要的"。另外那些可以让我们满足也有益的欲望也可以这样称谓，是吧？因为我们的本性驱使我们去满足这些欲望。

阿：当然是这样的。

苏：所以，我们可以合理地把"必要的"用于这里，是吗？

阿：当然。

苏：但如果我们从小加以戒除的话，有些欲望是可以消除的。而且这些欲望的存在对我们的灵魂没有好处，对吧？这一类欲望我们称之为"不必要的"是合适的吧？

阿：完全正确。

苏：让我们各举一下例来说明这两类欲望，以便区分它们。

阿：行。

苏：为了保持身体处于健康状态，要吃面包和肉。这些欲望是不是有必要？

阿：在我看来是必要的。

苏：从两个方面看，吃面包都是必要的：一是它对我们有好处，二是不吃面包人就会饿死。

阿：是的。

苏：至于吃肉的欲望，就促进身体健康来看，也是必要的。

阿：没错。

苏：欲望超过了这些，要求更多，比如各种美食，那就可以说是没有必要的，对身体也有害无益，并且会阻碍灵魂去追求理智和节制。要是从小就开始矫正与训练，是可以消除的。

阿：一点没错。

苏：我们是否把第一类欲望叫作"消费欲望"，把第二类叫作"有益的欲望"，因为后者有助于生产？

阿：当然可以。

苏：对于性欲和其他一些欲望，我们是不是可以也这样说呢？

阿：完全可以。

苏：我们刚才戏称为雄蜂类型的那些人，充满了这种快乐和欲望，受到不必要的欲望控制和驱使；而那些节俭的寡头类型的人则受到必要欲望的控制。

阿：没错。

苏：我们还是回到民主式的人物怎样从寡头演变出来的这个问题上来吧。在我看来大致是这样的。

阿：是什么样的？

苏：当一个年轻人从刚才说的那种不自由和吝啬的环境中成长起来，尝到了做雄蜂的甜头时，他就会和那些粗暴狡猾之徒结为统一战线，沉溺于寻欢作乐。你必须坚定地相信，这正是他的心灵由寡头型转向民主型的开始。

阿：这是一定的。

苏：在一个城邦里，当一个党派得到他国盟友的支持，就会促成这个城邦爆发革命。同样的道理，一个年轻人当他内心某种欲望得到外来的同类欲望的影响，他的内心也会爆发革命。我能这样说吗？

阿：可以的。

苏：我们再假定，这位年轻人内心的寡头意识得到了来自外部的支持，比如来自他的父亲或者亲戚，他们对他进行告诫或者指责，那么这位年轻人的内心就会产生分裂，会为此而焦虑。

阿：的确如此。

苏：有时候这位年轻人内心的民主倾向会屈从于寡头倾向，他的欲望中的一些会被毁灭，一些会遭到驱逐，他的灵魂会再度产生敬畏与虔诚，内心的秩序会得到恢复。

阿：是的，有时会发生这种情况。

苏：某些时候由于父亲教育方式出现偏差，和那些遭到驱逐的欲望类似的别的一些欲望会悄悄生发，并逐渐增强繁育。

阿：一般都这样。

苏：这些又把他拉回到他的旧的伙伴那里去，在秘密交合中它们得到繁育、滋生。

阿：没错。

苏：终于它们迅速占领了这个年轻人的心灵堡垒，却又发觉里面一无所有，没有理想，也没有知识以及事业——这些正是神所友爱者心灵的最好守护者和保护者。

阿：是最值得信赖的守护者。

苏：在此时，虚假、狂妄的言辞和意见乘虚而入，取代了它们的位置，完全占据了这个年轻人的心灵。

阿：一点没错。

苏：这时，这年轻人又回过头来和那些贪图安逸的人公开在一起生活。如果他的家人和亲戚朋友想要援助这位年轻人心中俭朴的倾向，那些入侵者就会马上关闭掉他的心灵里的这座堡垒，阻止援军的进入，也不让他倾听良师益友的忠告。它们会在他的内心冲突中获胜，斥责尊敬和敬畏是"傻瓜"，并加以驱逐，而节制被说成是"缺乏男子汉气概"，在羞辱后加以驱赶；它们还会把适度有序的消费说成是"没见过世面的乡巴佬"和"小气"。就这样，它们跟其他有害的欲望联合起来，把美德从内心里赶走。

阿：的确是这样。

苏：等到它们把这位年轻人心灵里的美德全部清除干净后，灵魂就被它们彻底占领。于是它们举行浩大的入城仪式,把城门洞打开了,领着那些过去被驱逐在外流浪的傲慢、放纵、奢侈、无耻进入城内,并为这些东西戴上花冠,让它们在合唱队的簇拥下浩浩荡荡前进。到那时,傲慢就会被称作"彬彬有礼",放纵会被称为"自由自存",奢侈被称为"慷慨大度",而无耻则被称作是"勇敢无畏"。正是以这种方式,使得那些从小接受良好的教育,能把自己的欲望控制在必要范围内的年轻人发生了蜕变,让他们身上那些没有必要、有害的欲望得到释放。你说是这样吗?

阿:对,你的描述很生动。

苏:为此我想,在他的余生中,这位年轻人会把更多的金钱和精力,还有时间花在享乐上,花在那些不必要的享乐上。除非是他很幸运,没有完全投降,入侵者导致的这阵暴风骤雨没有延续很长时间就过去了,他内心里强烈的骚动也随着年龄的增长而渐渐平息,遭到放逐的部分美德能重新回到心灵里,这个人才有希望在内心重建欲望的监狱,维持所有的快乐,平等对待它们,给予均等轮替的机会。

阿:一点都不错。

苏:假如有人告诉他,有些快乐来自高尚美好的欲望,应该得到鼓励与满足,而有些快乐来自卑贱的恶的欲望,应该加以控制与压抑,对此他会毫不在乎,不愿向真理打开大门。他会一面摇头一面说,所有快乐都是平等的,都应该受到尊重。

阿:他的心理和表现的确如此。

苏:事实上他日复一日地沉迷于轮流的快乐之中。今天是饮酒、女人、歌唱,明天又是喝清水,严格进食;第一天是剧烈的体育锻炼,然而到了第二天又无所事事,游手好闲;过一段时间却又开始研究哲学;他经常想搞政治,心血来潮,想起什么就动手干什么;有的时候,他雄心勃勃,在军事上投入所有精力,有时候却又全身心投入商业;他的生活没有严格的秩序和节制,他自以为自己过着一种快乐、自由而幸福的生活,并且要坚持到底。

阿:你把一个平等主义信徒的生活描述得好极了。

苏:我确实认为,这种人是集合最多习性于一身的,就像那种民主制城邦所展现出来的多面性、复杂性一样。这种人也是五彩缤纷的、华丽的,是许多男女羡慕的对象,包含最多的制度和生活模式的。

阿：确实如此。

苏：那么这个民主的个人与民主的制度相一致，我们称他为民主分子很合适。那我们就这样定下来，可以吗？

阿：好，就这样确定吧。

苏：现在唯一剩下需要我们加以描述的，是一种最美好的政治制度和最美好的人物，这就是僭主政治与僭主。

阿：没错。

苏：所以，我亲爱的阿狄曼图斯，僭主政治是如何产生的呢？依我看，很明显是从民主政治产生出来的。

阿：的确很明显。

苏：那么僭主政治来自民主政治，是不是就像民主政治来自寡头政治那样发展变化来的呢？

阿：请解释一下。

苏：寡头们当财富是善，这就是寡头政体建立的基本原则，是吗？

阿：是的。

苏：它失败的原因是过于追求钱财，为了赚钱发财，他不在乎其他的任何东西。

阿：对。

苏：那么，导致民主政体消亡的原因不也正是被民主政治确立为判断事物善恶的那个标准吗？

阿：你说的是什么标准？

苏：自由。你可能听到别人提到过，在一个民主城邦中，这是最显著的特征。因此，富于自由精神的人们喜欢在那里安家落户。

阿：的确听说过这样的话，而且很频繁。

苏：然而刚才我们考察过了，不顾一切追求自由破坏了这种体制，从而为专制铺平了道路。

阿：为什么会这样？

苏：我假想，如果一个民主的城邦过度渴望自由，很可能一些坏分子会趁机当上领导人，而其他人会像喝醉了似的烂醉如泥，浑然不知。而如果正派的领导人想要加以制约，不随意放纵他们，人们就会起来指控他们，称他们为寡头分子，要求惩罚他们。

阿：民主社会的确会这样做。

苏：在这样的地方，统治者和被统治者出现了错位，那些服从统治的人被看作是甘心做奴隶，而那些像被统治者一样的统治者，和像统治者一样的被统治者却能在公私场合受到赞扬和推崇。在这种地方，必然会只有走向极端。

阿：肯定的。

苏：我的朋友，这种无政府主义在未来的发展中必定会渗透进私人家庭生活，甚至感染动物！

阿：你说的什么意思？

苏：噢，就当前风气而言，父亲尽量使自己像孩子，甚至于害怕自己的儿子。而儿子也把自己当成是跟父亲处于相同地位的人，不敬也不怕双亲，好像只有这样他才算是一个自由人。除此之外，外来的居民觉得自己应该跟本邦公民享受同样的平等待遇，而本邦公民也会这样想，认为外邦人和本邦人不存在区别。

阿：是的，这些情况确实存在。

苏：的确如此。除此之外还有一些类似的情况。教师怕学生，迎合学生，学生反而不尊敬教师和他们的监护人。大多数年轻人装作老成的样子，侃侃而谈；而老一辈的则依附于年轻人，说说笑笑，态度谦和，害怕被年轻人看作是食古不化的老家伙。

阿：你说得没错。

苏：在这种城邦，人们的自由到了极点，正如你看到的，那些买来的男女奴隶与出钱买他们的主人拥有同样自由，更别提男人与女人之间有完全平等和自由了。

阿：那么，我们要不要畅所欲言，自由发挥，就像埃斯库罗斯说的那样："把到嘴边的话全都说出来"[①]？

苏：肯定要这样做。如果不是亲身经历，谁也不会相信在这种城邦里，连动物也比在其他城邦里自由。狗也像谚语说的那样"变得像其女主人一般"[②]，驴马也享有在大街上自由来去的尊严，如果有人挡住了道路，就踢死

---

① 参阅埃斯库罗斯的《残篇》。
② 希腊谚语："有什么样的女主人，就有什么样的女仆。"

他好了。一句话，在那里一切都充满自由精神。

阿：刚刚你所说的这些我在梦中遇到过，因为我在城外时常碰到这种事。

苏：不知你是否注意到了，这些情况让这里的公民变得敏感，只要有人建议需要稍加管束，他们就会无法忍受？因为你明白，他们最后会变得根本不当法律是回事，无论是成文的还是不成文的，也拒绝任何统治者。

阿：我注意到了。

苏：因此，朋友，我认为这就是僭主政治产生的根源，一个健壮有力的好根。

阿：的确是个健壮有力的根，你接着说吧。

苏：同一种弊端起于寡头政治并最终使寡头政治崩溃，而民主制是因为过度的自由的蔓延，导致民主制的毁灭。这就是所谓的"物极必反"，无论是人还是动植物都是一个道理。政治社会尤其是这样。

阿：理所应当。

苏：无论在个人还是城邦方面，极端的自由其结果不可能变为其他东西，只会变成极端的奴役。

阿：完全有可能。

苏：所以，僭主政治可能只会从民主政治中发展出来，而正是从极端的自由中产生可怕的奴役。

阿：这合乎逻辑。

苏：但是我相信你的问题不在此，你要问的是，从民主制和寡头政治中产生并奴役这两种制度的共同毛病是什么。

阿：正是这样。

苏：你记得我曾告诉过你有一群懒惰而又奢侈的人，其中强悍者是领头人，较弱者依附于强者。我把他们比作雄蜂，为首的是有刺的雄蜂，那些附从的是无刺的雄蜂。

阿：记得，很贴切的比喻。

苏：如果这两类人在城邦里出现，城邦便会混乱，就好比是人体里黏液与胆液造成混乱一样。所以一个好的医生和好的立法者，必须及早注意防备这两种人。像有经验的养蜂者那样，刚开始就不让它们生长，一旦生长，就要立即铲除，连同窠臼彻底铲除。

阿：对，一定要这样。

苏：所以，为了我们能够更清晰地了解我们的目标，让我依照下列步骤进行吧！

阿：什么步骤？

苏：在理论上，我们可以把一个民主城邦按实际结构分成三个部分。我们之前说过，其第一部分由于被听任发展，常常不会比在寡头社会里的少。

阿：暂且这样说吧。

苏：与寡头城邦相比，在民主城邦里更为强暴。

阿：为什么会这样？

苏：在寡头社会中，这部分人被貌视而且不掌权，所以缺乏实践，没有力量。在民主社会里这部分人是处于主宰地位，很少例外。其中最强悍的那些，演说的、办事的都是他们。其余的坐在讲坛后面，熙熙攘攘、吵吵闹闹地抢了讲话，不让他人开口。所以在民主城邦他们掌握一切（除了少数例外）。

阿：是这样没错。

苏：还有第二部分，这种人任何时间都可能从群众中冒出来。

阿：哪种人？

苏：在每个人都存为了财富努力奋斗的时候，其中本性守规矩并且最为节俭的人大多数都成了最大的富豪。

阿：经常这样。

苏：他们那里是给雄蜂提供蜜汁的最为丰富和便利的地方。

阿：穷人身上榨不出油水。

苏：富人就是雄蜂的供养者。

阿：完全是的。

苏：第三种人应该就是所谓"平民"①了。他们自力更生，不参与政治活动，没有多少钱财。在民主社会中大多数人都是这样的。要是集合起来，力量最为强大。

阿：是的，不过他们不会经常举行集会，除非他们能分享到蜜糖。

---

① "平民"，希腊文是"δῆμος"（德莫斯）。

苏：他们会分享得到的。他们的那些领头者，掠夺富豪的财产，自己占据其中最大的一份，而一般平民能分到一些残羹剩饭。

阿：是的，他们就享受到了这样的好处。

苏：所以，在我看来，那些被抢夺的人，逼不得已只能在大会上发言，或者是采取其他可能的行动保卫自己的利益。

阿：他们会这么做吗？

苏：于是反对派会控告他们，被诬告反对平民，甚至被说成是寡头派，尽管他们根本没有任何变革的想法。

阿：确实如此。

苏：终于，他们看到了平民试图伤害他们（其实，他们并不是故意的，只是因为误会，听信了坏的领头人散布的恶意中伤的谣言而想伤害他们），无奈之下，他们只能真的变成了寡头派了（也许是雄蜂蜇刺的结果而并非自愿）。

阿：一点没错。

苏：接下来两个派别就会互相检举，进而告上法庭去互相审判。

阿：是的。

苏：在这种斗争中平民经常要推出一个带头的人，做他们的保护人，同时他们扶持他，增高他的威望。

阿：是的，一般如此。

苏：于是，我们可以看出来，当僭主政治出现时，其只能是从"保护"这个根上产生的。

阿：再明白不过了。

苏：一个保护人变成僭主的关键之处在哪？——当他的行为像我们之前听说过的那个关于阿卡狄亚[①]的宙斯神庙的故事时,关键之处是不是就明白了？

阿：什么故事？

苏：它说的是，如果一个人尝了哪怕一小块和其他祭品混在一起的人肉后，他会不可避免地变成一只狼。你肯定听说过这个故事吧？

---

① 阿卡狄亚是希腊神话里的一个古代王国，它的国王吕卡翁后来被宙斯变成了一条狼。

阿：对，我听说过。

苏：人民领袖的所作所为也是这样。他控制善良轻信的人民，不可抑制地要伤害人，他诬陷他人，使人法庭受审，伤害他人性命，残忍地杀害同胞，或将人流放域外，又或者是判处他人死刑，或取消债款，或分人土地。最后，这种人要么死于敌人之手，要么由人变成了豺狼，变成一个僭主。这是不是必然的呢？

阿：这绝对是必然的。

苏：这就是领导一个派别对抗富人的那种领袖。

阿：是那种人。

苏：或许会这样：他被放逐了，后来，尽管政敌反对，他还是回来了，变成一个地道的僭主回来了。

阿：显然有这样的可能。

苏：要是没有办法通过指责和控告让人民驱逐或杀掉他，人们就会组织一个团体进行秘密暗杀。

阿：这种事情经常发生。

苏：接着就有名声极坏的策划出现：在此阶段，僭主们往往会要求人们同意他建立一支警卫队来保卫他这个人民的守护者。

阿：没错。

苏：在我看来，人民会同意他的请求，没有丝毫的怀疑，只是担心他的安全。

阿：的确如此。

苏：对于任何一个有钱，而同时又有人民公敌嫌疑的人来说，现在是时候按照给克劳索斯①的那个神谕来采取行动的时候了。"沿着多石的赫尔墨斯河岸逃跑，不停留，别害羞，不怕被人笑话怯懦。"②

阿：因为他一定不会再有机会去害羞。

苏：我认为，一旦让人给抓住，他就死定了。

阿：没错。

---

① 克劳索斯：吕底亚王国的最后一位国王。公元前560年至546年在位，曾征服伊奥尼亚。传说是当时世界上最有钱的国王。
② 参阅希罗多德的《历史》第1卷。

苏：但是，那位保护者没有被打倒，而是如同荷马说的那样，"张开长大的肢体"倒在地上，相反，倒是他打倒了很多掌管城邦权力的人，由保护者变为僭主独裁者。

阿：这个结局难以避免。

苏：我们是不是要描述一下这个人的幸福，以及造就出这种人的那个城邦的幸福呢？

阿：对，让我们来描述吧！

苏：在他早期，他对任何人都是满面堆笑，见人就问好，从来没有君主的架子，于公于私他都有求必应，比如免除穷人的债务，把土地分配给平民和自己的随从。他给人的印象总是和蔼可亲的。

阿：肯定是这样。

苏：然而，我想，当他已经和被流放国外的政敌达成了谅解，那些不妥协的人也已被他消灭，内顾之忧已被消除，这时他总是首先挑起一场战争，以此来让人民需要一个领袖。

阿：有这样的可能。

苏：除此之外，人民因军费高昂而贫困，成日忙于奔走谋生，也就没有了造反的时间与精力了，是吧？

阿：显然正确。

苏：除此之外，如果他怀疑有人想要自由，拒绝屈服于他的统治，他便会寻找借口，把他们送到敌人手里，借敌人的手来杀人。由于这些缘由，僭主一定会挑起战争。

阿：对，他不得不这样去做。

苏：他这样做难道不会引起人们的反对吗？

阿：当然会。

苏：很可能。有些人过去帮他赢得权力，现在正在和他共掌大权。在这些人中有人会反对他的做法，并公开向他提意见，也相互间议论纷纷。这样的人算是最勇敢的人，是吗？

阿：十分有可能。

苏：那么作为一个僭主，如果他想要维持统治权力，肯定要除掉这些人——无论这些高尚的人是不是朋友。

阿：显而易见。

苏：所以，他绝对需要敏锐的眼光，能看出谁勇敢，看出谁的心灵高尚，看出谁聪明，谁富有。他的好运就是注定要成为这些人的敌人，把他们全都消灭，直到城邦里再也没有反对他的人了。无论他是否愿意，他都得这样做。

阿：真是一场美妙的大清洗！

苏：对。但是这种清洗和医生对人体进行的清洗不是一回事。医生清除最坏的，保留最好的，而僭主正好与医生的做法相反。

阿：要知道如果他想保住他的权力，只能这样做。

苏：由于这种必然性的原因，因此他只能跟那些卑贱的人在一起，否则只能去死，而这些人没有一个不恨他的。

阿：这是命中注定的啊！

苏：他的这些所作所为越是与人心向背，他就越是要扩张他信赖的护卫队。不是吗？

阿：的确如此。

苏：那么，谁可以信赖，他如何找到他们呢？

阿：只要他给钱，他们会很乐意来的。

苏：我以埃及神犬的名义发誓，我认为你又在讨论雄蜂了，一群外来的杂种蜂。

阿：你猜对了。

苏：但是他是不是也得就地招募一些人呢？

阿：如何招募？

苏：掠夺公民的奴隶，解放他们，让他们加入他的卫队。

阿：没错，只有这些人他能信赖。

苏：如果他在消灭了初期的那些拥护者后，只能跟这类人在一起，或者是只能信任这些人的话，那么如此看来，一个僭主的命运也真够幸福的了！

阿：可他只能这样做。

苏：我想，这时能够亲近僭主的这些新卫士会敬仰他，而正派人士都痛恨他，回避他。

阿：能不恨吗？

苏：人们总是认为悲剧家是智慧的，而这方面欧里庇得斯被认为是超过别人的，人们这样想不是没有道理的。

阿：为什么？

苏：因为在说出其他一些意蕴深刻的话后，欧里庇得斯还说过："和聪明的人做朋友的僭主是聪明的。"这句话明显说明了，能跟僭主打交道的人是聪明的。

阿：对，他还说过，"僭主如神明"，还说过许多话来赞扬僭主。很多别的诗人也曾说过这种话。

苏：所以我们才不允许诗人进入我们的城邦，因为他们赞扬僭主制。如果悲剧诗人聪明的话，那么他们一定会宽恕我们，并且那些和我们一样做的城邦，也能得到他们的宽恕。

阿：我也认为诗人中那些明智的人应该宽恕我们。

苏：我假想他们去周边的城邦寻找信众，雇佣很多嗓音优美的演员，用公众的声音，向聚集在剧场上的听众宣传鼓动，使他们转身投向僭主制或民主。

阿：对。

苏：为此他们将名利双收。我们可以预料一下，主要是从僭主方面，其次是从民主政体那里得到这些。但他们在攀登政治制度之山时，爬得越高，他们的名誉就越低，仿佛气喘吁吁，再也无力朝上爬。

阿：很形象。

苏：不过，这只是一段插曲，我们必须返回主题。刚才我们说到了僭主私人卫队，一支内容丰富，人数众多，但混杂不纯的军队。要怎样维持这样一支军队呢？

阿：很明显，如果城邦有庙产，僭主会使用它，直到用完为止；其次是使用被他已经灭掉的政敌的财产；要求平民拿出的钱比较少。

苏：如果这些财源枯竭了呢？

阿：用他父亲的资产来供养他和他的宾客们以及男女伙伴。

苏：明白了，你的意思是说那些养育了他的平民，现在不得不养他的庞大队伍。

阿：他必须这样做。

苏：如果人民不同意，说儿子已经成年还要依赖父亲供养是不公道的，儿子供养父亲才是应该的；说他们拥立他，不是为了在他有了权势后反像奴隶一样受他驱使，供养他和他那群外国雇佣军，而是为了挣脱富人们以及城邦那些所谓"优秀者"的盘剥。现存他们要命令他和他那群人离开城邦，就像父亲命令儿子和他那群狐朋狗友离开家庭一样。这种情况下，你会怎样说呢？

阿：我以宙斯的名义发誓，这个城邦的公民此时才明白自己付出这样大的代价，却养育了一头野兽，他们抚养他，珍惜他，拥戴他，可如今他已变得强大，没法把他赶走了。

苏：你说什么？你的意思是僭主敢于用暴力的方式去对付他的父亲——人民？他们如果不让步，他就要打他们？

阿：对，在他解除他们的武装后。

苏：你把僭主说成是杀父之徒，不能很好照顾老人的保姆，在那些公开的、直言不讳的僭主政体下，民众的确发现自己就像谚语说的那样，跳出火坑，又掉进了油锅。正是为了追求过度的、不合理的自由，才导致这样的结果，落入残暴的奴役中。

阿：事实的确如此。

苏：好，我想到现在我们有充分理由可以说，我们已经尽可能充分描述了民主制是如何转向僭主制，以及僭主制度的本质，是吗？

阿：相当充分了。

第九卷

> 因此，我们刚才描述的处于两段之间的中间状态——平静——有时候既是快乐，也是痛苦。

苏：最后，我们来考察一下僭主式的人物——这种人是怎样从民主类型的人中演化出来的？他们的性格怎样？他们的生活怎样，是幸福还是痛苦？

阿：对，之前我们还没讨论这个问题。

苏：你知道我们对这个问题有哪些遗漏？

阿：哪些？

苏：人的欲望。我想我们在前面讨论中还没有充分讨论这个问题，没有能从性质、类别上加以区分。如果不弄清这些，我们的讨论不可能清晰起来。

阿：我们现在还有机会来对欲望做考察吗？

苏：是的，这是我们一定要做的。那么现在就让我们来考察一下欲望。以下是我的观点：我认为我们身上那些不必要的快乐和欲望中，存在一些违反法律的东西，也许在我们每个人身上都能找到这些东西。但在法律和符合理性的那些欲望的限制下，一些人能根除那些违反法律的欲望，而另一些人则留下了很少一部分残余，但在另外一些人身上，这一类欲望则比较多，也比较强烈。

阿：你主要指的是哪些？

苏：人们处于睡眠状态时活跃起来的欲望。当人们处于睡眠状态下时，灵魂的其余部分也就是理性的、温和的，处于主导地位的部分出现了松懈，而它的生物性的部分在吃饱喝足后开始活跃起来，努力寻求自身本能的满足。在这种情况下，因为不受羞耻感和理智的约束，也就肆无忌惮，没有什么是它不敢尝试的了。很多人会在梦中跟自己母亲乱伦，或者是跟别的男人、神灵、野兽交媾等等。还会产生谋杀的念头，敢于吃任何受到禁止的食物。什么愚昧跟无耻的事它都敢做。

阿：你说得有道理。

苏：但如果一个人是身心健康和明智的，他就会在入睡前用美好的言语和思想款待自己灵魂的理性部分，让其保持自我意识的清醒。而对于灵魂欲望的那一部分，他会让其温饱适度，在安然入睡后，灵魂的良善那部分不会受到快乐与痛苦的打搅，使得这部分能比较纯净地考察，以便理解、掌握不知道的事情，这里包括过去、现在与未来。这个人也用同样的方式驯服灵魂的激情部分，并不会经过一番争吵，不高兴地入睡。如果他这样做，就能使灵魂中的两个部分和谐平静下来，使理性所在的第三个部分活跃起来。要知道，这样入睡后，人最有可能接近真理，他所梦见的幻像就不会是非法的。

阿：我十分赞同你的观点。

苏：我是不是有点跑题了？但无论如何，可怕的、强烈的、非法的欲望实际上存在于每个人的内心，甚至那些受到人们尊敬的著名人士也不能例外。这些欲望通常都会在梦中显现。你觉得我说得对吗？

阿：你说得很对。

苏：现在让我们回顾一下那些被我们称为民主式人物的性格的形成情况。这种人自幼受到他父亲的影响和熏陶，这决定了他后来的发展。要是他的父亲只知道经商赚钱，而会克制娱乐和享受的欲望，这自然会影响到他的成长。你说是这样吗？

阿：是这样。

苏：但在进入社会后，开始跟那些更加精明的人交往，他的内心会涌现出我们描述过的那些欲望，于是就会在他身上产生各种各样的傲慢和无法无天的言行。还因为对父亲的逆反心理，他会去过那种奢侈无度的生活。不过由于他的本性比起那些天性腐败的人要好，因此他的节俭和浪费这两种相互矛盾的倾向会试图调和，会让他自我感觉是汲取了两种生活方式的长处，在奢侈与吝啬之间过着既不寒酸又不违规的生活。他就是这样由一个寡头派变成了民主派。

阿：没错。我也是这样看这些人的。

苏：那么我们来假定一下，随着时间的推移，他们有了自己的儿子，也要用自己的这种生活方式来教育自己的儿子。

阿：好，我们就这样假定。

苏：我们再来假定一下，这位父亲的经历在他儿子身上再现。这个儿子会受到引诱，变得无视法律，并把这称为"彻底的自由"。这个儿子的父亲和亲友支持中庸的欲望，而其他人则支持无度的欲望。当那些可怕的巫师和拥立僭主的人发现这样下去没有希望控制这个青年时，他们就会极力在他的心灵里唤起一种激情，并使得这种激情占据统治地位，以便于维护那些懒惰和奢侈的欲望，也就是那只可恶的长着刺的雄蜂。你想把这种人的激情比作别的什么吗？

阿：不，我认为这个比喻很恰当。

苏：其他欲望环绕着激情发出嗡嗡的声音，向它献上鲜花美酒，让它纵情于淫乐，疯狂而没有节制。与此同时，激情也反过来蜇刺着这些欲望，进一步让它们疯狂起来，直到得到彻底的满足而发出沉溺的呻吟。到了这时，这个灵魂就会因为环绕着自己的那些保镖，变得毫无顾忌，开始疯狂。如果发现这人身上还有什么意见或者欲望可以算是高尚的，他还有什么羞耻感的话，就会加以驱逐，直到节制这个人的所有因素都被清除干净为止。这个人最终就只剩下外来的疯狂。

阿：对，这就是一个僭主式人物的产生过程。

苏：亲爱的朋友，你会不会觉得一个醉鬼的秉性有点像暴君呢？

阿：我会这样觉得。

苏：从古至今，"爱"就一直被称为"暴君"①，不正是这个道理吗？

阿：很有可能是这样。

苏：另外，这个疯狂的家伙不仅想要统治他人，而且还想要统治诸神。

阿：完全正确。

苏：这样一来，这个人就变成了僭主式的人了。这也就是"僭主"这个词的完整的意义，从这个意义来看，僭主本质上，或者他的习性就跟一

---

① 此处的"暴君"跟"僭主"是同一个词。

个醉汉或者色鬼、疯子没有区别。

阿：是这样的。

苏：这就是这类人的来源和他们的性格，但他们的生活方式又是怎样的呢？

阿：你问我？还是由你来告诉我吧。

苏：好吧，还是我来说。我认为，一个人的内心被充当着主宰的激情完全掌控后，难道不会日日夜夜不停生长出各种可怕的欲望，需要无数的东西来满足吗？

阿：的确需要很多东西。

苏：因此，不论这个人有多少收入，都会很快花光。

阿：这是肯定的。

苏：接下来就是借贷和抵押了。

阿：没错。

苏：等到耗光所有资源后，他的灵魂中孵化出来的欲望的雏鸟难道不会不断发出嗷嗷待哺的叫唤吗？用上面我们的那个比喻来说，这种人在各种欲望的驱使下，最主要是在那个作为主宰的激情的驱使下，他怎么可能不变得疯狂，从而去寻求和窥探，看看哪里还有可以抢劫和骗取的东西呢？

阿：确实是这样的。

苏：但凡可以抢劫的，他都一定会去抢，否则他就会非常痛苦。

阿：这是一种必然趋势。

苏：正因为内心里新的快乐总是在超越旧的激情一样，他作为晚辈也会声称自己有权超越父母，在挥霍尽了自己的那份家产后，就会去夺取父母的财产，来供自己进一步挥霍。

阿：这是必然结果。

苏：如果他的父母拒绝的话，他首先会想如何骗取，是吗？

阿：是这样。

苏：如果不能骗取，他下一步就会开始暴力掠夺，是吗？

阿：我想会这样的。

苏：如果他的父母为了保护自身利益而选择抵抗的话，那么，我的朋友，你认为这个混账儿子会心慈手软吗？

阿：我想不会。我不得不为他的父母担心。

苏：阿狄曼图斯啊，你会不会相信这种人为了讨一个刚刚得到的可有可无的漂亮女友的欢心，而不惜虐待自己的生身母亲，或者为了一个刚找到的妙龄娈童而去鞭打自己年老体弱的父亲呢？假如他把这些人带回家里，不会要求自己的父母对他们低声下气，委曲求全吗？

阿：对，我想他肯定会这样做。

苏：看来，做一个僭主的父母真算得上是有"福分"了。

阿：真是"幸运"啊！

苏：如果他把自己父母的财产也花光了，然而在他心灵聚集的那些欲望有增无减，这时他会干什么呢？他难道不会去偷窃，去拦路抢劫，去洗劫神庙吗？在他做出一系列无法想象的事后，他那些自小培养起来的有关高尚和卑鄙的信念，那些对正义的见解，都将被刚产生的见解所控制。而这些新的见解就像是居于主宰地位的激情的保镖，跟激情一起获得了优势。这些所谓新获得和被释放出的见解，我指的是那些以前只存梦里出现的意见，而存那种时候，他还处在他父亲和法律的限制之下，他的内心还拥护民主。可现在在激情的主宰下，他居然在醒着的时候就不断想起自己过去的那些梦里才偶尔出现的情景，无论这些情景是谋杀还是冒犯禁忌。他内心里的激情这个暴君使得他敢于蔑视一切法律。激情本来就是一个暴君，驱使他无所顾忌、无恶不作来满足自己和其他欲望。我们知道这些欲望一部分是来自外部的，而另一部分是被他所过的丑恶的生活从他的内心里释放出来的。你能说这类人的生活不是这样的吗？

阿：对，的确是这样的。

苏：如果在一个城邦里这种人只是少部分，而大多数人的头脑是清醒的，那么这少数人就会离开，去别的地方为那里的僭主做保镖，要不就去可能发生战争的地方当雇佣兵。但如果没有战争，让他们生活在和平的环境里，他们就会因为无事可干而在城邦里为非作歹，犯下一些不大不小的罪行。

阿：是哪些？

苏：比如小偷、拦路抢劫、抢掠神庙、绑架、贩卖人口等等。如果天生就有一张会说的嘴，他们便会成为告密人、伪证人或受贿者。

阿：要是这种人不是很多，他们这样的罪恶还真不算大。

苏：确实不是很多。但小恶相对于大恶而言，相比于城邦的腐败和不幸，所有这类小恶加在一起，也好比谚语说的那样，比不上一个僭主带来的危害。不过一旦在一个城邦里，这类人及其追随者多了起来，达到一定规模，并且当他们意识到了自己所拥有的力量真正的破坏力时，他们就会利用民众的愚昧，发起暴乱，把自己的一位同伙拥立上统治者的宝座。而这个被拥立的人骨子里就是一个强大的暴君。

阿：这是肯定，因为他一定是最专制的。

苏：如果人民心甘情愿接受他的奴役，那还没问题。但要是这座城邦拒绝他的统治，那么前面描述的那种儿子毒打父母的情形就会出现，只要可能，这个暴君就会严惩自己的祖国。他会把新的密友们置于自己的控制下，奴役他的祖国母亲和父亲。祖国母亲是克里特人的称呼。这类人所想要达到的目的就是这样。

阿：确实是这样的。

苏：这种人在掌权之前，其个人生活有这样一些特点：起初和一些阿谀逢迎之徒为伍。这是这样一种人，这些人善于逢迎拍马，他们随时准备着做他的帮闲。或者说，要是他们有求于人，那么这种人就会卑躬屈膝，祈求对方的友谊，一旦达到目的，就会毫不留情地翻脸不认人。

阿：的确是这样的。

苏：因此他们一生从来就不清楚怎样结交朋友。他们如果不主宰着别人，那么便是别人的奴仆。僭主的本性决定了他永远也不可能品尝到真正的友情和自由。

阿：这种人肯定是没有朋友的。

苏：我称这类人为无信之徒，难道不对吗？

阿：当然是对的。

苏：在前面的讨论中我们如果就正义的本性已经达成了共识，那么我们就应该把这种人称作是不正义之徒。

阿：完全同意。

苏：关于最恶的人，一言以蔽之，他们是醒着时也能够干出睡梦中才会出现的那种事的、最邪恶的人。

阿：完全正确。

苏：具有僭主天性的人一旦取得绝对权力，就会成为真正的僭主。他们作为僭主的时间越长，僭主的品性就越是强烈。

格劳孔：这是不可避免的。

苏：我们将会看到，最邪恶的人也是最可悲的人，那么，成为僭主时间最长的那个人，也就是最不幸的那个人了，是吗？不过很可能人们会有不同看法。

格：一定是这样的。我认为我们的看法完全一致。

苏：专制的人不是就像专制政治的城邦吗？民主的人不也就像民主政治的城邦吗？如此等等。

格：当然是可以这样说的。

苏：我们可以推论一下：在美德和幸福方面，不同类型个人间的差异就和不同类型城邦间的差异一样。是这样吗？

格：怎么能不是呢？

苏：那么，在美德上，一个僭主专政的城邦和我们最初描述的王政城邦有什么差异呢？

格：正好相反：一个最善，一个最恶。

苏：我不往下深究哪个最善哪个最恶了，因为那是一清二楚的。我现在要你判断一下，在幸福和不幸上，它们是否也是这样？我们不能把眼光只放在僭主一个人又或他的少数随从身上，这样会让我们很难看清事实。我们既要广泛又要深入去观察整个城邦，应当仔仔细细透视它的各个方面，全面了解它的实际生活，再来说出我们的看法。

格：这个提议很不错。我们都清楚：没有一个城邦比僭主统治的城邦更不幸的了，也没有一个城邦比王者统治的城邦更幸福。

苏：我还有一个提议，想要求你只能接受在这种情况下做出的判断，那就是你必须要去深入了解和思考一个人的灵魂和气质，而不是跟小孩子一样只看表面，然后被你自己的眼睛欺骗，被僭主的威仪所慑服。不一定要看透僭主的本质才行。你认为我这个建议还行吗？我现在假定有一种人做出的判断才值得我们去聆听，这种人跟僭主朝夕相处，能亲眼目睹僭主私底下的一言一行，也能看到在私下里僭主是如何与亲信相处的。也只有在这样的场合里，僭主才会褪掉伪装，露出真面目。这种人同样能看到僭主对公众造成的危害。所以，我们还是应该请这样的人做信使，向我们汇报僭主的生活，看看其生活跟一般人相比，究竟是幸福还是不幸福。你说我们这样做可以吗？

格：这是个很不错的建议。

苏：那么，我们要不要自认我们自己也属于有判断能力的人，相信自己也跟那些人一样曾跟僭主在一起生活过，因此我们中的某个人也能回答我们的问题？

格：当然可以。

苏：那么，来吧，让我们就这样来考察好了。我们先来回忆一下城邦跟个人之间一般性的相似，再考察城邦跟个人之间会发生哪些事情。

格：你说会有哪些事发生呢？

苏：我们首先谈论城邦。你认为一个被僭主统治的城邦是自由的还是受奴役的？

格：当然是受奴役的。

苏：但在这样的城邦你也看到有主人和自由人。

格：我看到过的这种人很少，而（所谓的）整体上或者大部分则处于屈辱和不幸的奴隶地位。

苏：因此，如果个人和城邦类似，那么人身上也会出现同样的情形，他的灵魂充满了奴役与不自由。灵魂那最优秀、最理性的部分受到了奴役，而那些最宵小、最恶劣、最不受约束的部分则扮演着暴君的角色。这样说可以吗？

格：很好，就是这样。

苏：那么你说这样一个灵魂是受奴役还是自由的？

格：在我看来是受奴役的。

苏：另外，受奴役的、僭主化的城邦不是最不可能做它真正想要做的事吗？

格：应该是这样。

苏：那么，我们把灵魂作为一个整体来看待，僭主化了的灵魂也最不可能做它希望做的事，因为它总是受到疯狂的欲望驱使与牵引，被混乱和悔恨充满。

格：是这样的。

苏：僭主化的城邦是富裕还是贫穷呢？

格：肯定是贫穷。

苏：因此，僭主统治下的心灵也一定是贫穷的，因为它受制于那些难以满足的欲望。

格：对。

苏：同时，这样一个城邦以及这样一个人，一定是受到恐惧和惊慌折磨的。

格：没错，就是这样的。

苏：那么你觉得在别的城邦里，比在这类城邦中所见到的悲伤、痛苦、哀诉多还是少？

格：怎么可能多呢？

苏：你是不是认为人也是这样的呢？在随便哪个人身上，会比在这种被强烈欲望刺激疯了的僭主暴君类型的人身上，有更多的这种情况吗？

格：怎么可能会呢？

苏：因此，有鉴于所有这些情况，以及其他一些与此有关的情况，我想你大概得出了判断，也就是这种城邦是所有城邦中最不幸的了。

格：要是我这样说，有什么问题吗？

苏：没有问题，完全正确。但是，有鉴于同样的这一切，关于僭主化的人你一定会有一些高见，对吗？

格：我肯定会觉得他是一切人中最最不幸的。

苏：但或许你说错了。

格：怎么可能！难道不对？

苏：我们觉得这个人还没有到达不幸的顶点。

格：那什么人才达到了顶点呢？

苏：我要指出的那种人你可能会觉得他还要更不幸。

格：哪种人？

苏：一个有僭主气质的人，他不再过一个普通公民的生活，由于某种不幸的机会他能成一个实在的僭主暴君。

格：根据以上所说加以推论，我认为你说的是对的。

苏：很好。但这种事情仅凭想当然是不够的。我们必须用如下的论证完全考察它们。因为我们这里讨论的是所有问题中最大的那个问题：善的生活和恶的生活。

格：一点没错。

苏：所以请考虑我的话有没有道理。我认为我们必须从下述例子里得到有关问题的见解。

格：什么例子？

苏：以我们城邦里的一个拥有大量奴隶的富有的奴隶主为例。他在统治许多人这点上像僭主，而不同的是所统治的人数不同而已。

格：是的。

苏：那么你知道他们不担心，不害怕自己的奴隶吗？

格：他们害怕什么？

苏：没什么可怕的，但是你知道他们为什么不怕吗？

格：知道。因为理论上城邦有义务保护每一个公民。

苏：说得对。但是假想有一个人，他拥有五十个甚至是更多的奴隶。现在有一位神明把他和他的妻儿老小、他的财富和奴隶一起用神力摄走，送往一个极偏僻的地方，这时候没有一个自由人来解救帮助他。你想象一下他会多害怕，担心他自己和他的妻儿老小会被自己的奴隶消灭吗？

格：这是最恐惧的事了。

苏：这时他是不是必须要巴结讨好自己的奴隶，向他们承诺很多好处，答应解放他们呢？——尽管他很不情愿这样做。

格：他不得不这样，因为他的身家性命处在危险中。

苏：但我们现在假设这位神明在他周围安置了很多邻人，他们不能容忍有人想要奴役他人，要是有谁这样做，他们就会给予最严厉的惩罚。

格：我认为，这时他的处境会更糟糕，他周围就可能全是敌人了。

苏：僭主的处境不正是这样一个被矛盾充满了的、有着多重恐惧和欲望的禁闭处所吗？他是唯一一个不能出国旅行，不能参加普通自由公民喜爱的节日庆典的人。虽然他心里渴望着这些乐趣，但他必须像妇女那样深居深宫，羡慕地看着他人自由自在。

格：说得很对。

苏：所以，有着大量的病态的表现，可以被拿来衡量这两种人的不同：一个人的灵魂受到了疾病的控制，是那种拥有僭主气质的人，被你不幸言中是最不幸的；另外一种是拥有僭主气质，并被命运安排成了真正的僭主，他因此不再是一位普通公民，在还不能控制自己的时候需要去统治他人。这就跟一个病人或者残疾人无法在家静养，必须得去跟人竞赛一样。你说这样说行吗？

格：苏格拉底啊，你的比喻非常恰当。

苏：所以，亲爱的格劳孔，这种境况难道不是最不幸的吗？僭主暴君的生活比你断定最不幸的那种人的生活还要更不幸，不是吗？

格：是的。

苏：所以，尽管会有人不同意这种看法，可这是真理。真正的僭主实际受到了无以复加的奴役，要向那些最卑贱的人屈膝，并逢迎这种人。而他的欲望很少能得到满足，总是处在匮乏状态，这也就是说，僭主是最贫穷的人。如果我们善于从整体上考察他的灵魂，这一点是很清楚的。要是他的处境与他统治的城邦一样危险，那么他的一生都将是处在不安中的，被恐惧、动荡和痛苦充盈。是这样吗？

格：是这样的。

苏：同时，我们还可以把前面所说的那些罪恶都归咎于他，认为他因为成了真正的僭主，必定要变得加倍妒忌、无信、不正义、背弃友谊和亵渎神圣，他就是一个藏污纳垢的器皿，是恶行的保姆。由此带来的后果就是：他是最不幸的人，同时也使得他身边的人不幸。

格：是的，任何有点头脑的人都会认同你说的。

苏：那么快点，现在我们终于可以像一名法官一样做出最终的宣判。就由你来宣判一下不同人的幸福程度吧，按照你的看法，看看谁最幸福，谁最不幸。以此类推，一共是五种人：王者类型、荣誉类型、寡头类型、民主类型、僭主类型。

格：要做出这样的鉴定很简单。他们就像舞台上的合唱队一样，我按他们进场的先后次序进行排列就可以了，这既是幸福次序，同时也是美德次序。

苏：那么，我们要不要雇佣一个传令官，或者由我自己来宣布好了？阿里斯通之子格劳孔已经判定：最善者、最正义者最幸福，最有王者气质并且最能够自主；最邪恶者、最不正义者是最不幸的，就是那个具有大多数僭主气质，并对自己的邦国施行暴政的人。

格：那么你来宣布吧。

苏：我想加上一句话："不管神人是否知道他们的品性，善与恶、幸与不幸的结论都不变。"可不可以呢？

格：可以，加上去吧。

苏：很好。那么，这是我们的证明之一。然而，下面请看第二个证明，看它有没有道理。

格：第二个证明又会是什么？

苏：就像城邦分成三个类型，人的心灵也可以分成三个部分。因此我还有另一个证明。

格：什么证明？

苏：请听我说。这三个部分我看到也有三种快乐，各自对应。同样地，还有三种相应的欲望和统治。

格：请仔细解释一遍。

苏：我们说灵魂的一个部分是人用来学习的，另一个部分是人用来发怒的。但还有第三个部分，由于它的多样性，我们没法使用一个简单的称谓来称呼，因而只能用它最主要、最强烈的那部分成分来为其命名。我们把这个部分称之为"欲望"，它涉及饮食、情感和所有与之相伴的欲望。我们也一样把这个部分称作是爱金钱的部分，因为金钱为满足这些欲望提供了主要手段。

格：说得很对。

苏：我们还可以这样说，这个部分的快乐和爱集中在"利益"上，因此我们最好是在讨论它的时候，把它所属的这些全都置于一个名称下，方便我们在讨论这部分灵魂时，能容易相互理解对方的意思。我们正确地把灵魂的这一部分称作是爱钱或受利的部分。不然我们还能怎样称呼它呢？

格：不管别人怎么说，我觉得你这样说是对的。

苏：再说激情这个成分。我们难道不应该说，它完全就是为出人头地，为取胜和获得好名声而存在的吗？

格：可以这样说。

苏：我们是不是可以恰当地把它称为热爱荣誉的部分？

格：很合适。

苏：但大家一定明白，我们用以学习的那部分，其全部的努力都是为了认识事物的真理，在心灵的三个部分中，它是最不贪图钱财和荣誉的。

格：对。

苏："好学"和"爱智"部分，我们这样命名合不合适呢？

格：再合适不过了。

苏：有些人的心灵是被这个部分统治着的，而另一些人却是另外那两部分之一在统治，这样说对吗？

格：是这样的。

苏：正因为这个原因，所以我们说人有三种基本类型：哲学家或爱智者、好胜者和趋利者。

格：很对。

苏：对应着这三种人也有三类不同形式的快乐。

格：当然是的。

苏：你知道吗？如果你想挨个问这三种人，问最快乐的生活是哪种，他们都一定会说自己的那种生活最快乐。财主们会认为，与利益相比，受到尊敬和学习的快乐毫无价值，除非能带来金钱。

格：对的。

苏：而那些热爱荣誉的人呢，他难道不会把金钱带来的快乐看作是低级趣味，把从学习得来的快乐看作是虚荣，除非知识能带来荣誉？

格：他当然会这样想。

苏：如果是哲学家，当他用自己认识真理、存在，自始至终沉浸其中的学习带来的快乐跟别的快乐比，他会如何想呢？难道他不会认为其他的那些快乐并非真正的快乐，而把它们称作是必然性的快乐吗？因为不是受到了必然性的限制，他是不会需要这些快乐的。我说得对吗？

格：完全正确。

苏：所以，既然三种快乐、三种生活方式本身处在争论之中，不仅涉及哪一种相对高贵或者低贱，优秀或者劣等，还涉及事实上哪一种较为快乐或更少痛苦。鉴于此，我们怎样判断他们哪一种是正确的呢？

格：说实话，我也说不清。

苏：好吧，请这样考虑一下。对事情做出正确的判断，需要用什么作为标准，难道不是体验、理智和对话吗？难道还有什么标准比它们更好吗？

格：当然没有了。

苏：那么就请观察一下，我们所说的这三种人中，哪一种对我们提到的所有这三种快乐经验最多？你觉得趋利者从学习事物本质上获得的体验和知识中，得到的快乐比哲学家在获得金钱利益时所体验到的快乐更多吗？

格：肯定不是的。因为，哲学家从小就已经体验过了另外两种快乐，但趋利者不仅很可能从没体验到过学习带来的快乐，而且就算是他想要去体验这种快乐，也很难做到。

苏：因此，爱智者对两种快乐的体验要远超过趋利者。

格：当然是这样。

苏：哲学家和热爱荣誉的人相比呢？哲学家对荣誉带来的快乐的体验，难道比不上热爱荣誉的人对学些知识带来的快乐的体验？

格：不是的。荣誉是各自通过自己的目的都能得到的，富有的人、勇敢的人、聪明的人都能得到人们的尊重，这也就是说荣誉带来的快乐是大家都能体验到的。但只有爱智者才能体验到沉思所带来的快乐，这是其他人不可能体验到的。

苏：既然如此，那么随着经验的累积，爱智者就是这三种人中间最有资格做出评判的人了。

格：这是目前能得出的唯一结论。

苏：而且，他还是仅有的与理智结合在一起的人。

格：说得很对。

苏：还有，拥有判断这种手段或工具的人只是爱智者，不可能是趋利者或热爱荣誉者。

格：你这样说是什么意思？

苏：因为判断只能是通过推理来得出。是吗？

格：没错。

苏：推理是哲学家的工具。

格：是的。

苏：如果把财富和利益作为评判事物的最好标准，那么趋利者肯定会有最真实的判断。

格：肯定是这样的。

苏：如果把尊敬、胜利和勇敢作为评判事物的标准，那么好胜者和爱敬者的赞誉难道不就是标准吗？

格：这道理大家都能懂。

苏：所以，假如把经验、知识和推理作为标准，如何呢？

格：我认为爱智者所赞许的事物必定是最真实的。

苏：所以，三种快乐之中，灵魂中那个我们用以学习的部分的快乐最为真实可信，而这一部分在灵魂中占统治地位的人的生活，也是最快乐的生活。是吗？

格：这是显而易见的。不管怎样，当有知识的人说自己的生活最快乐时，他的话最可信。

苏：下面该评价哪一种生活哪一种快乐是其次的了，是吧？

格：很明显，是战士和爱敬者，因为这种人的生活和快乐，比起趋利者的生活和快乐来，更接近第一种。

苏：看来趋利者的生活和快乐是最后一位了。

格：当然是这样。

苏：正义的人已经在连续两次的交锋中战胜了不正义的人，现在到了第三次交锋了。按照奥林匹克运动会的做法，这次需要请求宙斯的保佑了。请注意，我听到一个有智慧的人好像说过：除了有智慧，任何别的快乐都不真实和纯净，而只是快乐的一种影像！可是，如果这次没成功，那就是决定性的失败了！

格：没错。但还得请你解释一下，我有点不太清楚。

苏：如果我在探索的时候你愿回答我的提问，我就解释给你听。

格：你问吧，我肯定愿意回答。

苏：那请告诉我：我们不是说痛苦的对立面是快乐吗？

格：当然是。

苏：没有一种既不觉得快乐也不觉得痛苦的状态吗？

格：有啊。

苏：这是两者间的一种状态，一种中间的，灵魂的两个方面都平静的状态，你觉得呢？

格：对啊。

苏：那你还记得人在生病时说什么吗？

格：什么？

苏：他们说，没有什么比健康更让人快乐了——虽然在生病之前他们并不这样想。

格：我记得。

苏：那你有没有听到过处于极端痛苦中的人说，没有什么比停止痛苦更让人快乐的了？

格：是的，我听到过。

苏：我想你一定注意到了，在这类情形下，人们在经受痛苦时，会把能摆脱痛苦当作最大的快乐。而这样的快乐并非是来自直接存在的体验的。

格：是的。痛苦时会把平静当成是快乐。

苏：同理，当一个人的快乐终结了后，痛苦的停止对其就变成了快乐。

格：或许是这样吧。

苏：因此，我们刚才描述的处于两段之间的中间状态——平静——有时候既是快乐，也是痛苦。

格：感觉真是这样的。

苏：两者皆否的东西真能成为两者皆是吗？

格：在我看来不可以。

苏：让我们更进一步讨论，快乐和痛苦是在心灵中产生的运动吗？

格：没错。

苏：我们刚才不是说明了吗？既不痛苦也不快乐，是一种心灵的平静，是处于两者间的中间状态。

格：的确说明了的。

苏：所以，没有痛苦便是快乐，没有快乐便是痛苦，这种说法会是正确的吗？

格：完全错误。

苏：所以，这种状态不是真实的，而是一种幻觉。在这样的情形下，宁静相对于痛苦是快乐的，而相对于快乐又显得是痛苦的。这样的幻觉并不带来快乐的真相，而仅仅是一种欺骗。

格：不管怎样说，我们论证了一点。

苏：那么，只要你看一看那些不是跟随着痛苦而来的快乐，就不会同意现在这种想法：快乐的本质是痛苦的终止，而痛苦的本质则是快乐的终止。

格：那我该往哪里看呢，你说的是哪种快乐？

苏：这种快乐多得很，关键是你是否愿意去看。比如与嗅觉相关的快乐吧。这种快乐在出现前没有任何痛苦，而只是强烈地突然出现；而当它停止后，也不会有痛苦出现。

格：说得非常对。

苏：所以，我们不要再相信这些话了：脱离了痛苦就是真正的快乐，没有了快乐就是真正的痛苦。

格：没错，不会相信这种话了。

苏：可是我们可以说，通过身体传到心灵里去，被称作快乐的情感大多数或者最大的情感是属于这种类型，是解除痛苦后的情感。

格：没错。

苏：这也是快乐到来前出现的痛苦，或者来自对快乐的盼望而产生的期待性的快乐的性质吗？

格：对。

苏：那你知道它们的性质是什么，最像什么吗？

格：我不明白你说的是什么。

苏：你不认为有种东西的性质不上不下，正好处在中间位置上吗？

格：我是这么认为的。

苏：那么有人从下向中间上升时，会与在上面的人有不同的感觉吗？要是他站在中间朝他升上来的地方看，他难道不会认为自己已经是在上面，但完全不明白什么是真正的上面吗？

格：我想他极可能这样想的。

苏：假设他继续往下降，他才会认为自己是在向下移动，他的想法对不对呢？

格：毫无疑问是对的。

苏：之所以有这样的情况发生，难道不是因为他不懂得什么是真正的上、下、中间吗？

格：很明显是这样的。

苏：那么，那些对真实与实在没有过经历，从而对很多事情有着不健全的看法的人，如果他对快乐、痛苦以及介于两者之间的中间状态也有着类似的看法的话，就没有什么好奇怪的了。这种人在遭遇痛苦时，会认为自己处在痛苦中，认为痛苦是真实的；但当他们从痛苦转向中间状态时，他们会强烈地感到满足和快乐。这就像是不知道白，而当把黑与灰对比时，认为灰的就是白的是一个道理。他们因为没有过真正快乐的体验，因此而受骗，他们把无痛苦当成了真正的快乐。

格：对此我一点都不觉得奇怪，反倒不是这样我会感到很奇怪。

苏：让我们再来看看饥渴等类似现象。这些不就是身体处在某种缺失状态下吗？

格：当然是。

苏：无知和愚昧不也正是心灵常态的一种缺失吗？

格：没错。

苏：那么就需要吃饭、获取知识来填补，是吧？

格：当然。

苏：就填补缺失来说，比较真实与比较不真实，哪一种可以比较真实地填补缺失从而获得满足呢？

格：很明显是比较真实的东西。

苏：在两组或者两类事物里，你认为哪一种更趋近于更大的纯粹木质：一类是食物，能为身体提供营养的；另一类是那些真正意义上的意见、知识、理性，简而言之，就是比较好的东西。在你看来，这两类事物中你认为哪一类比较真实？也就是说一类倾向于不变、不灭、真理，它们自身具有这种性质，并且是从具有这类性质的事物中产生的；另一类倾向于变化和可灭，是从具有变化和可灭的事物中产生的。

格：倾向于不变与不灭的事物更真实。

苏：永恒不变的事物，其实在性是不是超过可知性呢？

格：不可能。

苏：那真实性呢？

格：也不会。

苏：比较不真实也就是相对不实在吗？

格：必然是这样。

苏：所以总体来说，维持身体需要的那一类事物，是不如用来满足心灵需要的事物真实的，是吗？

格：肯定差很多！

苏：所以，身体不如灵魂真实，对吗？

格：我觉得是这样的。

苏：那么，自身较为真实的事物，能比那些较为不真实的事物更真实地填补与满足需求，是这样吗？

格：当然是这样。

苏：因此，当我们用来补充需求的具有快乐属性的事物越真实，我们就越是能获得真正的快乐。反之亦然，如果我们用来补充需求的事物越不真实，越不可靠，我们获得的快乐也就越不真实。

格：这是必然的。

苏：所以，那些没有智慧和美德经验的人，聚在一起只知道吃喝玩乐，永远都是在我们所说的中、下两个层级之间往返，从未踏出这个范围一步。他们不会向上仰望真正的上面，更不会去向上攀缘，进入到上层的区域，从而品尝到稳定和纯粹的快乐。他们的目光总是朝下看着，盯着餐桌上的美食，就像动物只顾俯首吃草，只顾交配。他们用铁的武器相互残杀，就像动物相互间用犄角和蹄子打斗。他们永无宁日，因为他们总是在徒劳地想要用不真实的东西来满足自己的灵魂中那个不真实和不连贯的部分。

格：苏格拉底啊，你描述众人的生活完全像是在发布神谕。

苏：因此，这种人的快乐不可避免混杂了痛苦，仅仅是真正的快乐的影子，是画卷的幻象，是产生自鲜艳明丽的色彩的影像，在那些缺乏理智的灵魂中激起疯狂的情爱，使之为之奋力搏斗，就像斯忒昔科鲁[①]所说的，英雄们为了特洛伊的海伦的幻影厮杀一样，全都是因为不了解真相。

格：是的，事情的真相就是这样的。

苏：还有，关于灵魂的激情部分也是一样，每当人想要满足自己的激情时，他就会失去理性，不顾一切去追逐荣誉。会放纵自己的坏脾气，使用暴力去争夺胜利。

格：在这种场合，必然不可避免地会发生同样的事情。

苏：所以我们可以自信地宣布：如果趋利和好胜的本性能遵循知识和理性的引导，只选择和追求理性所指向的快乐，那么由于它们追随的是真理，因此获得的快乐也会是它们所能得到的快乐中最真实的快乐。假如最优秀也可以看作是最"独特"的，那么这样的快乐同时也是最适合它们的特有的快乐。我们能够这样说吗？

格：当然能！它们的确是最独特的。

苏：如果作为整体的心灵接受其爱智部分的引导，内部没有纷争，那么，灵魂的每个部分都会各负其责，就会是正义的，各个部分也就能同样享受到它们各自独有的、适当的快乐。在可能的范围内得到真正真实的快乐。

格：绝对是这样的。

苏：如果灵魂的另外两个部分之一得到了控制权，带来的结果就是灵魂的这一部分无法获得自身特有的适当快乐，还会迫使别的部分去追求一种不合适、不真实的快乐。

格：对。

苏：离哲学和理性最远的那部分最有可能造成这种结果，是吗？

格：是的。

苏：离理论最远的不也是离法律和秩序最远的吗？

格：很明显是。

苏：我们不是表述过了：离法律和秩序最远的是爱的欲望和僭主暴君的欲望吗？

格：的确。

苏：那么，离法律和秩序最近的就是王者的有秩序的欲望了？

[①] 斯忒昔科鲁：公元前7世纪希腊抒情诗人。他认为真正的海伦留在埃及，在特洛伊的是她的幻象。

格：没错。

苏：所以，我认为僭主所处的位置，离真正的、适度的快乐最为遥远，而王者离这种快乐最近。

格：必然是这样的。

苏：因此僭主僭君的生活最不快乐，而王者过的是最快乐的生活。

格：无疑是的。

苏：那么，你知道王者的生活比僭主暴君的生活快乐多少吗？

格：我不知道啊，如果你知道，就请快点告诉我。

苏：快乐有三类，一类是真的，两类是假的。僭主在远离法律和理性时，逾越了真假快乐的界限，被某种受奴役的、雇佣的快乐所围绕。其卑劣程度很难衡量，除非……

格：怎样？

苏：我发现了，僭主和寡头之间还隔着民主派，因此是处在第三位的。

格：是的。

苏：如果我们前面所说的话成立，那么他所享有的快乐就不过是快乐的一种幻象，其真实性还远在寡头的快乐之下。是这样吗？

格：是这样的。

苏：如果我们假设贵族派和王者是一回事的话，那样寡头也是处在王者之下的第三级了。

格：是在下面第三级。

苏：因此，如果用数字来表示的话，僭主距离真正的快乐的间隔是三乘三得九，有九个级别的差距。

格：这很明显。

苏：所以僭主快乐的幻象据长度来测定，是个平面数，不可想象。

格：完全是这样的。

苏：但是，这个数一旦被平方或者立方了，它的两端的差距就会被拉得很大。

格：对于一个算术家来说这是最清楚不过的。

苏：换句话说，如果有人要想表述王者和僭主在真正快乐方面的差距，他在做完三次方的运算后会发现，王者的生活比僭主的生活快乐729倍；反过来，僭主的生活要比王者的生活痛苦729倍。

格：这是个神奇的算法，可以表明在快乐和痛苦方面，正义者和不正义者之间差距的巨大。

苏：此外，这还是一个跟一个人的生活相关的数字——如果这个数与昼夜、年月相关的话①。

格：的确如此。

苏：既然善的、正义的人的快乐程度远超过恶的、不正义的人，那么，在礼貌、生活的美和道德方面，前者也一定会远远超过后者的。

格：我发誓超过很多的。

苏：很好。既然现在我们的论证已经进行到这里，那么让我们再一次回到引起我们讨论并使我们一直讨论到这里的那个命题上去吧：不正义对于一个徒有正义之名的完全不正义的人是有益的。是这个命题吗？

格：是的。

苏：既然我们对正义和不正义的行为的基本属性取得了一致意见，那么现在我们就来跟这一命题的提出者讨论一下好了。

格：怎么讨论呢？

苏：让我们在讨论中象征性塑造一座灵魂的雕像，让这一说法的提出者能清楚地看出他的命题的真正含义。

格：怎样的塑像？

苏：一种像古代传说中天生具有多面性的塑像，就像喀迈拉或斯库拉，还有刻尔柏洛斯②以及所有多重性的怪物们那样的。

格：对的，古代传说有很多这样的。

苏：假想一只复杂的多头怪兽。它长有狂野之兽的头，同时也有温驯之兽的头。头还可以肆意变换和随意生长。

格：造这么一个塑像，是只有能工巧匠才能办到的事。不过，既然言语这种材料比蜡更容易随意塑造，我们就假设怪兽的像已经完成了吧。

---

① 此处柏拉图引用的观点来源不详。但毕达哥拉斯派的费洛劳斯主张：一年有 $364\frac{1}{2}$ 个白天，大概也有同样数目的夜晚，加在一起就是 729。费洛劳斯还相信一个有 729 个月的"大年"。柏拉图不一定完全相信，但这种数字公式对他像对许多希腊人一样，具有某种魔力。

② 喀迈拉：希腊神话中会喷火的怪物，前半身是狮子，后半身是蛇，中间像山羊；斯库拉：希腊神话里的六头女妖；刻尔柏洛斯：希腊神话里的三头恶狗，蛇尾，地狱大门的看守者。

苏：然后再塑造一个狮形的像和一个人形的像，将第一个像塑造得最大，狮像作为第二个，相比第一个小点。

格：那太容易了，只要一句话就好了。

苏：然后再将三像合而为一，就如在某种怪物身上长在一起那样。

格：造好了。

苏：然后再给这一联合体套上一个人形的外壳，别人看不到里面的任何东西，好像这纯粹是一个人的像。

格：也造好了。

苏：接下来，让我们对提出"行事不正义对行事者有利，行事正义对行事者不利"这一主张的人说：你这样说等于就是在纵容和强化多头怪兽和狮子，以及所有那些跟狮子有关的属性，但却让那个人忍饥挨饿，使他变得虚弱，让另外两个可以为肆无忌惮地为所欲为。这样的说法也是在主张不要调和两个怪物间的纠纷，让它们互相残杀、吞噬好了。

格：对的，那些赞扬不正义的人说的正是这个意思。

苏：相反地，主张正义行为有利的人断言，我们的任何言行都是为了能让我们内在的人性能主宰我们，管好那头多头怪兽，就像农夫珍惜和浇灌驯化了的禾苗，而去铲除杂草一样。他还要把狮性变成自己的盟友，兼顾好大家的利益，使各个成分之间和睦相处，从而促进它们生长。

格：没错，这正是主张正义有利说的人所要表达的意思。

苏：所以，不管出发点是哪里，主张正义有利说的人是真实的，主张不正义有利说的人是虚假的。因为不管考虑到的是快乐、荣誉还是利益，主张正义有利说的人都论证出了真理，而反对正义的人对自己反对的东西缺乏健全的、真正的知识。

格：就是这样。

苏：那么，我们是不是要用平和的态度去说服我们的论敌？毕竟他不是故意要犯错误。我们可以用这样的话来问他：亲爱的朋友，那些法律和习俗认定是美的或丑的东西，之所以被认定为美或者丑，是根据一个相同的理由：美好的和可敬的事物之所以如此，是因为我们本性中兽性的部分受到了人性部分的控制；或者这样说更合适：是受制于我们本性中的神性部分。而丑陋和卑鄙的事物之所以如此，是因为我们本性中的温顺部分受到了兽性部分的奴役。对此你有不同看法吗？

格：假如他听一下我的劝说，他是能被说服的。

苏：照这一思路，假如一个人不正义地接受金钱，是因为他的最好的那部分天性受到最坏那部分的奴役，这对他会有益吗？换句话说，要是有人把自己的儿女卖给一个穷凶极恶的坏主人为奴，不论他能卖多少钱，都不会对他有益。同样的道理，要是有谁听任自己身上最神圣的那部分受制于最邪恶的那部分，这个人难道不会被看作是最可悲的人，比俄吕斐乐①接受一条项链的贿赂就出卖了自己丈夫的生命还要可悲？

格：假使我能够替他回答的话，我会说要可悲很多很多。

苏：你难道不认为，因为过度的放荡而受到谴责，正是因为平时放松了对自己内心那头多头怪兽的约束的后果吗？

格：明显是的。

苏：人们谴责我们的固执和暴躁，不正是因为在我们身上狮性或龙性过于强烈，以至于无法适应了吗？

格：看起来是这样的。

苏：一样的，奢侈和柔弱被他人谴责，是因为我们身上的狮性或龙性朝着相反方向发展了。

格：没错。

苏：如果我们身上的激情受到同样是我们自己身上怪兽的野性的控制，并且为了钱财以及难以控制的兽欲而受各种羞辱，长大后就会成为猴子而不是狮子。难道不会有人谴责我们的谄媚和无耻吗？

格：一定会受到谴责的。

苏：手工技艺不受人们的重视，你说这是为什么？我们不是只能说那是因为一个人最善的部分天生虚弱，不能合理管制好内部的许多野兽，而只能受它们驱使，为它们服务吗？

格：感觉是这样的。

苏：所以，我们说这种人应该去做一个优秀人物（也就是说，一个自己内部有神圣管理的人）的奴隶，其目的不是为了使他能够得到良好的管理吗？我们这样主张，并不是我们认为奴隶应当（像塞拉西马克对被统治者的看法一样）接受对自己有害的管理或统治，而是认为受神圣的有智慧

---

① 希腊神话里安菲阿拉厄斯的妻子。安菲阿拉厄斯是传说中攻打底比斯的七英雄之一，他预见到了攻打底比斯的失败结局，因此不愿参战，藏了起来。但他的妻子经受不住博吕尼克斯项链的诱惑，出卖了他。

的人的统治，对大家都是比较有益的。还有，智慧和控制管理最好来自一个人的内心，来自他自身。要是缺乏这种统治，就要从外部强加给他，目的是我们大家都能够成为亲朋好友。因为我们的统治和引导是一回事。对吧？

格：是这样的。

苏：也很明白，制定法律的目的显然是为了让城邦的所有等级都成为盟友，我们对儿童的管教的目的也是这个。我们不让他们自由散漫，直到他们自己养成了良好的习惯并有了自制力。我们在他们心里培养出最优秀的部分，用我们自己内心最优秀的部分去帮助他们，使之成为儿童心灵的守护者和统治者，然后才能给予他们自由。

格：显而易见是这样。

苏：格劳孔，我们能以怎样的方式，依据怎样的原则才可以说，行事不正义、自我放纵和做一些让他变坏、但能带给他很多财富和权力的无耻之事，是对他有益的呢？

格：没有办法。

苏：一个人做坏事没被发现，因而逃避了惩罚，对他有什么益处呢？逃避了惩罚不是只会使他变得更坏吗？如果被捉住受了惩罚，他的兽性部分不就能得到平服和驯化，他的人性部分不就能得到释放了吗？这样一来，他的心灵的本性就能回归到最佳部分上，获得一种有节制、公正与智慧的难得的状态。人的身体有了力量、俊美和健康后，也能达到最好的状态，只是灵魂的这种最佳状态更加可贵。

格：这是毋庸置疑的。

苏：因此，有理智的人会花费一生的时间，尽自己一切的努力去完成这个目标。从一开始他就会重视那些能为心灵带来这种品质的学习，而会轻视别的学问。

格：明显是这样。

苏：其次，在身体的习惯和锻炼这两个方面，他除了不会听任自己贪图无理性的野蛮的快乐，把生活的志趣放在这方面，甚至不会把身体的健康作为自己的主要目标，不会把寻找强壮、健康或美的方法放在首要，除非因为这些对精神自制有好处。他会被发现时刻都在为心灵的和谐而协调自己的身体。

格：假如他要成为一个真正的音乐家，他一定能做到。

苏：难道他不也需要用这样的方式去处理自己拥有的东西，使之井然有序吗？他不会因为人们的恭维而忘乎所以，也不会去没有限度地积攒财富，从而为自己带来危害。

格：我也觉得他不会这样做。

苏：他会倾向于注视自己心灵里的法度，尽心守卫它，不让因财富过多或不足而引起灵魂的任何纷乱。他会根据这一原则尽可能补充一点或散去自己的财富，以保持均衡。

格：的确是这样的。

苏：关于荣誉和地位，他也遵循同一原则。荣誉只要是能使他变得更好，他就快乐地接受并会去努力获取。他会在公共和私人生活中尽可能避开那些有可能破坏自己灵魂的事情，无论是不是惯常的。

格：要是他最关心这个，那么他是不会乐意参与政治的。

苏：我以埃及神犬的名义发誓，在他自己的城邦里他会参与的，但这不是他出生的城邦时，想要他参与，除非诸神提出要求。

格：我明白你说的城邦指的是我们描述过该怎样建立的那个，这样的城邦是这种人的家，是一个理想的城邦。但我不认为在世界别的地方能找到这样的城邦。

苏：好吧，也许天上有这样一个城邦的模型，有意愿的人可以用来进行沉思，并且对着它思考自己怎样才能成为这个理想城邦的公民。至于它现在能否出现，将来能否出现，都没有关系。总之他只有在这个城邦才能参与政治，任何别的地方都不会。

格：好像是这样的。

第十卷

> 或者说，你难道不明白，你自己也能在某种意义上以某种方式创造一切吗？

苏：现在有很多理由使我相信，我们在建立这样一个城邦的过程中所做的是完全正确的，尤其是对诗歌的处理。

格：有怎样的处理方法？

苏：这个城邦拒绝接受大多数的诗歌进入，因为它们都是摹本性的。我们已经区分了灵魂的各个部分，因此，拒绝接受模仿的理由更加充分。

格：你能不能说得更明白些？

苏：这话只能在我们之间说说，你们不会把我出卖给那些悲剧诗人或者模仿者吧？要知道这种艺术对任何不懂它的真实性质的听众的心灵，好像都是具有腐蚀性的。

格：你到底想要说什么？

苏：按实话说，尽管我自小起就很热爱与敬畏荷马，从不愿说他一句坏话。但我现在不得不说了。因为他好像应该算是第一位悲剧诗人，是这种技艺的祖师爷，是他首创了悲剧之美。可是，我们不能把对一个人的尊敬看得高于真理，而是要像我刚刚说的那样，说出心里的话来。

格：好，我听你说。

苏：那你就听好了，或者说你要注意回答我的问题。

格：你快点问吧。

苏：你可不可以告诉我，一般而言，什么是模仿？请你原谅，我自己现在也不太明白模仿的目的何在。

格：要是连你都不知道，我就更不可能知道了。

苏：关于这个问题你比我知道的多很正常，就像视力差的人看东西经常会比视力好的人清楚一样。

格：这不假，但在你面前，哪怕我看到了向我显现的东西，也不会急于告诉你。你还是自己来吧。

苏：那就按照我们习惯的步骤来考察一下吧。你同意吗？好的，我们习惯于给多样性的事物确立一个类型，并以这个类型的名称来称谓这些事物。是这样吗？

格：我明白。

苏：那好，现在我们就随意举出你喜欢的某一类繁多的事物为例，比如说床和桌椅。

格：可以。

苏：不过我认为，只有两类可以用在这些家具上：一类是床这种类型，一类是桌子这种类型。

格：没错。

苏：那么，我们也习惯说，工匠是在用他们的眼睛注视着它们的类型，制造出我们所使用的床和桌子。别的事物也是这样，对吧？但类型本身不可能是工匠们创造的。工匠们是不可能创造出类型来的。

格：肯定不能。

苏：现在想想，你会为这位工匠取个怎样的名字呢？

格：你说的是什么工匠？

苏：那是一个万能的工匠，可以制造各种工匠所制造的。

格：你说的这位工匠简直就是神了。

苏：别急，但你这样说也是对的。因为这位工匠不但能制造出各种有用的用具，还能制造一切的动植物，甚至制造出了他自己。此外还能制造天地和诸神，包括地狱冥府的一切。

格：这位工匠真是出神入化啊！

苏：你不相信？你是根本不信有这种工匠呢，还是承认在某种意义上，的确存在着这样一位万物的创造者呢？要不就是在另一种意义上否认存在这样一位全能的创造者？或者说，你难道不明白，你自己也能在某种意义上以某种方式创造一切吗？

格：此话怎讲？快告诉我，我能以怎样的方式创造一切！

苏：一点都不难。匠人能到处制造，而且速度很快。要是你拿一面镜子到处照，也会一样快速。你能毫不困难就造出大地和你自己，还有各种动植物、器具等等。

格：对的。但那都是影子呀！

苏：非常好，你这句话对我们接下来的论证将会非常有帮助。因为我就认为画家就是这类制造者。

格：没错。

苏：只是我想你会说他的制造不是真正的制造。但他的确是以某种方式制造了一张床，你能说不是吗？

格：是的，可他只是在制造床的影子，不是真实的床。

苏：那么木匠呢？你刚才不是说木匠不能制造床的类型，只能制造某种具体的床，而我们把床的类型看作是床本身吗？

格：我是这样说过的。

苏：要是这样的话，如果一个人没有能力制造真正的事物，那么他就没法制造真正的存在，而是只能制造类似于真正存在的事物，但并非是真正存在的事物。但要是说木匠或者别的手艺人，他们制造的东西是完全意义上的存在，这话感觉是错误的。

格：那些不善推理的人会这样看。

苏：假如有人说，这种木匠制造的床一类东西相较于实在，不过是一种暗影，那么我们不会吃惊了。

格：明显不会。

苏：所以，我们是不是可以用这个例子来研究模仿者的本质呢？

格：你决定吧。

苏：现在假如说我们有三张床，其中一张本质上我认为是神所造。要不你有别的看法？

格：就依你说的吧。

苏：另一张是木匠所造。

格：没问题。

苏：剩下一张是画家画出来的了，对吧？

格：好吧，就算是的。

苏：那么这三张床分别是神、木匠和画家所造？

格：对。

苏：现在我们来看看。神出于自愿或者某种压力所致，不再在那张原型的床之外制造别的床，因此神只制造了一张床，却是原型的、本质的床，是一张真正的床，是床本身。那么另外的两张就不可能是神所造，它们的制造也跟神无关。

格：为什么会这样？

苏：原因是，如果神制造了两张床，那么肯定会有两张床出现，并且这两张床就都会拥有床的原型意义上的类型。也只有这个原型意义上的床才是真正的床，是床本身，而那两张就不是。

格：有道理。

苏：因此，我认为神知道这点，他想要成为真实的床的真正制造者，而他不想制造具体的床而成为那些具体的床的制造者，因此，他就只制造了唯一的一张床。

格：没错。

苏：我们把神叫作床的真实或者本质的创造者，可以吗？

格：既然神创造了床的本质，是真正的床的创造者，当然应该这样称谓了。

苏：我们能否把木匠叫作床的制造者呢？

格：在我看来是可以的。

苏：我们也可以称画家为床的制造者吗？

格：那就不行了。

苏：你觉得他跟那张床是怎样的关系呢？

格：在我看来，应该把画家叫作制造产物的模仿者比较合理。

苏：你把和本质隔着两重的作品的制造者称之为模仿者，是吗？

格：没错。

苏：那么这种称谓也可以用在悲剧的制造者身上：要是悲剧的制造者是在模仿，他就和本质上的国王①或者真理隔着两层，像其他所有的模仿者

---

① 这里的"国王"一词是比喻性的，"国王"同时表示"最高的"。

一样。

格：或许是这样吧。

苏：这样的话，对模仿者的看法我们已经达成了一致。然后我想请你告诉我，你认为画家在具体环境下，最努力在模仿什么？是事物本身，还是匠人的作品？

格：匠人的作品。

苏：那么他所模仿的是事物的实在，还是事物的影像呢？这是需要确定的。

格：我不明白。

苏：我是想说，如果有一张床，当你每次从不同的角度看它，它都不同于它自身。例如从侧面、前面看等等，或者还可以以其他很多方式看。要不这样说吧，说床每次尽管显示的样子不同，但跟床本身没有什么不同。别的事物也是这样，对吧？

格：是的，看上去是有些不同，但本质上却没有不同。

苏：那么我们来这样想想。在具体的绘画过程中，画家是在对实在本身进行模仿，还是在模仿实在显现出的影像呢？绘画是在模仿影像还是真相？

格：是在模仿影像。

苏：这么说吧，模仿远离真相，这似乎是模仿能制造一切的原因，因为模仿仅仅触及或者说只把握了对象的很小一部分，也就是说只涉及对象的影像。就好比一个画家能画一个鞋匠、木匠或别的什么工匠，尽管画家并不很懂这些技艺，但只要他是一个优秀的画家，他就只需要把这些工匠的肖像陈列在那，就能画出来这些工匠，并能够哄骗住小孩和愚蠢的人，让这些人以为那就是真正的工匠。

格：没错，他们的确能做到。

苏：我的朋友，在所有这种情况下，我们有必要随时都保持头脑清醒。如遇到谁告诉我们，他遇到了一个无所不能、无所不知、无所不精的人，那么我们就应该对这个人说：你真是有一个简单的脑袋。告诉他他遇到的一定是一个魔术家或者善于模仿的人。当你认为一个人无所不能的时候，证明你缺乏判断力，无法证明和区别知识、无知与模仿。

格：你说得太对了。

苏：好了，现在我们要做的事就是对悲剧以及其鼻祖荷马的考察。原因是有人告诉我们这些诗人懂得一切技艺，也知道所有与善恶有关的人物和事，还知道诸神的事。他们的理由是，要是一个优秀的诗人能准确地创造事物，那么在创造时一定是知识在帮助他，否则就无从创造。对此，我们不得不考虑到这一点，那就是这样说的人是不是碰到的是魔术师般的模仿者，因此受到了欺骗，从而看不出他们的作品跟真正的实在隔着两层。其实没有有关真理的知识，创造也很容易进行。因为他们创造的是影像而不是真正的存在。或者说这些人说的有些道理，优秀诗人对自己描述的事物的确有一定的认知，听众也都认为他们讲的是真的，讲得很好。

格：我们的确需要对此做一下考察。

苏：你说说看，要是一个人不仅能制造模型，还能制造仿制品，那么他还会热心于制造影像，并把这当作是自己一生最重要、最珍贵的事业吗？

格：我不会这样想。

苏：可我认为，当一个人对自己模仿的事物拥有真正的知识，他就会献身于这些真正的事物，不会只热衷于对真实事物的模仿。他会努力为后世留下一些高尚的行为和珍贵的作品，以便于被后人记住。他会渴望成为受仰慕的对象，而不是成为一个羡慕者。

格：我同意。能这样做，他的荣誉和利益一定会同样大。

苏：所以，我们不必要求荷马或其他诗人为我们解释别的问题。我们也没必要向他们追问：你们中间是否有医生，而不是仅仅模仿医生说话？是否有过哪位诗人，无论是古代还是今天的，帮助过什么人恢复了健康，就像阿斯克勒庇俄斯那样？或者说你们身后也留下了懂得医术的学生，就像阿斯克勒庇俄斯对待他的后代那样？我们不要跟诗人谈论其他技艺，也不要问他们关于这些技艺的问题。我们只需要涉及荷马谈论和关心过的最重要、最美好的事情，比如战争、统帅、城邦的治理、人的教育等等。如果我们这样向他提问，一定是公平的："亲爱的荷马，如果说你所拥有的才智并没有与真理隔着两层的遮蔽物，而是只隔着一层，你也不是我们所说的只知道制造影像的模仿者，知道怎样的教育和训练能让人在公私生活中变好或者变坏。那么请你告诉我们：有没有一个因你而治理得良好的城邦？我们都知道斯巴达治理得好是因为他们有莱喀古斯，而别的那些治理得很好的城邦都是因为他们有好的立法者。可我们不知道有哪个城邦会把你说成是一名优秀的立法者，是有益于那里的公民的？在意大利和西西里，人们归功于卡隆达斯①，我们自己的城邦归功于梭伦。但有什么地方是归功于你的呢？"荷马能回答我们的这个提问吗？

格：我想他根本没法回答。即使荷马的那些崇拜者也不敢说荷马是一位优秀的立法者。

苏：那么，你有没有听说过荷马活着的时候指挥过什么战役，或打过什么胜仗吗？

格：从来没有。

苏：所以，正如人们期待一位长期致力于现实工作的智者一样，你有没有听说过荷马在技艺或其他实际工作方面，有过像米利都的泰勒斯②和斯库西亚的阿纳卡尔西斯③那样的很多精巧的发明？

格：我从来没听说过。

苏：如果荷马从没有担任过公职，那么你是否听说过他活着的时候是一位从事教育的教师，有过愿意陪着他到处游历的学生，并在他死后把他的生活方式传递下来，就像毕达哥拉斯一样，因为这方面的事迹而被后人传颂，他的继承者们至今还过着一种被称作"毕达哥拉斯式的生活"的生活，并以这种生活方式而昭著于同时代人？

格：没听说过荷马有过这类事迹。苏格拉底啊，据说荷马有一位学生名叫克瑞奥菲鲁斯④，但要是把他看作荷马式教育的代表人物，那这种说法跟这个名字一样可笑。据说，荷马还活着的时候，他就否定了荷马。

苏：确实是有这种传说。但格劳孔，如果荷马真的有教育他人的才能和品德，他的知识是真实的话，那么我觉得他应该也有很多学生，得到他

---

① 卡隆达斯：公元前5世纪西西里的立法者，曾为其家乡和意大利很多城邦立法。
② 泰勒斯：公元前6世纪古希腊最早的哲学家，有过多项发明。米利都是当时希腊伊奥尼亚的一座殖民地城市。
③ 第欧根尼·拉尔修在他的《名哲言行录》里说阿纳卡尔西斯是锚和陶轮的发明者。
④ 克瑞奥菲鲁斯：最早的古希腊史诗作家之一。出生于萨摩斯，传说他是荷马的朋友。克瑞奥菲鲁斯这个名字有"食肉部落的人"的意思。

们的拥戴。你说是吧？我们知道阿布德拉的普罗塔哥拉、开奥斯的普洛蒂卡斯，以及许多别的人，都通过开办私人教育让他们同时代的人相信，只有接受了智者教育的人，才能管理好家庭和城邦。这些智者们靠智慧得到了人们的爱戴，就差没有把他们扛在肩上前行。可荷马呢，他要是真能帮助人们获得美德，他的同时代人还会让他或者赫西俄德颠沛流离，卖唱为生吗？人们难道不会依依不舍，把诗人看得比黄金还珍贵，把他留在自己家里供养吗？就算是留不住，人们也会追随荷马而去，直到从他那得到很好的教育为止。我这样说你有没有不同意见呢？

格：我认为你说的完全正确。

苏：那么我们现在是不是能得出这样的结论：从荷马以来，所有的诗人都充其量是美德或其他事物的影像的模仿者，他们根本没有掌握到真相。仅仅是我们刚才说过的那种画家，他们虽然对鞋匠手艺一窍不通，却能画出像鞋匠的人来——只要他们自己以及那些只会依据外形和颜色判断事物的人觉得像鞋匠就行。难道不对吗？

格：的确是这样的。

苏：同样，我觉得诗人除了模仿外，他还能以语词为手段出色地描绘各种技术。当他用韵律、节拍和曲调无论是谈论制鞋、指挥战争还是别的什么时，听众由于和他一样对这些事一无所知，只知道通过词语认识事物，因此总是认为他描绘得非常好。要知道这些音乐性的因素所带来的诗的魅力是巨大的，如果去掉诗的音乐因素，把它变成平淡无奇的散文，我想你也知道诗人的语言将变成什么样。

格：是这样。

苏：他们就像是一些并不真美，就因为年轻而显得姣好的面孔。一旦青春逝去，就会容华不再。

格：是这样的。

苏：我们说不管是影像的创造者还是模仿者，都是不知道事物的真实存在而只知其外表的人。这样说对吗？

格：对的。

苏：好，那就让我们把这个问题说明白，不半途而废。

格：请继续讲吧。

苏：一个画家既然能画马，那么他也能画马缰和嚼子吧？

格：是的。

苏：但是制造这些东西的人却是皮匠铜匠，对吧？

格：没错。

苏：画家一点都不清楚缰绳和嚼子应该是什么样的，也许连制造这些的皮匠和铜匠也不一定清楚，只有使用这些物品的骑士才明白。

格：非常正确。

苏：我们能不能这样说，这是一个放之四海而皆准的道理呢？

格：不太明白。

苏：我的意思是说，任何事物都包含着三种技术：使用者、制造者以及模仿者的技术。

格：对。

苏：那么，一切器具、生物、行为的善与美以及正确与否是不是都只跟它们的用途有关？这些东西不正是因为有用才被制造出来，或者在自然中产生的吗？

格：按理说是这样的。

苏：那么我们可以从中推导出，任何事物的使用者靠着经验才是最了解这个事物的人，也正是使用者把自己在使用过程中发现的事物的好与坏告诉了制造者。就比如说吹奏长笛的人把在演奏中发现的问题告诉了长笛制造者，从制造者那里根据自己的需要定制长笛，而制造者则根据吹奏者的要求来制造。

格：一点都没错。

苏：这样的话，一种人知道并报告长笛的优劣；另一种人信任他，照他的要求制造长笛。

格：对。

苏：这样一来，制造者对这种乐器的优劣有正确的信念（这是在和对乐器有实际使用经验的人的交流中，听取意见获取的信念），而使用者对它则拥有知识。

格：没错。

苏：所以，模仿者对自己所要描画的事物的美丑与正确与否，能有从经验和使用中得到的真知吗？要不就这样说：由于他不得不与拥有真知的人交流，听从后者关于正确制造的要求，因此获得了正确的意见，是这样吗？

格：都不是。他既不可能拥有真知，也不可能拥有正确的意见。

苏：这么说来，模仿者对自己模仿的好与坏既没有真知，也没有正确意见。

格：就是这样。

苏：那么，作为模仿者的诗人，相比于他在创作中拥有的智慧而言，他的心灵状态才是最迷人的。

格：不可能是迷人的。

苏：尽管他自己不知道自己创作的东西是好还是坏，他还是会继续模仿下去。看来，他所模仿的东西，至少对于一无所知的群众来说还是显得美的。

格：否则还能是怎样的？

苏：看来我们已经取得了下述一致看法：模仿者对于自己模仿的东西没有什么值得一提的知识。模仿只是一种游戏，不能当真。那些想当悲剧作家的诗人们，不管是采用抑扬格还是史诗格的手法，他们都只能是模仿者。

格：没错。

苏：还有个问题，模仿是不是位于跟真理隔着两层的第三级？

格：是的。

苏：模仿是属于人的哪一部分的能力？

格：这个我不明白。

苏：我是说同样大小的一个东西，在人们的眼里，远看和近看明显不同。

格：绝对不一样大。

苏：同一事物在水里看和在水面上看，是会有不一样的曲直的，或者说是因为视觉对颜色产生了错觉。并且很显然，我们的心灵里有种种诸如此类的混乱。绘画之所以能发挥其魅力，正是利用了我们天性中的这一弱点，魔术师和许多别的艺人也是利用这一弱点。

格：是真的。

苏：测量、计数和称重，已经被证明是对这些弱点最有效的补救，可以避免我们的心灵受到"好像比较大""好像比较小""好像比较多"等等诸如此类的意见的支配，而是把支配权交给确定的标准。是这样吗？

格：确实是如此。

苏：我们可以这样说：计量是心灵理性部分的功能。

格：是这一部分的功能。

苏：但奇怪的是，当它计量并指出了某种事物比别的事物或大些，或小些，或相等时，人们在心里或在视觉上又常常感觉正好是反过来的。

格：这种情况是存存的。

苏：但我们之前已经提到过，对同一事物的同一时刻有两种相反的看法是几乎不可能的。

格：我们的话是对的。

苏：心灵的那个与计量有相反意见的部分，和那个与计量一致的部分不可能是同一个部分。

格：当然不能是。

苏：信赖度量与计算的那个部分应是心灵的最善部分。

格：一定是的。

苏：因此与之相反的那个部分应属于我们心灵的低贱部分。

格：必然的。

苏：因此这就是我们曾经说下面这些话时想取得一致的结论。我们曾说，绘画以及一般的模仿艺术，在进行自己的工作时，是在创造远离真实的作品，是在和我们心灵里的那个远离理性的部分交往，不以健康与真理为目的地在向它学习。

格：是的。

苏：因此，模仿乃是低贱的父母所生的低贱的孩子。

格：看来是这样。

苏：这个道理只适用于视力和听力，还是也适用于我们所说的诗歌呢？

格：我想也适用。

苏：因此我们不要只相信从绘画的类比中得出的看法，而是要转过来面对诗歌模仿所诉诸的那部分心灵，看看到底是卑贱还是高贵。

格：我们有必要这样做。

苏：那就让我们以下面的方式来提出问题吧。我们说，诗歌的模仿性模仿人的自愿和被迫的行为，在这样做的时候，他们假定自己遇到了好运或者厄运，并且因此感受着悲哀或者欢乐。除此之外我们难道还能找到别的什么吗？

格：我看也没有其他的了。

苏：我们想知道的是，在所有这些感受中，人的心灵是统一的吗？或者这样说，跟视觉出现了混乱与不确定一样，一个人在同一时间面对同一事物时，有了对立的看法，那么，一个人在自己的行为中也会出现分裂和自我冲突吗？对了，我想在这一点上，我们目前没必要去寻求一致，因为在前面的讨论中，我们已经达成共识，那就是人的灵魂任何时候都是充满着矛盾的。

格：是这样。

苏：的确没错，但我认为我们要把当时省略了的内容补上。

格：漏了些什么内容？

苏：在前面我们说过，在遇到不幸，比如失去儿子或别的心爱的东西时，一个优秀的、具有理性的人比起其他人要更容易承受痛苦。

格：无疑是这样的。

苏：现在我们来考虑这样一个要点：这是因为他不觉得痛苦，还是他无法感到痛苦，或者是因为他更善于克制自己的悲伤？

格：我感觉后一说法比较接近。

苏：那么，现在请你告诉我，你觉得他在哪种场合更善于克制自己的悲伤，当众还是独处时？

格：当众时他会更克制。

苏：我想当他独自一人时，他会允许自己说出很多的话来，而这些话要是被人听到了他会觉得丢脸。而且在独处时，他还会做出一些在他人面前不可能做出的行为来。

格：毫无疑问会是这样的。

苏：帮助他对抗自己的悲伤的是理性与法律，而那怂恿他放弃对悲伤的抵抗的是单纯的情感。是这样吗？

格：是的。

苏：如果一个人面对同一事物会出现两种对立的力量的话，那么我们就可以说这个人身上具备两种对立的成分。

格：没错。

苏：其中之一在法律指点它时准备听从法律的指引。是吗？

格：为什么会这样？

苏：法律会以某种方式告知他：遇到不幸时尽可能保持冷静而不急躁，这是最好的处理办法。因为，这类事的好坏是不得而知的，克制与否都改变不了什么，而且俗世里的生活本来也没什么大不了的，更何况悲伤只能妨碍我们在这种情形下更快得到我们所需的帮助。

格：你指的帮助是什么呢？

苏：当然是认真地思考所发生的事，就像（掷骰子）骰子落下知道点数后，要决定下一步行动一样，在这样的情况下，按照理性的指示去做是最好的办法。千万不要像小孩摔跤了似的，哭哭啼啼浪费时间。要让灵魂养成习惯，尽快地想法治疗伤痛，消除痛苦。

格：这的确是面临不幸时最好的处置方法。

苏：因此我们说，我们身上最优秀的部分愿意遵从理性的指引。

格：显然是这样。

苏：我们是不是也要说，诱使我们沉浸在痛苦的回忆里的，让我们只会叹息而不能使我们得到充分帮助的部分，是非理性和无益的，是与懦弱联系在一起的？

格：没错，我们应该这样说。

苏：同时，我们的非理性的部分给模仿提供了大量机会，而理智有节制的精神几乎总是保持平静，很难被模仿，即使是模仿了也很难看懂，尤其是不容易被那些涌进剧场里的乌合之众看懂？因为那样的模仿对象是他们不可能熟悉的精神的类型。

格：一定是这样的。

苏：显而易见，从事模仿的诗人本质上并不是模仿心灵的这个善的一部分，他的技巧也不是为了让这个部分愉悦的——如果他要是赢得观众好评的话。他本质上是和暴躁的多变的性格相联系的，因为这比较容易模仿。

格：这的确是很明显的。

苏：到现在，我们已经可以把诗人捉住，把他和画家放在并排位置上了。这是很公正的。因为像画家一样，诗人的创作真实性很低；因为像画家一样，他的创作是和心灵的低贱部分互动的。因此我们完全有理由拒绝诗人进入治理良好的城邦。因为他的作用就是在激励、培育和增强心灵的低贱部分，毁坏理性部分，就像在一个城邦里准备把政治权力交给坏人，让他们去危害好人一样。我们同样要说，模仿的诗人还在每个人的心灵里确立一个恶的政治制度，通过制造一个远离真实的影像，去讨好那个不能辨别大和小，把同一事物一会儿说大一会儿又说小的无理性部分。

格：的确是这样。

苏：可是，到现在我们也还没有控告诗歌的最大罪状。它甚至有一种能腐蚀最优秀人物（很少例外）的力量。这种恐怖难以想象。

格：如果它真有这样的可怕力量，确是可怕的。

苏：请听我说。当我们听到荷马或某一悲剧诗人模仿某一英雄受苦时，看到他长久地悲叹、吟唱，捶打着自己的胸膛，你要知道，这时就算是我们中的最优秀人物也会喜欢他，同情地、热切地听，听得入迷。人们还会赞扬一个能用这种手段最有力地打动我们情感的诗人是一个优秀的诗人。

格：我明白，就是这样的。

苏：可当我们在自己的生活中遇到不幸时，我们就会反过来，以能忍耐、能保持平静而自豪，相信这才是一个男子汉的品行；然而过去我们在剧场里所称道的那种行为乃是一种妇人的行为。

格：没错，我知道。

苏：在平时，我们不但不能接受这种品行，还会为之感到羞耻。但在剧场里，我们却会喜欢这类表演，完全不会厌恶，更不会拒绝。你认为这样对这种行为的赞扬是对的吗？

格：不！以宙斯的名义发誓，我不觉得这样做有道理。

苏：我不知道你是否愿意以这样的方式来思考一下这个问题。

格：哪种方式？

苏：请像这样来思考一下。在我们所举的前一个例子里，也就是现实生活中当我们遇到了不幸时，灵魂中的那一部分受到了强制性的约束，本性渴望痛哭来释放情感。而诗人们的表演刚好能满足我们心灵的这种要求，使之感到快乐。在这样的时候，人的本性里最优秀的部分可能因为没有得到理性或者习惯的教育，就会放松对哭泣的警觉。理由是它所看到的是别人的苦难，并且这个人宣称自己是好人，不过是沉浸在痛苦里罢了，于是赞扬和怜悯这种人并不可耻。另外，心灵的这部分还会认为自己得到这种快乐是好的，不能因为反对诗歌就让这种快乐也受到排斥。我想这是很少有人能想到的，别人的感受也会影响到我们自己。在这样的场合下滋生的悲哀情绪，等到我们自己开始遭受不幸时，就很难控制了。

格：的确是这样的。

苏：同样的原则也适用于让人发笑的喜剧表演吗？尽管你自己原本是羞于插科打诨的，但是在观看喜剧表演或是在日常谈话中听到滑稽笑话时，你却不会嫌它粗俗，反而觉得快乐。这和怜悯别人的痛苦难道不是一回事吗？在这里，你的理性由于担心你被人家看作小丑，而在你跃跃欲试时压制了你的说笑本能，但在剧场里则会放任自流。长此以往，你也会受到感染，变成一个私生里的喜剧表演者。

格：确实是这样的。

苏：我们说愤怒、爱情以及心灵的别的各种欲望和悲欢，它们和我们的所有行为相随相伴，诗歌在模仿这些情感时，对我们所起的效果也是一样的。在我们应当让这些情感干枯而死时，诗歌却给它们浇水施肥。当我们觉得需要统治我们的情感，好让我们的生活可以更美好、更幸福时，诗歌却让我们被情感统治。

格：我不否认这点。

苏：所以格劳孔啊，当你碰到赞扬荷马的人，听到他们说荷马是希腊的教育者，在管理人们生活和教育层面上，我们应当向他学习，我们的全部生活应当按照他的教导来安排时，你就必须爱护和尊重说这种话的人，因为他们的认识水平就这么高。你还要向他们承认，荷马确是最伟大的诗人和第一个悲剧家。但你自己应该明白这一真理，只有歌颂神明和赞美好人的颂歌，才被允许进入我们的城邦。如果你有一天越过了这个界限，放进了甜蜜的抒情诗和史诗，那么到那时，快乐和痛苦就要代替公认为至善之道的法律和理性，成为我们的统治者了。

格：非常正确。

苏：到这里，让我们结束再一次探讨诗歌以及进一步申述理由的工作吧。我们的申述是：既然诗有这样的特点，我们之前把诗逐出我们城邦的理由是充分的。是论证的结果要求我们这样做的。为了避免它怪我们简单粗暴，让我们再一次告诉它，哲学和诗歌的争吵早就存在了。比如说什么"对着主人狂吠的狗"、什么"咿呀学语的婴儿中的巨人"、什么"穷鬼里的精明人士"，还有无数别的说法，都是这种争吵的证据。尽管我们仍然必须申明：如果为娱乐的、悦耳的诗歌能证明自己在一个管理良好的城邦有存在的理由的话，我们非常乐意接纳它。因为我们也能感受到它的迷人之处。

但是要我们背弃我们相信是真理的东西,那是不虔诚的。我的朋友,你难道不也这样觉得吗?你自己有没有感觉到它的魔力,尤其是当荷马本人吟诵的时候?

格:真的,它有很强的魔力。

苏:那么,当诗用抒情或别的什么格律为自己辩护后,它难道不可以公正地从流放中回来吗?

格:肯定可以。

苏:我们也得准许诗的拥护者——他们自己不是诗人而只是诗的爱好者——用无韵的散文申述理由,说明诗歌不仅是令人愉快的,而且还是对有秩序的管理和人们的全部生活有益的。我们也要善意地倾听他们的辩护,因为,假如他们能说明诗歌不仅能令人愉快,而且也有益,我们就可以清楚地知道诗对我们是有利的了。

格:要怎样做呢?

苏:但我的好朋友,如果他们讲不出理由,我们也只能像发现爱情对自己不利时,迅速冲破情网——不管这样做有多难——的恋人一样了。虽然我们受了所谓美好制度的教育,已养成了对诗歌的喜爱,因此很乐意听到他们提出尽可能有力的理由来证明诗的善与真。不过,如果他们不能做到这个的话,我们就要在心里对自己默念一遍我们的理由,作为抵制诗之魅力的咒语,用来避免堕入众人的那种幼稚的热爱中去。因为我们已经看到了,不能把诗歌作为一种足以掌握真理的严肃事情来对待。那些聆听诗歌的人,也一定要在心里警惕,千万不要让诗歌对心灵造成不好的影响,一定要牢记我们说过的这些对诗歌的看法。

格:我同意。

苏:亲爱的格劳孔,这场斗争是重大的,有意义的。它远比我们想象的重要多了。它能决定一个人的善恶。因此,不能让荣誉、财富、权力迷惑我们,也不能让诗歌引诱我们,以免使得我们对一切的正义和美德都漫不经心起来。

格:依据我们所做的论证,我同意你的这个结论。我想大家都会同意。

苏:可是我们还没有讨论美德的最大回报和应得的奖赏呢。

格:要是还有什么比我们刚才讲的更加重大的话,那么你心中的想法就简直难以捉摸了。

苏：短短的时间能说出什么重大的事情来？因为跟时间比，一个人的一生仅仅是短暂的一瞬。

格：没错，的确微不足道。

苏：那我们该怎么办？你认为一个永存的事物只该与这样短促的瞬间相关，而不是与整体的时间相关吗？

格：我当然认为它应跟整体的时间相关，但这个不朽的事物指的是什么呢？

苏：你不知道我们的灵魂是不朽不灭的吗？

〔格劳孔惊讶地看着我。〕

格：以宙斯的名义发誓，我的确不知道，可你打算这样主张吗？

苏：的确，我必须这样主张。我想你也应该这样主张。这的确没什么难的。

格：这对我来说很难。但我还是乐意听你说说这个不难的主张。

苏：那请听我说。

格：好，尽管说吧。

苏：你讨论过"善"和"恶"吗？

格：肯定讨论过。

苏：那你对它们的理解和我的一样吗？

格：你是怎样看的？

苏：凡带来毁灭和腐败的是恶，凡能保存和带来益处的是善。

格：我也这样想。

苏：是不是每件具体的事物都有它独有的善与恶？例如眼睛发炎、身体生病、粮食霉变、木头朽烂、铜铁生锈等等，我认为所有的事物先天就存在着邪恶与病害。对此你怎么看？

格：我也认为是这样。

苏：所以，当一种恶附到一个事物上时，它会使这事物全部变坏，直至崩毁，是这样吗？

格：当然是这样。

苏：那么，这样来说，是每件事物先天的恶或病毁灭了该事物。如果它不能毁灭该事物，也就不再有别的什么能去毁坏了的。因为很明显，善是不会毁灭任何存在的，而既不善也不恶的中性也不毁灭任何存在。

格：中性的东西怎么可能造成毁灭呢？

苏：所以，一旦我们发现某种事物，虽然有一种恶在侵害它，但无法使之毁灭、崩溃，那么我们就可以知道，如此构成的事物是不可毁灭的。这样说可以吗？

格：应该没错。

苏：那么，有没有什么东西使得灵魂邪恶呢？

格：真的有。我们刚才所列举的那些都可以，这些都是可以导致灵魂变得邪恶的。

苏：其中任何一个都能崩解和毁灭灵魂吗？你最好仔细想想，免得被误导了，以为一个行不正义的愚蠢人是被不正义毁灭的，以为不正义就是灵魂的邪恶。我想还不如这样理解：就像疾病是身体的恶，在削弱和毁灭身体，最终使其不再是身体，同理，在我们所举的那些例子里，是那些专门的恶附着在了具体的事物上，对该事物进行腐蚀，并最终使之不再是该事物。是这样吗？

格：是这么回事。

苏：那么，来吧，让我们也以同样的方式考察一下灵魂。不正义和居于其中的别的恶，通过居于灵魂之中和依附于灵魂而对灵魂行腐蚀之事，直至这个灵魂死亡，并与身体分离。是这样的吗？

格：不管怎样都不会做到。

苏：然而，要说某事物自身之恶没有毁坏它，而是被别的事物的恶所毁坏，这样假设一定是不合理的。

格：是不合理。

苏：格劳孔啊，请注意，有人说身体被食物的恶所毁坏，不论是食物霉变、腐烂还是别的原因，但我们不认为这样的说法是合适的。当食物的恶给身体带来疾病时，我们对此会说身体毁坏的"原因"是这些食物，但毁坏身体的却是它自身的恶，也就是疾病。身体是一种事物，而食物是另一种事物，因此不要指望着身体会被食物的恶毁坏。食物的恶是一种外来的恶，假如它无法造成身体的恶，也就是疾病的话，那就不能毁坏身体。

格：你说的完全正确。

苏：根据同样的原则，如果说身体的恶不能在灵魂里产生灵魂的恶，我们也就不能说灵魂是被一个外来的恶、跟身体自身的恶毫无关系的恶毁坏的。这也就是说，一种事物不可能被另一种事物的恶毁坏。

格：这是很合理的。

苏：因此，我们要么拒绝这种观点，认为是我们弄错了，要么在这种观点没被驳倒前不要说什么因为发烧之类的疾病，还有诸如被割断喉咙、碎尸万段后灵魂就会灭亡之类的话，直到我们能证明灵魂会由于这些肉体的遭遇而变得更加的不正义、不再神圣。我们不能承认，无论灵魂还是别的什么可以因有别的事物的恶和它同在（没有它自己的恶）而被灭亡的。

格：无论如何，也不可能有人能证明，一个临死的人的灵魂会因死亡而变得更不正义。

苏：但如果有人为了避免接受灵魂不朽的观点，而努力对此进行证明，就说临死的人会变得更加不正义或更加邪恶，我们就要对他指出：如果他的话是真的，那么不正义对于不正义者是致命的，就像疾病致死一样。如果不正义天然能杀死不正义的人，那么染上不正义的人就会死于不正义，最不正义者就会死得最快，不正义较少的人就会死得较慢了。但当前事实完全不是这样的，不正义者不是死于他们的不正义，而是死于他人对他的不正义行为施加的惩罚。

格：我以神的名义发誓，不正义如果对不正义者是致命的，不正义就不会显得是一个可怕的东西，因为这样一来，它反而成了一种摆脱麻烦的解脱方式。但我宁可认为它是一个只要有机会，就会杀死其他事物的东西，并能赋予它的拥有者以活力，不但让他活着，而且还是清醒地活着。因此我认为它跟死亡无关。

苏：你说得很对。如果天生的恶和特有的恶不能杀死和毁灭灵魂，那么，本来就是用来毁灭其他事物的恶，就更加无法毁灭灵魂或这个事物了。

格：看来是更加不能了。

苏：既然任何恶——无论内在还是外来的——都不能毁灭它，可见，它必定是永恒存在的。既然是永恒的存在，就必定不朽。

格：必定是不朽的。

苏：这一点到此我们就假定是这样了吧。但如果这一点定下来了，那么你就会注意到灵魂永远都是一个样子。我想，如果灵魂是不朽的，那么它就既不会增加，也不会减少。理由是，如果一类不朽的事物增加了，则新增的事物必定来自可朽的事物那里。但这样的结果也就是在表明，任何事物都能变得不朽。

格：你说得很对。

苏：我们一定不能有这样的想法，因为理性无法接受。我们也一定不能相信灵魂在本质上是这样一种事物：它内部有许多的不同、不像和矛盾。

格：我该如何理解这话呢？

苏：一个事物如果是由多种元素构成，却又不是以最佳方式组合的，就像我们现在看到的灵魂这样，那么它想要不朽是不容易的。

格：的确不容易。

苏：但是，我们刚才的论证以及其他的证据[①]都迫使我们不得不承认灵魂不朽。为了认识灵魂的真相，我们一定不能像现在这样，在有肉体或其他的恶和它混在一起的情况下考察它。我们必须靠理性的帮助，尽可能在纯净状况下考察它。然后你将发现它要比你想象的美得多，正义、不正义以及我们刚才讨论过的一切也将被更清晰地辨别。不过，虽然我们刚才已经讲了灵魂目前的真实状况，但我们所看见的还是像海神格劳科斯[②]，肢体由于常年海水的浸泡已经碎裂，又蒙上了一层贝壳、海草和石块，以至于面目全非，看上去倒更像一个怪物。这就是我们所看到的灵魂，它已经被无数的恶糟蹋成现在的样子。格劳孔啊，我们必须把目光转向别处。

格：那该转向哪里呢？

苏：转向灵魂的爱智部分。必须要留意灵魂渴望理解，并与之交往的那些事物，它们与神圣、不朽、永恒有着亲缘关系，假如灵魂能毫无保留去追随这些，追随这道微弱的光，在这束光的引领下从目前沉没的深海中升出，除去身上的石块和贝壳——因为它是靠这些被人们认为能带来快乐的尘世俗物过日子的，因此身上裹满了大量野蛮的尘俗之物。——这时人们大概就能对灵魂进行思考了。无论它的形式是复合的，还是单一的，或者别的什么样子，我们都能看清它真正的模样。到此，关于灵魂在人世生活中的感受和形式，我看我们已经描述得足够清楚了。

格：的确是的。

苏：因此，我们就已经满足了论证的其他要求。我们没有像人们常提

---

① 这里提到的"其他证据"参看《斐多》篇和《费德罗》。
② 格劳科斯：希腊神话里的海神，善于预言。

到的赫西俄德和荷马那样①,祈求正义的报酬和美名,但我们已经证明了,正义本身就是最有益于灵魂的东西。为人应正义,而无论灵魂有没有古格斯的戒指或者哈得斯②的帽子。

格:你说得十分正确。

苏:因此,格劳孔,现在如果我们把一个人死前死后来自人和神的报酬与奖赏全都归于正义和美德,对此还能再有什么反对意见吗?

格:不会再有了。

苏:那么,你现在愿意把在讨论中借去的东西还给我吗?

格:你指的是什么?

苏:我曾经允许你们说,正义者被认为是不正义的,而不正义者被认为是正义的。因为当时你们认为:虽然这些事事实上瞒不过神和人,但为了讨论,还是该做出让步,以便判明绝对的正义和绝对的不正义。你不记得了?

格:要是说我不记得了,那我就是在赖账,我就是不正义的了。

苏:既然现在我们已经判明了正义与不正义,那么我就要代表正义,要求你把正义在诸神与众人中真正该享有的名声送回来。我还要求人们要尊敬正义,使得正义能把那些看上去正义的人得到的奖品收集起来,转赠给真正正义的人——既然我们已经证明它能把真正的幸福赐给正义者,不会辜负那些追求正义、赢取了其心的人。

格:这是一个公正的要求。

苏:那好,现在我首先要求你归还的是:诸神并非不明白正义与不正义的性质。

格:好吧,我们归还给你这个。

苏:既然没法瞒过诸神,那么,一种人将是神所爱的③,另一种人将是神所憎恶的。我们在开始讨论的时候就曾对此达成过一致。

格:是这样。

苏:还有,我们要一致同意:来自神的一切都将最大可能地为神所爱

---

① 参阅前文。
② 参阅前文。古格斯、哈得斯都是希腊神话里的人物。前者拥有能隐身的戒指,后者是冥王,拥有隐身帽。
③ 参见《菲勒布》篇。

的人造福，除非他因前世的罪孽必受某种惩罚。是吧？

格：我同意。

苏：因此我们必须坚信，一个正义的人无论贫困、疾病，还是遭到别的不幸，最后都将证明，所有这些不幸对他（无论活着的时候还是死后）都是好事。因为一个愿意并热切追求正义的人，在人力所及的范围内实践神一般的美德，这样的人，神一定不会永远视而不见。

格：这种人既然像神一样，理应不会被神所忽视。

苏：关于那不正义的人，我们不是应当持有恰好相反的信念吗？

格：理所当然。

苏：这些也就是诸神赐给正义者的奖品。

格：至少我也是这样认为的。

苏：但一个正义者从凡人那得到了什么呢？如果面对现实，情况不是如下这样吗？那些狡猾而不正义的人，是不是很像那种在前半程跑得很快，但后半程就不行了的运动员？他们起跑很快，但后面就精疲力竭，跑完时遭到嘲笑羞辱，得不到胜利的花环。只有那真正的运动员能跑到终点，拿到奖品，夺得花冠。正义者的结局不也是这样吗？他的每个行动、他和别人的交往，以及他的一生，到最后总是能从人们那得到荣誉和奖品。

格：的确是的。

苏：那么，你们能容忍我把被你们所说的不正义者占有的那些好处归还给正义者吗？因为我要说，随着年龄的增长，只要愿意，正义的人就可以担任治理自己城邦的公职，想要跟谁结婚，跟哪家联姻都可以；还有，那些曾被你们说成是不正义者的好处的，现在我都要说成是正义者的好处。我还要说，不正义者即使年轻时没有被人看破，但大多数到了人生的最后阶段也会被人们发现并抓住，遭到嘲笑和羞辱，他们的晚年会很惨，受到外邦人和本邦同胞的唾弃。他们将遭到鞭笞，受到一切你正确地称之为野蛮的刑罚处罚，被拷问、打上烙印。你也很正确地说过，这些刑罚难以启齿。要是你听了我现存说的这些，请你认真考虑一下，还能不能满足我的要求。

格：当然能。因为你说的是公正的。

苏：这些就是正义者活着时从神和众人那里得到的奖品、报酬和馈赠，还有正义本身赐予的幸福。

格：这是美好、可靠的报酬。

苏：然而这些东西要是跟正义者和不正义者死后分别得到的东西比起来，无论是数量还是大小，都算不上什么了。你们必须听听一个关于这两种人的故事，以便每个人都能明白我们的论证所具有的含义。

格：请讲吧。比这更使我乐意听的事是不多的。

苏：好吧，现在我就讲给你们听。我要讲的这个故事不如奥德修斯讲给阿耳喀诺俄斯①的那么长，但也是一个关于勇士的故事。这个勇士名叫厄洛斯，是潘斐利亚人阿尔米纽斯之子。他在一次战斗中被杀死，死后第十天尸体才被找到运回家，那时他的尸体已经腐烂。在第十二天举行葬礼时，当他被放到火葬堆上时，他竟复活了。复活后他讲述了自己在另一个世界的所见所闻。他说，他的灵魂离开躯体后，便和一群鬼魂结伴前行，来到了一个神秘、奇特的地方。那地方的地上有两个并排的洞口，而和这两个洞口正对着的天上也有两个洞口。判官们就坐在天地之间，灵魂要逐个从他们面前经过，接受他们的审判。凡正义的便被命令从右边升天，胸前贴着判决证书；不正义的便被命令从左边入地，背上贴着表明其生前行为的标记。厄洛斯说，当就要轮到他接受审判时，判官却派给他一个传递消息给人类的任务，要他把听到的、看到的讲给人类听。于是他看到，接受审判后灵魂纷纷离开，有的走上天的洞口，有的走下地的洞口。同时也有灵魂从一个地洞口上来，风尘仆仆，形容污秽。而从天上洞口下来的则干净纯洁。这些不断到来的灵魂看上去都经过了长途跋涉，现在欣然来到一片草场，搭起帐篷准备过节似的。他们互致问候，跟老熟人似的。从地下来的询问对方在天上的情况，从天上来的询问对方在地下的情况。他们相互叙说自己的经历。地下来的人很快就开始了痛苦的哭泣，因为他们回想起自己经历的可怕，还有沿途看到的恐怖景象。他们在地下待了已经有一千年之久。而那些从天上下来的灵魂，则讲述着自己那些难以表述的幸福快乐。格劳孔啊，所有这些通通说出来得花我们很多时间。简而言之，厄洛斯告诉人们：一个人生前对别人做过的坏事，死后每一件都要受十倍报应。也就是说它们每百年受罚一次，人的一生以一百年算，因此受到的惩罚就十倍于所犯罪恶。举例说，假定一个人曾造成许多人的死亡，或曾在战争

---

① 阿耳喀诺俄斯是一位国王。见史诗《奥德赛》。奥德修斯对他讲述了自己的经历，后来"讲给阿耳喀诺俄斯听的故事"就成了长篇故事的代名词。

中投敌，出卖城邦致使别人成了战俘奴隶，或参与过别的罪恶勾当，他就必须为每件罪恶接受十倍的苦难作为报应。同样，如果一个人活着时做过善事，为了公正、虔诚，他也会得到十倍的报酬。

厄洛斯还讲到了出生不久就死了和那些只活了很短时间就死了的婴儿。厄洛斯讲述了崇拜神灵、孝敬父母的人得到的报酬更大，亵渎神灵、忤逆父母的人受到的惩罚也更大。他还讲到了那些自杀的人等等，但这些我都不想在这里说。厄洛斯说，他在那里听到有人问："阿狄埃乌斯大王在哪？"这个阿狄埃乌斯刚好是此前整整一千年的潘斐利亚某城邦的暴君。据说他曾杀死自己年老的父亲和自己的哥哥，还做过许多别的邪恶事情。回答这个问题的人说："他没来这里，大概也不会来这里了。下述这件事的确是我们所曾见过的最可怕的事之一。当走到洞口就要出洞，受苦也已到头时，我们突然看见了他，还有其他一些灵魂。他们差不多大部分是暴君，也有少数属于私人生活上犯了大罪的。当他们这种人想到自己终于将通过洞口走出来时，洞口是不会接受的。凡罪不容赦的或还没受够惩罚的人要想出洞，洞口就会发出吼声。一些样子狰狞的野人守在洞旁，他们能听懂吼声，于是他们把有些人捉起来带走。而像阿狄埃乌斯那样的，野人们会捆住他们的手脚头颈，丢在地上，剥他们的皮，在路边上拖，用荆条抽打。同时，这些野人还会把那些灵魂要受这种折磨的缘由，以及还要被抛入塔塔洛斯①的事告知不时从旁边走过的鬼魂。"他说，那时他们虽然碰见过许多各式各样可怕的事情，但是最可怕的还是担心自己想出去时听到洞口发出吼声。要是走出来没有吼声，就再庆幸不过了。审判和惩罚就如上述，而与此相对应的就是给正义者的赐福。

在那里，每一群鬼魂存草地上都只能住七天，到第八天就被要求动身继续上路。他们走四天后到一个地方，从那里能看见一根笔直的光柱，自上而下贯通天地，颜色像虹，但比虹更明亮纯净。又走一天，他们到了光柱所在地。在那里，在光柱中看见有自天而降的光线的末端。这光柱是诸天的枢纽，像海船的龙骨，把整个旋转的碗形圆拱维系在一起。那个"必然"之纺锤悬吊在光柱的顶端，所有球形天体的运转都以这根光柱为轴。光柱和它上端的挂钩是金刚石的，圆拱是好的合金。圆拱的性质、特点如

---

① 塔塔洛斯：希腊神话中冥府的无底深渊。

下：它的形状像人间的圆拱，但是照厄洛斯的描述，我们必须想象最外边的是一个中空的大圆拱。由外至内第二个拱比第一个小，正好可以置于其中。第二个圆拱也是中空的，正好可以放入第三个圆拱。第三个里面放入第四个，以此类推，直到第八个圆拱。这很像是木匠制作的那种套箱，大小不同的箱子有着相似的形状，大小相套。由于所有八个碗形圆拱彼此内和外契合，从上面看去它们的边缘呈圆形，所以合起来在光柱的周围形成一个单一的圆拱连续面，光柱笔直穿过第八个圆拱的中心。最外层那个圆拱边最宽，次宽的是第六个，依次是第四、第八、第七、第五、第三，最窄的是第二个。最外层的那个碗形的边的颜色最复杂多样；第七条边最亮；第八条边反射第七条的光，颜色一样；第二条和第五条边颜色彼此相同，但比前两者黄；第三条边颜色最白；第四条边稍红；第六条边次白。这些圆拱作为一个整体处在同一运动中，但在它的内部，也就是里面的七层要转得慢些，方向和整个运动也是相反的；第八层运动得最快；第七、第六、第五彼此一起转动，速度其次；有返回原处现象的第四层在他们看起来运动速度第三；第三层速度第四；第二层速度第五。整个纺锤在"必然"的膝上旋转。在每一碗形圆拱的边口上，都站着一个"塞壬"①，她们随着圆拱一起转，各发出一个音，八个音合起来形成一个和谐的音调。此外还有三个女神，相互间等距离围成一圈坐在各自的宝座上。他们是"必然"的女儿，命运三女神②，身着白袍，头束发带。她们的名字分别叫拉克西丝、克洛索、阿特洛玻斯。她们跟着塞壬们一起歌唱，拉克西丝唱的是过去的事，克洛索唱的是眼下的事，而阿特洛玻斯唱着未来的事。克洛索的右手不时触碰纺锤的外部，帮助纺锤旋转；阿特洛玻斯用左手以同样的方式帮助纺锤的内部旋转；拉克西丝则双手交替帮助纺锤的里外一起旋转。

厄洛斯随着其他灵魂到达那地方后，就被直接带到了拉克西丝面前。

---

① 塞壬：又译作西壬，她们的别名是阿刻罗伊得斯，意即"阿刻罗俄斯的孩子们"。塞壬用自己的歌喉使得过往的水手倾听失神，航船触礁沉没。是希腊神话中人首鸟身（或鸟首人身，甚至跟美人鱼相娄）的怪物，经常飞降海中礁石或船舶之上，又被称为海妖。在柏拉图笔下是八人。这里无妖精害人之意。

② 命运三女神：古希腊神话中的"命运三女神"掌管人类的命运和生死。拉克西丝决定人的命运。克洛索是三姊妹中年龄最长的，专门负责纺织生命之线。阿特洛玻斯年龄最小，负责切断生命线，被叫作"不可逆转的阿特洛玻斯"。

这时有一个神使出来指挥他们排好队列，然后从拉克西丝膝上取下阄和生活模式，登上一座高坛宣布道："请听'必然'之女拉克西丝的如下神旨：'诸多一日之魂，你们包含死亡的另一轮回的新生即将开始。决定你们命运的不是神，是你们自己。谁拈得第一号，谁就第一个挑选自己将来必须过的生活。但美德没有确定的主人，任人自取。每个人将来有多少美德，全看他对美德重视的程度。过错由选择者自己负责，与神无涉。'"说完，神使把阄撒在他们中间。每个灵魂就近拾起一阄。厄洛斯除外，因为神不让他拾取。拾得的灵魂看清自己抽得的号码。接着，神的使者把生活模式放在他们面前的地上，数目比在场的灵魂要多得多。模式各种各样，有各种动物的生活和各种人的生活。其中也有僭主的生活。僭主有终身在位的，也有中途垮台因而受穷的，还有被放逐成乞丐的。这其中有名人的生活方式，其中有因貌美的，有因体壮的，有因勇武的，有因父母高贵的，有靠祖先福荫的。还有在这些方面有坏名声的男人和女人的生活。但唯独灵魂的性质没法选择，因为选定的不同生活方式自然决定了不同的性格。其他的事物在选定的生活方式中则都是不同程度地混合在一起的，和富裕或贫穷、疾病或健康，以及各种程度的中间状况混合着的。

亲爱的格劳孔，这事件对每个人看来都是一种极大的危险。也正是因为这个原因，我们才要关心这件事，寻求和学习它，哪怕疏忽了别的学习也不能疏忽这个。如果一个人能以某种方式学会这种知识，又或者他能找到一位老师传给自己这种知识，他就能区分生活的方式的好与坏，然后注意选择最好的那种，对我们所讨论的这一切加以计算，估价它们（或一起或分别地）对善的生活的影响；了解美貌怎样跟贫困或富裕混合在一起的，懂得与美貌结合着的各种心灵习惯对善或恶的影响；了解出身贵贱、社会地位、职位高低、体质强弱、思维敏捷或迟钝，以及一切诸如此类先天或后得的心灵习惯，是怎样彼此联系着影响到善与恶。考虑了所有这一切之后，一个人就能用自己的目光注视自己灵魂的本性，把能使灵魂的本性更不正义的生活名为"较恶的生活"，把能使灵魂的本性更正义的生活名为"较善的生活"，因而能在较善和较恶的生活间做出合乎理性的抉择。其余一切他应不予考虑，因为我们已经知道，无论活还是死后，这都是最好的选择。人死了，也应当把这个坚定不移的信念带去冥间，让他即使在那里也可以不被财富或其他诸如此类的恶所迷惑，可以不让自己陷入僭主的暴行或其他许多诸如此类的行为中,并因而遭受更大的苦难。他可以知道今生和来世怎样在此类事情上总是能做出中庸的选择,来避免走向两种极端。而这正是一个人最大的幸福之所在。

据厄洛斯这个来自另一个世界的使者告诉我们,那位神使在让大家选择生活模式前布告大家:"即使是最后一个选择也没关系,只要他的选择是明智的,他的生活是努力的,仍然有机会选到能使他满意的生活。愿第一个选择者审慎对待,最后一个选择者不要灰心。"神使说完,那个拈得第一号的灵魂走上来,他挑了一个最大僭主的生活方式。出于愚蠢和贪婪,他做这个选择时没有进行全面的考察,因此没有看到其中还包含着吃自己孩子这样的可怕命运在内。等定下心来一细想,他后悔了。于是捶打自己的胸膛,号啕痛哭。他忘了神使的警告:不幸是自己的过错。他怪命运和神等等,就是不怨自己。这是一个在天上走了一趟的灵魂,他的前世是生活在一个秩序井然有序的城邦,他自己的生活循规蹈矩。但是他的善是由于风俗习惯而不是学习哲学的结果。确实,人们可以这样说,凡受这种诱惑的灵魂大多来自天上,没有吃过苦头受过教训。而那些来自地下的灵魂不但自己受过苦,也看见别人受苦,就不会那么匆忙草率地做出选择了。大多数灵魂的善恶出现互换,除了拈阄中的偶然性外,这也是一个很重要的原因。我们同样可以确信,凡是在人间能忠实地追求智慧,拈阄时又不是拈得最后一号的话,根据这里所讲的故事的情形,我们可以大胆断言,这样的人不仅今生今世是幸福的,死后以及再回到人间来时,走的也会是一条平坦的天国之路。

厄洛斯告诉我们,某些灵魂选择自己的生活是很值得一看的,其情景是可怜又可笑的。因为他们的选择大部分取决于他们前生的习性。例如他看见一个奥菲斯的灵魂选择了天鹅的生活方式。由于他死于妇女之手,因而恨一切妇人而不愿再从妇人腹中生出。他还看到塞米拉斯[①]的灵魂选择了夜莺的生活,也有天鹅、夜莺等歌鸟选择人的生活方式的。拈到第二十号的那个灵魂选择了雄狮的生活,那是忒拉蒙之子埃阿斯的灵魂,他不愿再

[①] 塞米拉斯:希腊神话中的一名歌手。据说向缪斯挑战唱歌,最后失败被罚为瞎子,并被剥夺了唱歌的天赋。

度投生为人，因为他不能忘记那次关于阿喀琉斯的武器归属的裁判①。接着轮到阿伽门农。他也由于自己受的苦难而怀恨人类，选择了鹰的生活②。选择进行到大约一半时，轮到阿特兰塔③。她看到做一个运动员的巨大荣誉时，抵御不住诱惑选择了运动员的生活。在她之后是帕诺培乌斯之子厄培乌斯④的灵魂，他愿投生为一有高超技艺的女人。在远远的后边，滑稽家忒耳息忒斯⑤的灵魂正在给自己套上一个猿猴的躯体。拈阄拈到最后一号的竟然是奥德修斯⑥的灵魂。他做出选择时由于没有忘记前生的辛苦劳累，他抛弃了雄心壮志。他花了很多时间走遍各地，想找一种只需关心自己事务的普通公民的生活。这样的生活很难找到，它落在一个角落里没人注意。他找到后说，即使抽到第一号，他也会同样乐意选择这一生活方式。同样，还有动物变成人或者一种动物变成另一种动物的。不正义的人变成野兽，正义的人变成温驯的动物，以及各种各样混杂和结合在一起的。

现在我们可以来做一下最后的总结。当所有灵魂按照拈阄顺序选定自己的生活方式后，他们列队来到拉克西丝面前。她给每个灵魂派出一个监护神⑦，以便引领他们度过自己的一生，完成自己的选择。再由监护神把灵魂领到克洛索面前，就在她的手下方纺锤的旋转中批准灵魂们各自所选择的命运。跟她接触后，监护神最后把灵魂引领到阿特洛玻斯纺线的地方，使命运之线不可更改。然后，每个灵魂头也不回地从"必然"的宝座下走过。一个灵魂经过后，要等别的灵魂都过来了，大家才能一起上路。灵魂们一直走到勒忒⑧河平原，因为没有树木和任何植物，那里闷热得可怕。傍

---

① 忒拉蒙之子埃阿斯是特洛伊战争中的希腊英雄。见索福克勒斯的悲剧《埃阿斯》。
② 史诗《伊利亚特》中希腊远征军统帅阿伽门农。出征之初被迫以女儿祭神。战争结束回国后被妻子所杀。
③ 阿特兰塔：阿卡底亚公主。是优秀的女猎手。传说向她求婚的人得和她赛跑，输给她的就被杀。
④ 帕诺培乌斯之子厄培乌斯：著名的特洛伊木马的制造者。
⑤ 忒耳息忒斯：《荷马史诗》中的人物。参见《伊利亚特》。
⑥ 奥德修斯：史诗《奥德赛》的主人翁。
⑦ 个人命运之神。
⑧ 勒忒：希腊神话中的"忘记"女神，也是冥河的河名，相当于"忘川"。

晚，他们宿营于阿米勒斯河①畔，没有任何器皿可以用来从河里取水，灵魂被限定只能从河里喝定量的水，而其中一些不够聪明的喝多了，然后忘了一切。他们全都睡着了。到半夜，响起了阵阵雷鸣，大地开始摇动。所有的灵魂都被猛然抛了起来，流星四射般地向各方各自投生去了。厄洛斯说他被禁止喝这河的水，但他说不知道自己是怎样回到自己的躯体里的。他只知道等他睁开眼，天已亮了，他正躺在火葬的柴堆上。

格劳孔啊，这个故事就这样被保存了下来，没有亡佚。如果我们相信它，它就能救我们，我们就能安全地渡过勒忒之河，而不在这个世上玷污了我们的灵魂。如果大家愿意接受我的指点，那我们就要相信灵魂是不朽的，能忍受任何极端的善与恶。无论是寓居在此世的今生，还是死后，在像竞赛胜利者领取奖品那样领取报酬时，都要坚持走上升之路，去追求正义与智慧，因为只有这样，才能得到我们自己和诸神的喜爱。只要按照我说的这样去做，那么无论是今生还是来世，即使是奔赴我说的千年之旅，我们都会万事如意。

附：柏拉图的宇宙构想图

（一）古希腊纺锤（示意图）　　（二）圆拱各圈边口图（从上面看）

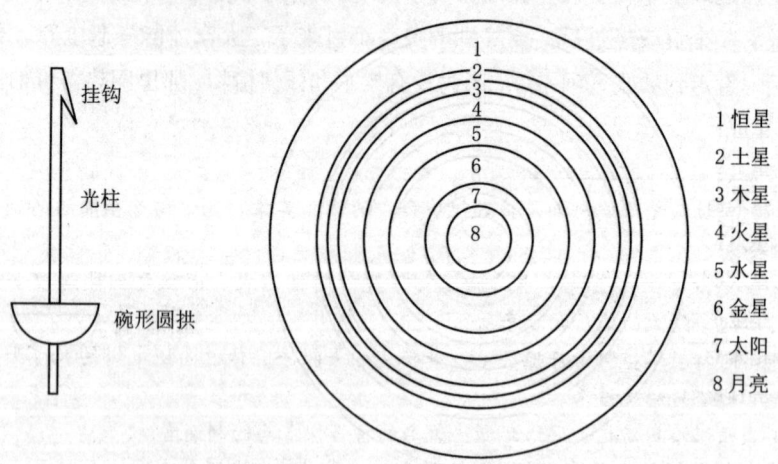

---

① 阿米勒斯河：传说中冥国的一条河流，字义为"疏忽"。在后世文学作品中就被混同于"忘川"。